자기주도학습 체크리스트

- 선생님의 친절한 강의로 여러분의 예습·복습을 도와 드릴게요.
- 공부를 마친 후에 확인란에 체크하면서 스스로를 칭찬해 주세요.
- 강의를 듣는 데에는 30분이면 충분합니다.

날짜	강의명	확인
	강	
	강	
	강	
	강	
	강	
	강	
	강	
	강	
	강	
	강	
	강	
	강	
	강	
	강	
	강	
	강	
	강	
	강	
	강	
	강	
	강	
	강	
	강	
	강	
	강	

날짜	강의명	확인
	강	
	강	
	강	
	강	
	강	
	강	
	강	
	강	
	강	
	강	
	강	
	강	
	강	
	강	
	강	
	강	
	강	
	강	
	강	
	강	
	강	
	강	
	강	
	강	
	강	

자기주도학습 체크리스트로 공부의 기쁨이 차곡차곡 쌓일 것입니다.

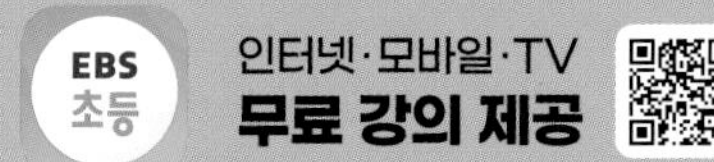

초 | 등 | 부 | 터 EBS

사회 5-2

BOOK 1
개념책

예습·복습·숙제까지 해결되는
교과서 완전 학습서

BOOK 1
개념책
BOOK 1 개념책으로
교과서에 담긴 학습 개념을
꼼꼼하게 공부하세요!

해설책 PDF 파일은 EBS 초등사이트(primary.ebs.co.kr)에서 내려받으실 수 있습니다.

교재 내용 문의	교재 내용 문의는 EBS 초등사이트 (primary.ebs.co.kr)의 교재 Q&A 서비스를 활용하시기 바랍니다.
교재 정오표 공지	발행 이후 발견된 정오 사항을 EBS 초등사이트 정오표 코너에서 알려 드립니다. **교재 검색 ▶ 교재 선택 ▶ 정오표**
교재 정정 신청	공지된 정오 내용 외에 발견된 정오 사항이 있다면 EBS 초등사이트를 통해 알려 주세요. **교재 검색 ▶ 교재 선택 ▶ 교재 Q&A**

BOOK 1
개념책
만점왕
사회
5-2

이 책의 구성과 특징

1 | 단원 도입

단원을 시작할 때마다 도입 그림을 눈으로 확인하며 안내 글을 읽으면, 공부할 내용에 대해 흥미를 갖게 됩니다.

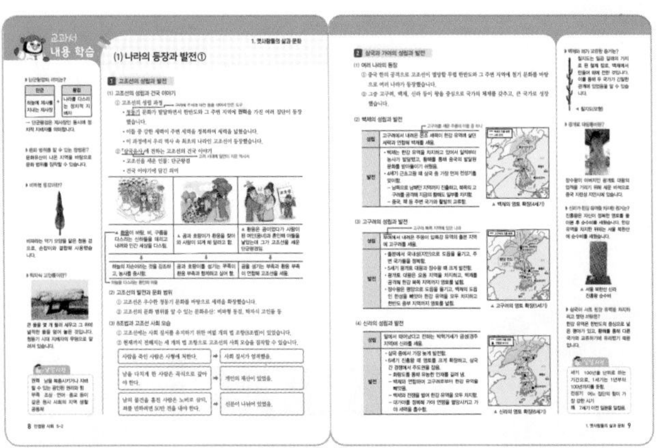

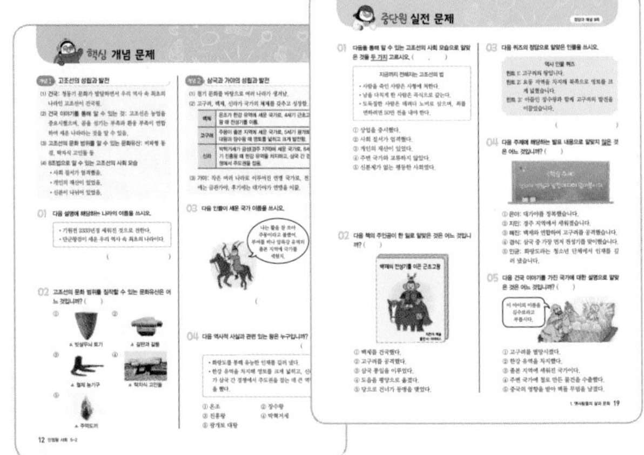

2 | 교과서 내용 학습

본격적인 학습을 시작하는 단계입니다. 자세한 개념 설명과 그림을 통해 핵심 개념을 분명하게 파악할 수 있습니다.

3 | 핵심 개념 + 실전 문제

[핵심 개념 문제 / 중단원 실전 문제]

개념별 문제, 실전 문제를 통해 교과서에 실린 내용을 하나하나 꼼꼼하게 살펴보며 빈틈없이 학습할 수 있습니다.

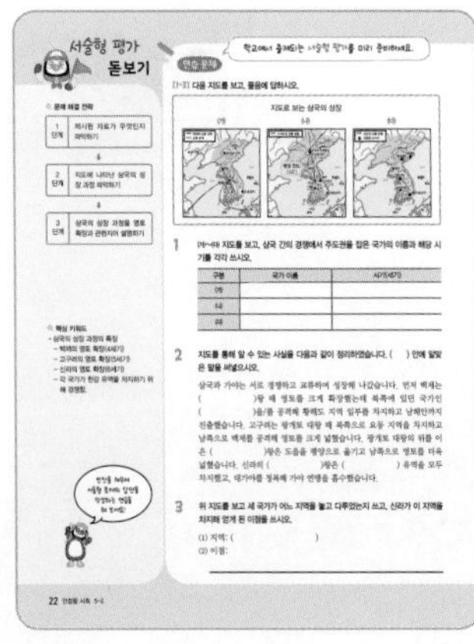

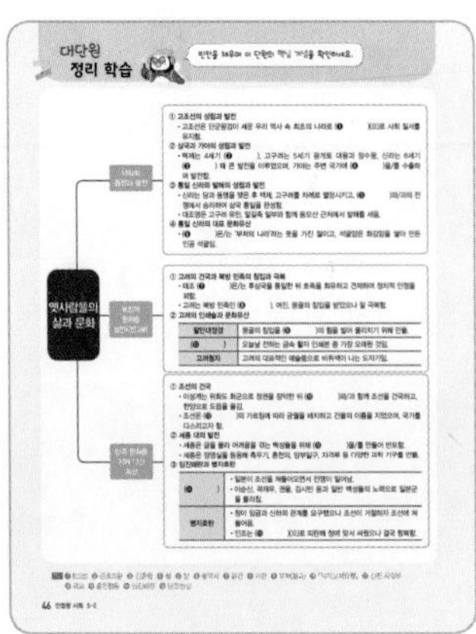

4 | 서술형 평가 돋보기

단원의 주요 개념과 관련된 서술형 문항을 심층적으로 학습하는 단계로, 강화될 서술형 평가에 대비할 수 있습니다.

5 | 대단원 정리 학습

학습한 내용을 정리하는 단계입니다. 학습 내용을 보다 명확하게 정리할 수 있습니다.

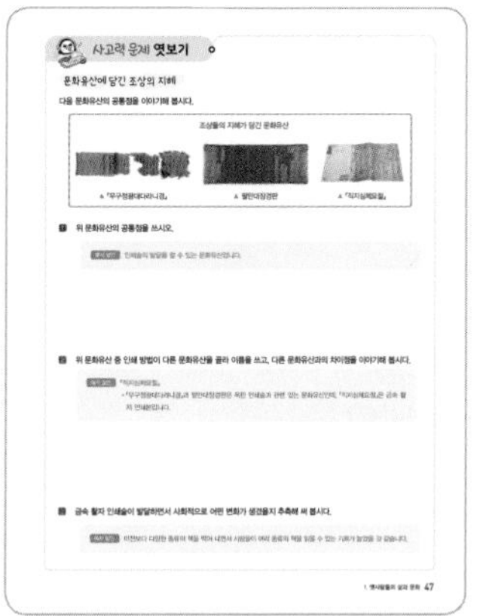

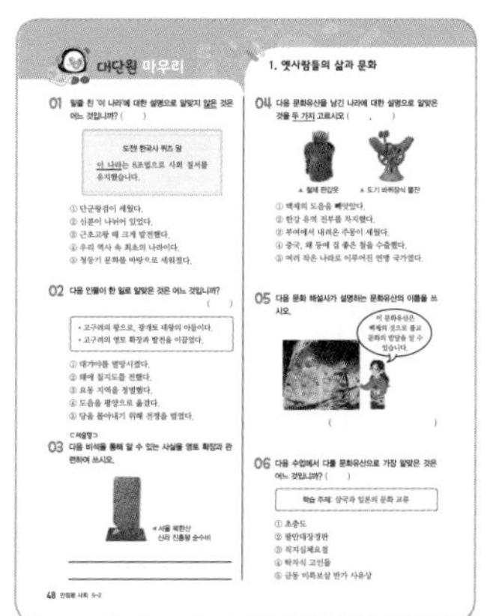

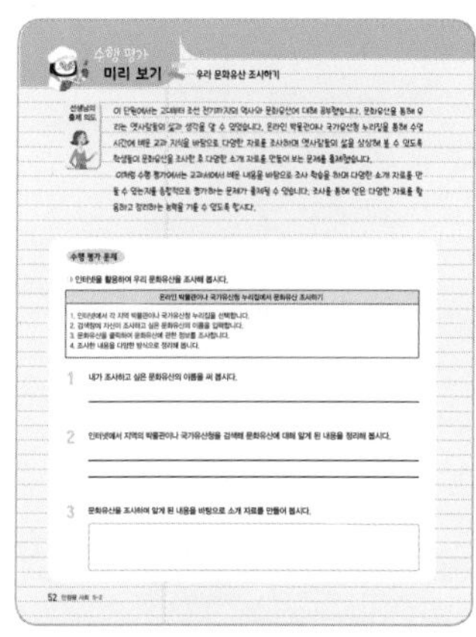

6 | 사고력 문제 엿보기

다양한 자료로 창의적인 활동을 하면서 생각하는 힘을 기를 수 있습니다.

7 | 대단원 마무리

평가를 통해 단원 학습을 마무리하고, 자신이 보완해야 할 점을 파악할 수 있습니다.

8 | 수행 평가 미리 보기

학생들이 고민하는 수행 평가를 대단원별로 구성하였습니다. 선생님께서 직접 출제하신 문제를 통해 수행 평가를 꼼꼼히 준비할 수 있습니다.

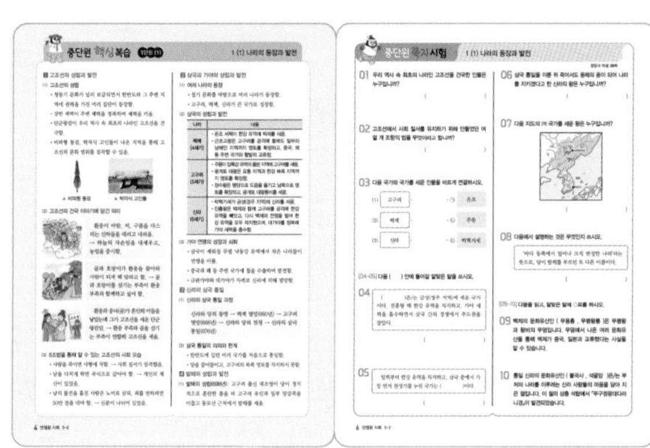

1 | 핵심 복습 + 쪽지 시험

핵심 정리를 통해 학습한 내용을 복습하고, 간단한 쪽지 시험을 통해 자신의 학습 상태를 확인할 수 있습니다.

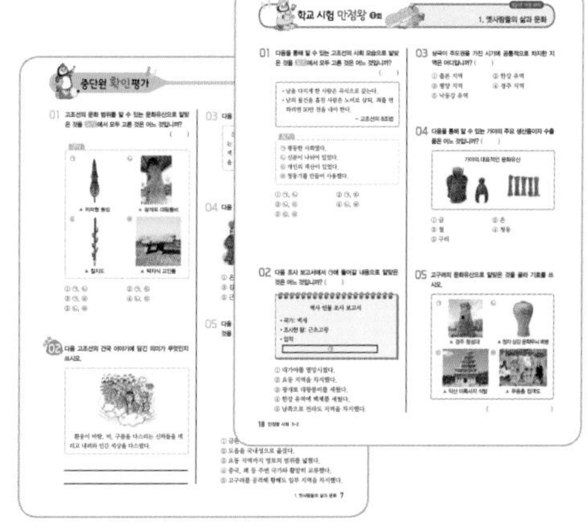

2 | 중단원 + 대단원 평가

[중단원 확인 평가 / 학교 시험 만점왕]
앞서 학습한 내용을 바탕으로 보다 다양한 문제를 경험하여 단원별 평가를 대비할 수 있습니다.

3 | 서술형 평가

단원의 주요 개념과 관련된 서술형 문항을 심층적으로 학습하는 단계로, 강화될 서술형 평가에 대비할 수 있습니다.

넌 할 수 있어!

자기주도 활용 방법

BOOK 1 개념책

평상 시 진도 공부는

교재(북1 개념책)로 공부하기

만점왕 북1 개념책으로 진도에 따라 공부해 보세요.
개념책에는 학습 개념이 자세히 설명되어 있어요.
따라서 학교 진도에 맞춰 만점왕을 풀어 보면
혼자서도 쉽게 공부할 수 있습니다.

TV(인터넷) 강의로 공부하기

개념책으로 혼자 공부했는데, 잘 모르는 부분이 있나요?
더 알고 싶은 부분도 있다고요?
만점왕 강의가 있으니 걱정 마세요.
만점왕 강의는 TV를 통해 방송됩니다.
방송 강의를 보지 못했거나 다시 듣고 싶은 부분이 있다면
인터넷(EBS 초등사이트)을 이용하면 됩니다.

이 부분은
잘 모르겠으니
인터넷으로 다시
봐야겠어.

만점왕 방송 시간: EBS홈페이지 편성표 참조
EBS 초등사이트: primary.ebs.co.kr

시험 대비 공부는 북2 실전책으로! (북2 2쪽 자기주도 활용 방법을 읽어 보세요.)

이 책의 차례

CONTENTS

BOOK 1 개념책

1 단원

옛사람들의 삶과 문화

아이가 부모님과 함께 역사 축제에 참가했어요. 축제에서는 우리 조상들이 어떻게 살았는지를 보여 주는 행사가 열리고 다양한 문화유산도 전시되어 있어요.

이번 단원에서는 고조선부터 조선 전기까지의 역사를 배우며 옛사람들의 삶과 문화에 대해 살펴볼 거예요. 나라의 성장과 변화를 위해 노력한 인물과 사건, 문화유산을 통해 옛사람들이 어떻게 나라를 세우고 발전시켜 왔는지 살펴보고, 그들이 살았던 모습과 생각을 유추해 볼 수 있어요. 이러한 과정에서 우리 역사에 대한 관심과 흥미를 높일 수 있을 거예요.

단원 학습 목표

1. 고조선, 삼국과 가야, 통일 신라와 발해의 성장 과정과 발전을 이해할 수 있다.
2. 고려의 성장 과정과 과학 기술 및 독창적인 문화에 대해 파악할 수 있다.
3. 조선의 성립과 발전 과정을 이해하고, 어떻게 민족 문화를 발전시켜 나갔는지 설명할 수 있다.

단원 진도 체크

회차	학습 내용		진도 체크
1차	(1) 나라의 등장과 발전	교과서 내용 학습 + 핵심 개념 문제	✓
2차		중단원 실전 문제 + 서술형 평가 돋보기	✓
3차	(2) 독창적 문화를 발전시킨 고려	교과서 내용 학습 + 핵심 개념 문제	✓
4차		중단원 실전 문제 + 서술형 평가 돋보기	✓
5차	(3) 민족 문화를 지켜 나간 조선	교과서 내용 학습 + 핵심 개념 문제	✓
6차		중단원 실전 문제 + 서술형 평가 돋보기	✓
7차	대단원 정리 학습, 사고력 문제 엿보기, 대단원 마무리, 수행 평가 미리 보기		✓

해당 부분을 공부한 후 ✓표를 하세요.

고조선
나랏 말싸미
듕귁에 달아

(1) 나라의 등장과 발전①

▶ 단군왕검의 의미는?

단군		왕검
하늘에 제사를 지내는 제사장	+	나라를 다스리는 정치적 지배자

→ 단군왕검은 제사장인 동시에 정치적 지배자를 의미합니다.

▶ 문화 범위를 알 수 있는 방법은?
문화유산이 나온 지역을 바탕으로 문화 범위를 짐작할 수 있습니다.

▶ 비파형 동검이란?

비파라는 악기 모양을 닮은 청동 검으로, 손잡이와 결합해 사용했습니다.

▶ 탁자식 고인돌이란?

큰 돌을 몇 개 둘러 세우고 그 위에 넓적한 돌을 덮어 놓은 것입니다. 청동기 시대 지배자의 무덤으로 알려져 있습니다.

낱말 사전

권력 남을 복종시키거나 지배할 수 있는 공인된 권리와 힘
부족 조상 · 언어 · 종교 등이 같은 원시 사회의 지역 생활 공동체

1 고조선의 성립과 발전

(1) 고조선의 성립과 건국 이야기

① 고조선의 성립 과정

- 청동기 문화가 발달하면서 한반도와 그 주변 지역에 **권력**을 가진 여러 집단이 등장했습니다. (→ 청동기: 구리에 주석과 아연 등을 섞어서 만든 도구)
- 이들 중 강한 세력이 주변 세력을 정복하며 세력을 넓혔습니다.
- 이 과정에서 우리 역사 속 최초의 나라인 고조선이 등장했습니다.

② 『삼국유사』에 전하는 고조선의 건국 이야기 (→ 『삼국유사』: 고려 시대에 일연이 지은 역사서)

- 고조선을 세운 인물: 단군왕검
- 건국 이야기에 담긴 의미

▲ 환웅이 바람, 비, 구름을 다스리는 신하들을 데리고 내려와 인간 세상을 다스림.	▲ 곰과 호랑이가 환웅을 찾아와 사람이 되게 해 달라고 함.	▲ 환웅은 곰이었다가 사람이 된 여인(웅녀)과 혼인해 아들을 낳았는데 그가 고조선을 세운 단군왕검임.
⬇	⬇	⬇
하늘의 자손이라는 것을 강조하고, 농사를 중시함.	곰과 호랑이를 섬기는 **부족**이 환웅 부족과 함께하고 싶어 함.	곰을 섬기는 부족과 환웅 부족이 연합해 고조선을 세움.

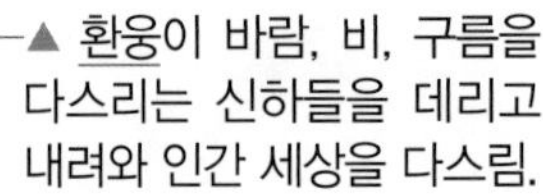

→ 환웅: 하늘을 다스리는 환인의 아들

(2) 고조선의 발전과 문화 범위

① 고조선은 우수한 청동기 문화를 바탕으로 세력을 확장했습니다.

② 고조선의 문화 범위를 알 수 있는 문화유산: 비파형 동검, 탁자식 고인돌 등

(3) 8조법과 고조선 사회 모습

① 고조선에는 사회 질서를 유지하기 위한 여덟 개의 법 조항(8조법)이 있었습니다.

② 현재까지 전해지는 세 개의 법 조항으로 고조선의 사회 모습을 짐작할 수 있습니다.

법 조항		사회 모습
사람을 죽인 사람은 사형에 처한다.	➡	사회 질서가 엄격했음.
남을 다치게 한 사람은 곡식으로 갚아야 한다.	➡	개인의 재산이 있었음.
남의 물건을 훔친 사람은 노비로 삼되, 죄를 면하려면 50만 전을 내야 한다.	➡	신분이 나뉘어 있었음.

2 삼국과 가야의 성립과 발전

(1) 여러 나라의 등장

① 중국 한의 공격으로 고조선이 멸망할 무렵 한반도와 그 주변 지역에 철기 문화를 바탕으로 여러 나라가 등장했습니다.

② 그중 고구려, 백제, 신라 등이 왕을 중심으로 국가의 체제를 갖추고, 큰 국가로 성장했습니다.

(2) 백제의 성립과 발전

(온조: 고구려를 세운 주몽의 아들 중 하나)

성립	고구려에서 내려온 온조 세력이 한강 유역에 살던 세력과 연합해 백제를 세움.
발전	• 백제는 한강 유역을 차지하고 있어서 일찍부터 농사가 발달했고, 황해를 통해 중국의 발달된 문화를 받아들이기 쉬웠음. • **4세기** 근초고왕 때 삼국 중 가장 먼저 **전성기**를 맞이함. – 남쪽으로 남해안 지역까지 진출하고, 북쪽의 고구려를 공격해 지금의 황해도 일부를 차지함. – 중국, **왜** 등 주변 국가와 활발히 교류함.

▲ 백제의 영토 확장(4세기)

(3) 고구려의 성립과 발전

(부여: 고구려 북쪽 지역에 있던 나라)

성립	부여에서 내려온 주몽이 압록강 유역의 졸본 지역에 고구려를 세움.
발전	• 졸본에서 국내성(지안)으로 도읍을 옮기고, 주변 국가들을 정복함. • 5세기 광개토 대왕과 장수왕 때 크게 발전함. • 광개토 대왕은 요동 지역을 차지하고, 백제를 공격해 한강 북쪽 지역까지 영토를 넓힘. • 장수왕은 평양으로 도읍을 옮기고, 백제의 도읍인 한성을 빼앗아 한강 유역을 모두 차지하고 한반도 중부 지역까지 영토를 넓힘.

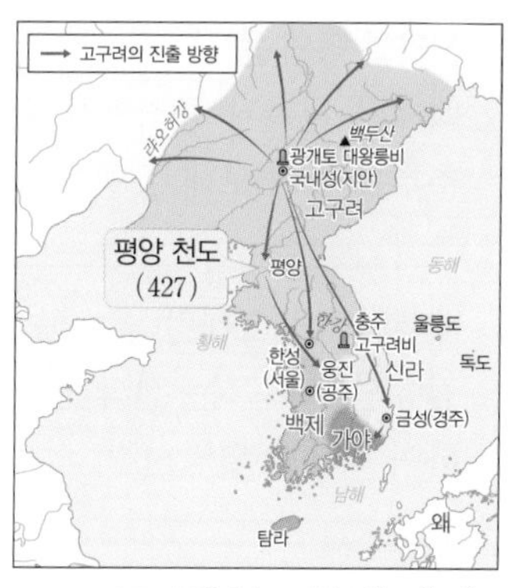

▲ 고구려의 영토 확장(5세기)

(4) 신라의 성립과 발전

성립	알에서 태어났다고 전하는 박혁거세가 금성(경주 지역)에 신라를 세움.
발전	• 삼국 중에서 가장 늦게 발전함. • 6세기 진흥왕 때 영토를 크게 확장하고, 삼국 간 경쟁에서 주도권을 잡음. – 화랑도를 통해 유능한 인재를 길러 냄. – 백제와 연합하여 고구려로부터 한강 유역을 빼앗음. – 백제와 전쟁을 벌여 한강 유역을 모두 차지함. – 대가야를 정복해 가야 연맹을 멸망시키고 가야 세력을 흡수함.

▲ 신라의 영토 확장(6세기)

▶ 백제와 왜가 교류한 증거는?

칠지도는 일곱 갈래의 가지로 된 철제 칼로, 백제에서 만들어 왜에 전한 것입니다. 이를 통해 두 국가가 긴밀한 관계에 있었음을 알 수 있습니다.

◀ 칠지도(모형)

▶ 광개토 대왕릉비란?

장수왕이 아버지인 광개토 대왕의 업적을 기리기 위해 세운 비석으로 중국 지린성 지안시에 있습니다.

▶ 신라가 한강 유역을 차지한 증거는?

진흥왕은 자신이 정복한 영토를 돌아본 후 순수비를 세웠습니다. 한강 유역을 차지한 뒤에는 서울 북한산에 순수비를 세웠습니다.

▲ 서울 북한산 신라 진흥왕 순수비

▶ 삼국이 서로 한강 유역을 차지하려고 했던 까닭은?

한강 유역은 한반도의 중심으로 넓은 평야가 있고, 황해를 통해 다른 국가와 교류하기에 유리했기 때문입니다.

낱말 사전

세기 100년을 단위로 하는 기간으로, 1세기는 1년부터 100년까지를 뜻함.
전성기 어느 집단의 힘이 가장 강한 시기
왜 7세기 이전 일본을 일컬음.

▶ 덩이쇠의 용도는?
철로 된 물건을 만들 때 재료로 쓰이거나 물건을 사고팔 때 화폐처럼 사용하기도 했습니다.

▲ 덩이쇠

(5) 가야 **연맹**의 형성 및 성장

성립	삼국이 세워질 무렵 낙동강 유역에서 여러 개의 작은 나라가 힘을 합쳐 연맹을 이룸.
발전과 멸망	• 바닷길을 통해 중국과 왜 등에 철을 수출하며 발전함. • 초기에는 금관가야가 가야 연맹을 이끌었으나, 고구려의 공격을 받아 힘을 잃음. • 후기에는 대가야가 중심이 되어 가야 연맹을 이끎. • 신라와 백제의 간섭과 압력으로 어려움을 겪어 크게 성장하지 못했고, 신라에 의해 금관가야와 대가야가 차례로 멸망함.

더 알아보기 가야의 건국 이야기

가야 지역을 다스리던 아홉 촌장이 구지봉에 모여 제사를 지내는데, 하늘에서 여섯 개의 알이 내려왔습니다. 그중에서 맨 먼저 알을 깨고 나온 김수로가 금관가야의 왕이 되었습니다.

▶ 문무왕의 무덤은?

▲ 대왕암(경북 경주)

대왕암은 삼국 통일을 이룬 문무왕의 수중릉으로 알려져 있습니다. 문무왕은 유언을 남겨 자신이 죽은 후 동해에 묻으면 용이 되어 국가를 평안하게 지키겠다고 했습니다.

3 신라의 삼국 통일

(1) 신라의 삼국 통일 과정

신라와 당의 동맹
백제의 계속된 공격으로 위기에 처한 신라는 김춘추를 당에 보내 동맹을 맺음.
(당: 618년에 중국에 세워진 국가로 290여 년 동안 이어짐.)

백제의 멸망(660년)
김유신이 이끄는 신라 군대와 당의 군대가 연합하여 백제를 멸망시킴.
(김유신: 가야 왕족 출신으로 삼국 통일에 큰 공을 세움.)

고구려의 멸망(668년)
고구려가 지배층의 다툼으로 혼란한 상황에서 신라와 당의 연합군이 고구려를 공격해 멸망시킴.

신라의 삼국 통일(676년)
당이 한반도 전체를 차지하려고 하자 신라가 옛 고구려 백성들과 힘을 합쳐 당과 전쟁을 벌임. 신라는 매소성과 기벌포에서 당의 군대에 승리해 삼국 통일을 이룸.

우리 신라와 함께 백제와 고구려를 공격하는 것이 어떻겠습니까?
고구려를 무너뜨리려면 …
김춘추
당태종

▲ 신라와 당의 동맹

▲ 신라의 삼국 통일 과정

(2) 신라는 삼국을 통일한 후 옛 백제와 고구려 사람들을 통합하는 정책을 펼쳤습니다.

(3) **삼국 통일의 의의와 한계**: 신라는 한반도에 있던 여러 국가를 처음으로 통일했습니다. 그러나 당을 끌어들이고 고구려의 북쪽 영토를 차지하지 못한 한계점이 있습니다.

낱말 사전

연맹 서로 돕고 함께 행동할 것을 약속한 집단이나 국가

동맹 둘 이상의 국가가 서로의 목적을 위해 함께 행동하기로 약속하는 것

4 발해의 성립과 발전

(1) 발해의 성립과 발전

6~10세기경 만주와 한반도 북부 지역에 살던 민족 (→ 말갈족)

성립	고구려 출신인 대조영이 당이 혼란한 틈을 타 고구려 **유민**과 말갈족 일부와 함께 동모산 근처에서 발해를 세움(698년).
발전	• 고구려의 옛 땅을 되찾으며 점차 발전함. • 문왕 때에는 도읍을 상경으로 옮기고, 발전의 기틀을 마련함. • 당에서는 발해를 '바다 동쪽에서 일어나 크게 번성한 나라'라는 뜻의 '해동성국'이라고 부름. • 당, 통일 신라, 일본 등 주변 국가들과 활발하게 교류함.
멸망	귀족들의 권력 다툼으로 국력이 약해지다 거란의 침입으로 멸망함(926년).

▲ 발해의 영토 확장

(2) 고구려를 계승한 발해

① 발해는 스스로 고구려를 계승한 국가임을 내세웠습니다.

② 발해 왕은 일본에 보낸 외교 문서에 자신을 고려(고구려) 왕이라고 했습니다.

③ 일본도 발해에 사신을 보내면서 발해를 고려(고구려)라고 했습니다.

④ 9세기경 발해는 고구려의 옛 땅을 대부분 되찾고, 영토를 크게 넓혔습니다.

더 알아보기 **발해가 고구려를 계승했다는 것을 알 수 있는 까닭**

• 우리는 고려(고구려)의 옛 땅을 되찾았다.
– 발해가 일본에 보낸 외교문서

• 대조영은 본래 고려(고구려)의 **별종**이다. … … 동모산에 성을 쌓고 살았다. –『구당서』

• 일본 국왕은 삼가 고려(고구려)국왕에게 문안합니다. –『속일본기』

기와지붕에서 수키와의 끝을 막는 기와

▲ 고구려 수막새

▲ 발해 수막새

중국의 역사서인『구당서』, 일본의 역사서인『속일본기』등 발해가 고구려를 계승했음을 알 수 있는 기록이 많습니다. 또 고구려와 발해의 문화유산에서 닮은 점이 많다는 것을 통해 발해가 고구려를 계승한 국가임을 알 수 있습니다.

▶ 고구려 유민이 당에서 살게 된 까닭은?

고구려가 멸망한 뒤 당은 강제로 고구려 유민들을 끌고 가 지배했습니다.

▶ 발해의 건국 과정은?

거란이 당에 대항해 반란을 일으킨 사이 중국의 영주 지역에 살던 대조영은 고구려 유민과 말갈족을 이끌고 동쪽으로 이주했습니다. 그리고 뒤쫓아 온 당의 군대를 격파한 뒤 동모산 지역에서 발해를 건국했습니다. 남쪽에 신라, 북쪽에 발해가 있던 이 시기를 남북국 시대라고 부르기도 합니다.

▶ 일본에서 발해에 보낸 사신을 어떻게 불렀을까?

일본에서 발견된 견고려사 **목간**의 기록을 보면 일본은 발해에 파견한 **사신**을 '견고려사'라고 불렀다는 것을 알 수 있습니다.

낱말 사전

유민 멸망하여 없어진 나라의 백성

별종 한 종족에서 갈라져 나간 파

목간 종이를 발명하기 이전에 기록을 남기기 위해 쓰던 판자 모양의 나무

사신 나라를 대표해 외국에 나가 외교 활동을 하는 신하

핵심 개념 문제

개념 1 고조선의 성립과 발전

(1) 건국: 청동기 문화가 발달하면서 우리 역사 속 최초의 나라인 고조선이 건국됨.

(2) 건국 이야기를 통해 알 수 있는 것: 고조선은 농업을 중요시했으며, 곰을 섬기는 부족과 환웅 부족이 연합하여 세운 나라라는 것을 알 수 있음.

(3) 고조선의 문화 범위를 알 수 있는 문화유산: 비파형 동검, 탁자식 고인돌 등

(4) 8조법으로 알 수 있는 고조선의 사회 모습
- 사회 질서가 엄격했음.
- 개인의 재산이 있었음.
- 신분이 나뉘어 있었음.

개념 2 삼국과 가야의 성립과 발전

(1) 철기 문화를 바탕으로 여러 나라가 생겨남.

(2) 고구려, 백제, 신라가 국가의 체제를 갖추고 성장함.

백제	온조가 한강 유역에 세운 국가로, 4세기 근초고왕 때 전성기를 이룸.
고구려	주몽이 졸본 지역에 세운 국가로, 5세기 광개토 대왕과 장수왕 때 영토를 넓히고 크게 발전함.
신라	박혁거세가 금성(경주 지역)에 세운 국가로, 6세기 진흥왕 때 한강 유역을 차지하고, 삼국 간 경쟁에서 주도권을 잡음.

(3) 가야: 작은 여러 나라로 이루어진 연맹 국가로, 전기에는 금관가야, 후기에는 대가야가 연맹을 이끎.

01 다음 설명에 해당하는 나라의 이름을 쓰시오.

- 기원전 2333년경 세워진 것으로 전한다.
- 단군왕검이 세운 우리 역사 속 최초의 나라이다.

( )

02 고조선의 문화 범위를 짐작할 수 있는 문화유산은 어느 것입니까? ( )

①

▲ 빗살무늬 토기

②

▲ 갈판과 갈돌

③

▲ 철제 농기구

④

▲ 탁자식 고인돌

⑤
▲ 주먹도끼

03 다음 인물이 세운 국가 이름을 쓰시오.

나는 활을 잘 쏘아
주몽이라고 불렸어.
부여를 떠나 압록강 유역의
졸본 지역에 국가를
세웠지.

( )

04 다음 역사적 사실과 관련 있는 왕은 누구입니까? ( )

- 화랑도를 통해 유능한 인재를 길러 냈다.
- 한강 유역을 차지해 영토를 크게 넓히고, 신라가 삼국 간 경쟁에서 주도권을 잡는 데 큰 역할을 했다.

① 온조 ② 장수왕
③ 진흥왕 ④ 박혁거세
⑤ 광개토 대왕

개념 3 신라의 삼국 통일

(1) 삼국 통일 과정

백제의 계속된 공격으로 위기에 처한 신라가 당과 동맹 체결 → 백제 멸망(660년) → 고구려 멸망(668년) → 신라와 당의 전쟁 → 신라의 삼국 통일(676년)

(2) 삼국 통일을 이룬 문무왕과 그 뒤를 이은 왕들은 백성들의 생활을 안정시키고, 옛 백제와 고구려 백성들을 통합하는 정책을 펼침.

(3) 삼국 통일의 의의: 한반도에 있던 여러 국가를 처음으로 통일함.

05 (가) 인물의 이름을 쓰시오.

( )

우리 당이 고구려를 무너뜨리려면 신라와 손을 잡는 것이 낫겠어.

06 다음 무덤의 주인공에 대한 설명으로 알맞은 것은 어느 것입니까? ( )

이곳은 죽어서도 신라를 지키는 용이 되겠다고 한 왕의 수중릉으로 알려져 있습니다.

① 요동 지역을 차지했다.
② 삼국 통일을 이루었다.
③ 광개토 대왕릉비를 세웠다.
④ 한반도 곳곳에 순수비를 세웠다.
⑤ 화랑도를 국가 조직으로 만들었다.

개념 4 발해의 성립과 발전

(1) 발해의 성립: 옛 고구려 출신인 대조영이 고구려 유민과 말갈족 일부와 함께 동모산 근처에서 발해를 세움.

(2) 발해의 발전
- 고구려의 옛 땅을 대부분 되찾고 전성기를 이룸.
- 당에서 발해를 '해동성국'이라고 부름.

(3) 고구려를 계승한 발해
- 발해는 스스로 고구려를 계승한 국가임을 내세움.
- 발해 왕은 자신을 고려(고구려) 왕이라고 했음.
- 일본에서도 발해에 사신을 보내면서 발해를 고려(고구려)라고 함.

07 다음 퀴즈의 정답으로 알맞은 인물의 이름을 쓰시오.

오늘의 역사 퀴즈

고구려 유민, 말갈족 일부와 함께 동모산 근처에서 발해를 세운 인물입니다.

( )

08 발해에 대한 설명으로 알맞은 것은 어느 것입니까? ( )

① 고구려를 계승했다.
② 여러 나라가 연맹을 이루었다.
③ 장수왕 때 영토를 크게 넓혔다.
④ 당과 기벌포에서 전투를 벌였다.
⑤ 8조법으로 사회 질서를 유지했다.

(1) 나라의 등장과 발전②

1 삼국과 가야의 문화

(1) 고구려의 문화유산

① 불교 문화유산

- 고구려는 삼국 중 가장 먼저 불교를 받아들였습니다.
- 고구려의 대표적인 불교 문화유산에는 **금동** 연가 7년명 여래 입상이 있습니다.

② 고분과 고분 벽화

- 고구려의 **고분**에는 돌로 방을 만들고 그 위에 흙을 덮은 무덤이 많습니다.
- 무덤 방의 벽과 천장에는 다양한 벽화가 남아 있습니다.

신분이 높은 사람을 크게 그리고, 신분이 낮은 사람을 작게 그림.

▲ 무용총 접객도: 손님을 맞이하는 모습을 그린 벽화로, 사람들의 신분에 따라 사람의 크기를 다르게 그림.

▲ 무용총 수렵도: 사냥하는 모습을 그린 벽화로, 사냥을 즐기던 고구려 사람들의 씩씩한 기상을 엿볼 수 있음.

(2) 백제의 문화유산

① 큰 절과 탑, 고분을 만들었으며, **금속 공예** 기술이 발달했습니다.

② 익산 미륵사지 **석탑** (미륵사지 → 백제의 절 중 가장 컸다고 전하는 미륵사가 있던 자리)

- 우리나라 석탑의 초기 모습을 보여 주는 탑으로, 현재 남아 있는 석탑 중 가장 규모가 큽니다.
- 목탑의 모양을 본떠 잘 다듬은 돌을 쌓아 만들었습니다.

▲ 익산 미륵사지 석탑

③ 무령왕릉

- 벽돌로 만든 백제의 대표적인 고분으로, 무령왕과 왕비의 무덤입니다.
- 무령왕과 왕비의 관 꾸미개 등 귀중한 유물이 많이 발견되었습니다.
- 무령왕릉에서 발견된 중국 화폐와 일본 소나무로 만든 관 등을 통해 백제가 중국, 일본(왜)과 활발하게 교류했다는 것을 알 수 있습니다.

④ 백제 금동 대향로: 백제 사람들의 뛰어난 금속 공예 기술과 예술 감각을 보여 줍니다.

▲ 무령왕릉 내부

▲ 무령왕비의 관 꾸미개

▲ 백제 금동 대향로 (대향로 → 향을 피우던 그릇)

▶ 삼국 문화의 특징

- 절, 탑, 불상 등 불교 문화유산이 많이 만들어졌습니다.
- 고분에서 다양한 문화유산이 발견되었으며, 고분의 벽과 천장에 그려진 벽화를 통해 당시 사람들의 생활 모습을 짐작할 수 있습니다.

▶ 금동 연가 7년명 여래 입상이란?

고구려의 불상으로 불상 뒷면에 불상을 만든 까닭과 시기(연가 7년)가 기록되어 있습니다.

▶ 백제의 대표 불상은?

절벽에 새겨진 서산 용현리 마애 여래 삼존상은 자비로운 인상으로 '백제의 미소'로 불립니다.

낱말 사전

금동 구리에 얇은 금을 입힌 것

고분 옛사람들이 남긴 무덤

금속 공예 금속을 재료로 생활용품이나 장식품을 만드는 공예

석탑 돌을 다듬어 쌓아 올려 만든 탑

(3) 신라의 문화유산

① 불교 문화유산과 금으로 만든 공예품이 많이 남아 있습니다.

② 황룡사 9층 목탑: 황룡사에 있던 목탑으로, 불교의 힘으로 외적의 침입을 물리치고자 만들었습니다. → 이후 몽골의 침입 때 불타 없어짐.

③ 경주 분황사 모전 석탑: 분황사에 남아 있는 탑으로, 돌을 벽돌 모양으로 다듬어 쌓아 만들었습니다.

④ 경주 대릉원 일대: 여러 개의 무덤에서 금관(금관**총**, 천마총 등), 천마도(천마총), 금제 허리띠 등 다양한 유물이 나왔습니다.

⑤ 경주 첨성대: 선덕 여왕 때 만든 건축물로, 하늘의 해와 달, 별의 움직임을 관측하던 곳으로 알려져 있습니다.

▲ 경주 대릉원 일대

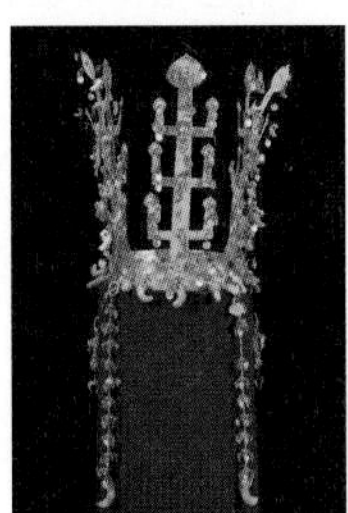
▲ 금관총 금관

▲ 경주 첨성대

▸ 천마도란?

말의 안장 양쪽에 늘어뜨린 장니에 그린 그림으로, 하늘을 나는 말(천마)을 그린 것으로 알려져 있습니다.

(4) 가야의 문화유산

① 가야의 고분에서는 철로 만든 유물이 많이 발견되었습니다.

② 다양한 모양의 가야 **토기**는 가야의 우수한 토기 제작 기술을 보여 줍니다.

③ 가야의 악기인 가야금은 우리나라를 대표하는 악기로 이어지고 있습니다.

▲ 철제 판갑옷과 투구

▲ 도기 바퀴장식 뿔잔

▸ 가야에 철로 만든 문화유산이 많은 까닭은?

가야는 철이 많은 지역에 자리 잡았고, 철을 다루는 기술이 뛰어나 질 좋은 철을 많이 생산했습니다.

(5) 삼국과 가야의 문화 교류

① 삼국과 가야는 주변 국가와 활발하게 교류했습니다.

② 중국에서 불교와 한자 등을 받아들였고, 일본과도 활발하게 교류했습니다.

③ 고분에서 나온 유리 제품 등을 통해 **서역**과도 교류했다는 것을 알 수 있습니다.

두 불상의 자세와 표정이 매우 비슷한 것을 통해 당시 삼국과 일본이 교류해 왔다는 것을 알 수 있음.

▲ 삼국의 금동 미륵보살 반가 사유상(왼쪽)과 일본의 목조 미륵보살 반가 사유상(오른쪽)

▲ 경주 황남 대총에서 나온 유리 제품들

로마나 서아시아의 유리 제품과 비슷한 형태를 띤 것으로 보아 서역의 문화가 신라에 전해진 것을 알 수 있음.

낱말 사전

총 옛 무덤 중에서 주인을 알 수 없는 것으로, 다른 무덤들과 구분이 되는 무덤임.

토기 흙을 빚어 만든 다양한 그릇

서역 옛 중국의 서쪽 지역의 여러 나라를 통틀어 이르는 말

2 통일 신라와 발해의 문화

(1) 통일 신라의 문화유산

① 신라는 통일 이후 여러 제도를 정비하고, 삼국의 문화를 통합하며 발전했습니다.

② 절, 탑, 불상 등 우수한 불교 문화유산을 만들었습니다.

③ 불국사와 석굴암은 신라의 불교문화와 건축의 예술성을 보여 주는 대표적인 문화유산으로 역사적 가치를 인정받아 유네스코 세계 유산에 **등재**되었습니다.

④ 불국사

- 경주 불국사 삼층 석탑, 경주 불국사 다보탑, 경주 불국사 청운교와 백운교 등이 있습니다.
- 경주 불국사 삼층 석탑에서는 **불교 경전**인 『무구정광대다라니경』이 발견되었습니다.

⑤ 석굴암

- 화강암을 쌓아 올려서 동굴처럼 만든 절입니다.
- 석굴 가운데 본존불이 있으며, 벽면에는 불교의 여러 신과 부처의 가르침을 따르는 인물들이 조각되어 있습니다.
- 둥근 천장과 습도를 조절하도록 설계된 내부 구조는 신라의 뛰어난 건축 기술을 잘 보여 줍니다.

불국사란?
'부처의 나라'라는 뜻을 가진 절로, 경주 토함산에 자리하고 있습니다.

석굴암이란?
돌을 쌓아 만든 절로 경주 토함산에 있습니다.

무구정광대다라니경은?

경주 불국사 삼층 석탑을 보수하는 과정에서 발견된 목판 인쇄물입니다. 현재 남아 있는 목판 인쇄물 중 가장 오래된 것으로 알려져 있으며, 신라 목판 인쇄술의 높은 수준을 보여 줍니다.

(2) 발해의 문화유산

① 발해는 고구려 문화를 바탕으로 당과 말갈 등 주변 문화를 받아들여 독자적인 문화를 만들었습니다.

② 발해의 도읍이었던 상경성 터와 그 주변 지역에 불교 문화유산이 남아 있습니다.

③ 고구려와 발해의 문화유산에서 닮은 점이 많다는 것을 통해 발해가 고구려를 계승한 국가임을 알 수 있습니다.

▲ 상경성 절터의 발해 석등 (중국 헤이룽장성)

▲ 이불병좌상 (중국 지린성 출토)

더 알아보기 석굴암에서 엿볼 수 있는 과학 기술

석굴암은 뛰어난 과학 기술로 만들어진 문화유산입니다.

- 무거운 돌을 여러 방향에서 정교하게 쌓아 올려 무너지지 않게 둥근 천장을 만들었습니다.
- 석굴암 본존불은 수학적 계산에 의해 비례를 비교적 정확히 맞추었습니다.
- 돌들 사이에 틈을 두어 바람이 잘 통하게 했고, 바닥으로 차가운 물이 흐르도록 해 습도를 조절했습니다.

▲ 석굴암 본존불

낱말 사전

등재 일정한 사항을 장부나 기록 대장에 올리는 것

불교 경전 불교의 교리를 적은 책

핵심 개념 문제

정답과 해설 8쪽

개념 1 고구려의 문화유산

(1) **특징**: 불교와 관련한 문화유산과 고분 및 고분 벽화가 많이 남아 있음.

(2) **금동 연가 7년명 여래 입상**: 불상 뒷면에 불상을 만든 까닭과 시기가 기록되어 있음.

(3) **고분 벽화**
- 돌로 방을 만들고 그 위에 흙을 덮어 만든 무덤 안 벽에는 다양한 벽화가 그려져 있음.
- 무용총 접객도: 사람들의 신분에 따라 크기를 다르게 그림.
- 무용총 수렵도: 사냥하는 모습을 그린 벽화로, 사냥을 즐기던 고구려 사람들의 씩씩한 모습을 알 수 있음.

개념 2 백제의 문화유산

(1) **특징**: 큰 절과 탑, 고분을 만들었으며, 금속 공예 기술이 발달함.

(2) **익산 미륵사지 석탑**
- 현재 남아 있는 석탑 중 가장 규모가 큼.
- 목탑의 모양을 본떠 잘 다듬은 돌을 쌓아 만듦.

(3) **무령왕릉**
- 벽돌로 만들어진 무령왕과 왕비의 무덤임.
- 중국 화폐, 일본 소나무로 만든 관 등 백제가 주변 국가와 교류했음을 알 수 있는 문화유산이 발견됨.

(4) **백제 금동 대향로**: 백제 사람들의 뛰어난 금속 공예 기술과 예술 감각을 알 수 있음.

01 다음 (　　) 안에 들어갈 알맞은 국가 이름을 쓰시오.

> 오른쪽 불상은 (　　　　)의 불교 미술 수준을 잘 보여 준다. 불상 뒷면에는 불상을 만든 까닭과 시기가 기록되어 있다.
>
> 

(　　　　　　　　　　)

02 다음 문화유산의 이름은 무엇입니까? (　　　)

① 대왕암　② 천마도　③ 무용총 접객도　④ 무용총 수렵도　⑤ 석굴암 본존불

03 다음 (가)에 들어갈 내용으로 가장 적절한 것은 어느 것입니까? (　　　)

> • 주제: 백제, [　　(가)　　]
> • 조사한 문화유산: 무령왕릉에서 발견된 중국 화폐와 일본 소나무로 만든 관

① 왜의 침입을 받다.
② 영토를 크게 확장하다.
③ 주변 국가와 교류하다.
④ 목판 인쇄술이 발달하다.
⑤ 당의 문화를 받아들이다.

04 다음 설명에 해당하는 문화유산의 이름을 쓰시오.

이 문화유산은 백제의 뛰어난 금속 공예 기술을 보여 줍니다.

(　　　　　　　　　　)

개념 3 신라와 가야의 문화유산

(1) 신라의 문화유산

- 황룡사 9층 목탑: 불교의 힘으로 외적의 침입을 물리치고자 만듦.
- 경주 분황사 모전 석탑: 분황사에 남아 있는 석탑으로, 벽돌 모양의 돌을 쌓아 만듦.
- 경주 대릉원 일대: 여러 무덤에서는 금관(금관총 등)과 천마도(천마총) 등이 발견됨.
- 경주 첨성대: 하늘의 별, 해와 달의 움직임을 관측하는 건축물로 알려져 있음.

(2) 가야의 문화유산

- 철제 투구와 판갑옷, 무기, 덩이쇠 등 철로 만든 유물이 많이 발견됨.
- 다양한 모양의 토기는 가야의 우수한 토기 제작 기술을 보여 줌.
- 가야의 악기였던 가야금은 우리나라를 대표하는 악기로 이어지고 있음.

05 다음 문화유산을 남긴 국가의 이름을 쓰시오.

이것은 경주
대릉원에 있는
금관총에서 발굴된
금관입니다.

( )

06 가야의 고분이나 유적지에서 나온 문화유산으로 알맞은 것은 어느 것입니까? ( )

① 철제 투구와 판갑옷
② 무구정광대다라니경
③ 무령왕과 왕비의 관 꾸미개
④ 금동 연가 7년명 여래 입상
⑤ 서산 용현리 마애 여래 삼존상

개념 4 통일 신라와 발해의 문화

(1) 통일 신라의 문화유산

- 불국사: 경주 불국사 삼층 석탑과 다보탑, 청운교와 백운교 등이 있으며, 삼층 석탑에서는 『무구정광대다라니경』이 발견됨.
- 석굴암: 화강암을 쌓아 올려 만든 인공적인 석굴로, 가운데 본존불이 있으며 방 벽면에는 불교의 여러 신과 인물들이 조각되어 있음.

(2) 발해의 문화유산

- 특징: 고구려 문화를 바탕으로 당과 말갈 등의 주변 문화를 받아들여 독자적인 문화를 발전시킴.
- 도읍이었던 상경성 터와 그 주변 지역에 불교 문화유산을 비롯한 여러 문화유산이 남아 있음.
- 주변 국가들의 기록과 고구려와 발해의 문화유산의 비슷한 생김새를 통해 발해가 고구려를 계승했음을 확인할 수 있음.

07 다음 질문에 대한 답으로 알맞은 것은 어느 것입니까? ( )

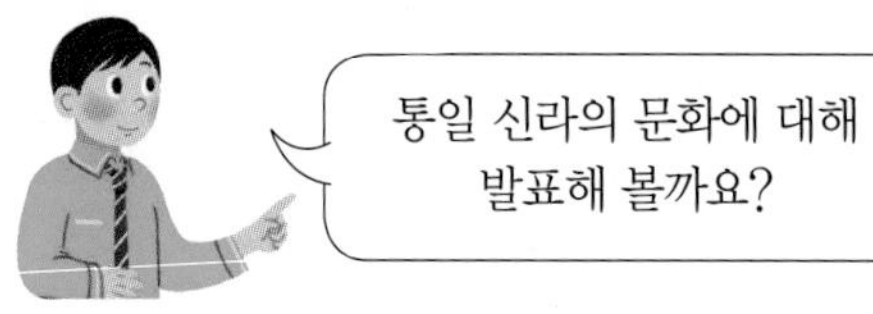

통일 신라의 문화에 대해
발표해 볼까요?

① 첨성대를 만들었어요.
② 칠지도를 왜에 전했어요.
③ 미륵사지 석탑을 세웠어요.
④ 광개토 대왕릉비를 남겼어요.
⑤ 불국사, 석굴암 등의 문화유산을 남겼어요.

08 다음 ( ) 안에 들어갈 국가는 어느 것입니까? ( )

> 발해의 수막새나 치미 등의 문화유산을 통해 발해가 문화적으로 ( )을/를 계승했다는 것을 알 수 있다.

① 백제 ② 신라 ③ 고구려
④ 고조선 ⑤ 통일 신라

중단원 실전 문제

정답과 해설 9쪽

01 다음을 통해 알 수 있는 고조선의 사회 모습으로 알맞은 것을 두 가지 고르시오. (　　,　　)

지금까지 전해지는 고조선의 법

- 사람을 죽인 사람은 사형에 처한다.
- 남을 다치게 한 사람은 곡식으로 갚는다.
- 도둑질한 사람은 데려다 노비로 삼으며, 죄를 면하려면 50만 전을 내야 한다.

① 상업을 중시했다.
② 사회 질서가 엄격했다.
③ 개인의 재산이 있었다.
④ 주변 국가와 교류하지 않았다.
⑤ 신분제가 없는 평등한 사회였다.

02 다음 책의 주인공이 한 일로 알맞은 것은 어느 것입니까? (　　)

백제의 전성기를 이끈 근초고왕
지은이: 해솔
출판사: 이비에스

① 백제를 건국했다.
② 고구려를 공격했다.
③ 삼국 통일을 이루었다.
④ 도읍을 평양으로 옮겼다.
⑤ 당으로 건너가 동맹을 맺었다.

03 다음 퀴즈의 정답으로 알맞은 인물을 쓰시오.

역사 인물 퀴즈

힌트 1: 고구려의 왕입니다.
힌트 2: 요동 지역을 차지해 북쪽으로 영토를 크게 넓혔습니다.
힌트 3: 아들인 장수왕과 함께 고구려의 발전을 이끌었습니다.

(　　　　　　　　)

04 다음 주제에 해당하는 발표 내용으로 알맞지 않은 것은 어느 것입니까? (　　)

<학습 주제>
신라의 성립과 발전에 대해 알아봅시다.

① 은아: 대가야를 정복했습니다.
② 지민: 경주 지역에서 세워졌습니다.
③ 혜진: 백제와 연합하여 고구려를 공격했습니다.
④ 경식: 삼국 중 가장 먼저 전성기를 맞이했습니다.
⑤ 인균: 화랑도라는 청소년 단체에서 인재를 길러 냈습니다.

05 다음 건국 이야기를 가진 국가에 대한 설명으로 알맞은 것은 어느 것입니까? (　　)

이 아이의 이름을
김수로라고
부릅시다.

① 고구려를 멸망시켰다.
② 한강 유역을 차지했다.
③ 졸본 지역에 세워진 국가이다.
④ 주변 국가에 철로 만든 물건을 수출했다.
⑤ 중국의 영향을 받아 벽돌 무덤을 남겼다.

06 다음 ( ) 안에 들어갈 인물에 대한 설명으로 알맞은 것은 어느 것입니까? ( )

> **역사 드라마 대본**
>
> ( ): (북한산 순수비를 바라보며) 드디어 한강 유역을 차지했도다. 내 이를 기념하기 위해 이곳에 북한산 순수비를 세우노라.

① 신라를 세웠다.
② 삼국 통일을 완성했다.
③ 가야 연맹을 멸망시켰다.
④ 황룡사 9층 목탑을 세웠다.
⑤ 고구려의 발전을 이끌었다.

07 다음은 삼국 통일의 과정입니다. 순서대로 기호를 쓰시오.

㉠ 백제 멸망	㉡ 기벌포 전투
㉢ 고구려 멸망	㉣ 신라와 당의 동맹

(→ → →)

08 밑줄 친 '국가'에 대한 설명으로 알맞지 않은 것은 어느 것입니까? ( )

나는 이곳 동모산 근처에 새 국가를 세웠습니다.

① 거란의 침입으로 멸망했다.
② 백제와 신라의 압력을 받았다.
③ 고구려를 계승했음을 내세웠다.
④ 당에서 해동성국이라고 불렀다.
⑤ 백성은 옛 고구려 백성과 말갈족으로 구성되었다.

09 다음 표지판이 있는 전시실에서 볼 수 있는 문화유산으로 알맞은 것은 어느 것입니까? ( )

①
▲ 금동 연가 7년명 여래 입상

②

▲ 경주 첨성대

③

▲ 비파형 동검

④

▲ 분황사 모전 석탑

⑤

▲ 불국사

10 다음 문화유산에 대한 설명으로 알맞은 것은 어느 것입니까? ( )

▲ 익산 미륵사지 석탑

① 신라에서 만든 탑이다.
② 벽돌을 쌓아 만든 탑이다.
③ 발해의 대표적인 문화유산이다.
④ 별자리를 관측하는 건축물이다.
⑤ 현재 남아 있는 석탑 중 가장 크다.

11 **다음 설명에 해당하는 문화유산은 어느 것입니까?** ( )

- 신라의 문화유산이다.
- 선덕 여왕 때 만들어졌다.
- 불교의 힘으로 외적을 물리치려고 만든 것이다.

① 대릉원
② 천마도
③ 이불병좌상
④ 불국사 삼층 석탑
⑤ 황룡사 9층 목탑

12 **다음 ㈎에 들어갈 문화유산으로 알맞은 것은 어느 것입니까?** ( )

가야의 문화유산

▲ 오리 모양 토기

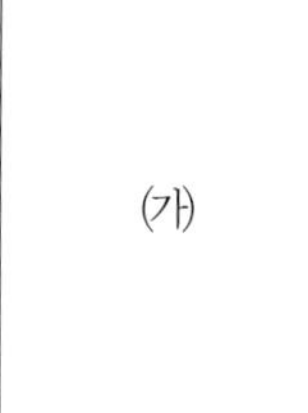

①

▲ 무령왕릉

②

▲ 철제 판갑옷

③

▲ 불국사 다보탑

④

▲ 무용총 접객도

⑤
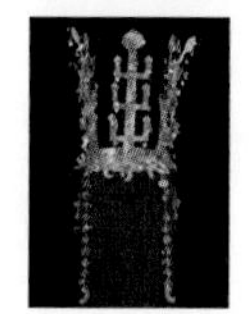
▲ 금관총 금관

13 **다음 자료의 ( ) 안에 들어갈 지역에 대한 설명으로 알맞은 것은 어느 것입니까?** ( )

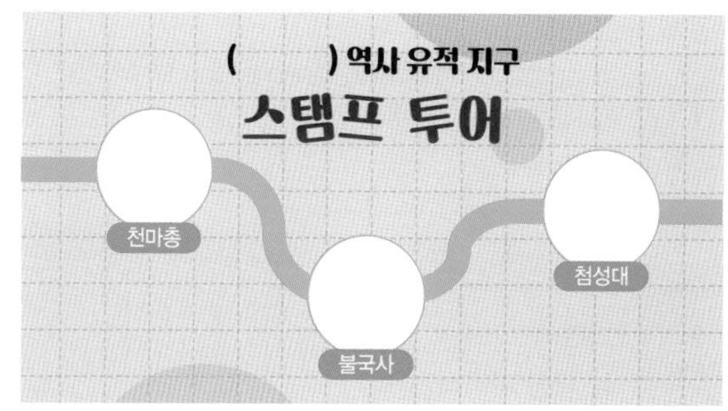

① 전라도 지역에 있다.
② 백제가 세워진 곳이다.
③ 금관가야가 자리 잡았다.
④ 장수왕 때 새 도읍이 되었다.
⑤ 신라의 도읍이었던 지역이다.

14 **다음 ( ) 안에 들어갈 문화유산을 쓰시오.**

경주 토함산에 있는 ( )은/는 화강암을 쌓아 올려 만든 인공 석굴이다. 통일 신라의 뛰어난 건축 기술을 엿볼 수 있다.

( )

15 **다음 전시회에서 볼 수 있는 문화유산은 어느 것입니까?** ( )

발해 문화유산 사진 전시회

일시: 20○○년 ○○월 ○○일 ~ ○○월 ○○일
장소: ◆◆ 박물관 특별 전시실
만주 지역에서 우리 역사를 이어 간 발해의 문화유산을 사진으로 만나 봅니다.

① 무용총 수렵도
② 상경성 발해 석등
③ 광개토 대왕릉비
④ 무구정광대다라니경
⑤ 서산 용현리 마애 여래 삼존상

서술형 평가 돋보기

학교에서 출제되는 서술형 평가를 미리 준비하세요.

🔍 문제 해결 전략

1 단계	제시된 자료가 무엇인지 파악하기
⬇	
2 단계	지도에 나타난 삼국의 성장 과정 파악하기
⬇	
3 단계	삼국의 성장 과정을 영토 확장과 관련지어 설명하기

🔍 핵심 키워드

- 삼국의 성장 과정의 특징
  - 백제의 영토 확장(4세기)
  - 고구려의 영토 확장(5세기)
  - 신라의 영토 확장(6세기)
  - 각 국가가 한강 유역을 차지하기 위해 경쟁함.

빈칸을 채우며
서술형 문제의 답안을
작성하는 연습을
해 보세요!

연습 문제

[1~3] 다음 지도를 보고, 물음에 답하시오.

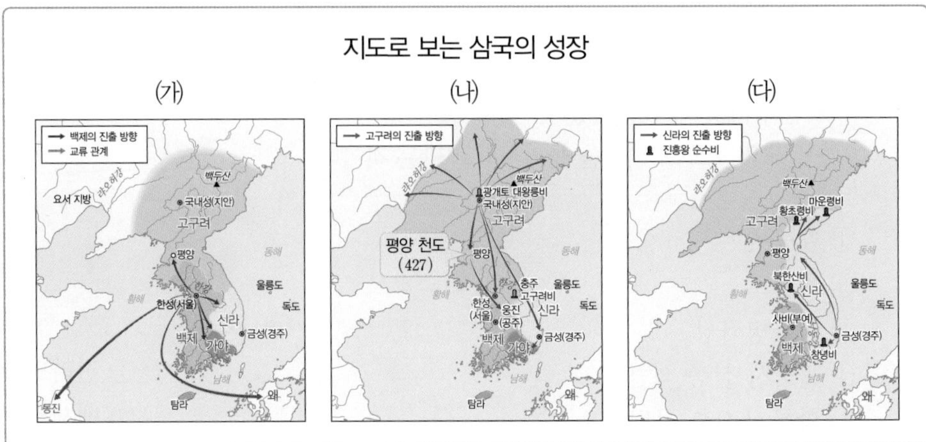

1 **(가)~(다) 지도를 보고, 삼국 간의 경쟁에서 주도권을 잡은 국가의 이름과 해당 시기를 각각 쓰시오.**

구분	국가 이름	시기(세기)
(가)		
(나)		
(다)		

2 **지도를 통해 알 수 있는 사실을 다음과 같이 정리하였습니다. ( ) 안에 알맞은 말을 써넣으시오.**

삼국과 가야는 서로 경쟁하고 교류하며 성장해 나갔습니다. 먼저 백제는 ( )왕 때 영토를 크게 확장했는데 북쪽에 있던 국가인 ( )을/를 공격해 황해도 지역 일부를 차지하고 남해안까지 진출했습니다. 고구려는 광개토 대왕 때 북쪽으로 요동 지역을 차지하고 남쪽으로 백제를 공격해 영토를 크게 넓혔습니다. 광개토 대왕의 뒤를 이은 ( )왕은 도읍을 평양으로 옮기고 남쪽으로 영토를 더욱 넓혔습니다. 신라의 ( )왕은 ( ) 유역을 모두 차지했고, 대가야를 정복해 가야 연맹을 흡수했습니다.

3 **위 지도를 보고 세 국가가 어느 지역을 놓고 다투었는지 쓰고, 신라가 이 지역을 차지해 얻게 된 이점을 쓰시오.**

(1) 지역: ( )

(2) 이점:

정답과 해설 10쪽

실전 문제

[1~2] 다음 문화유산을 보고, 물음에 답하시오.

고분 벽화에 나타난 옛사람들의 생활

(가)

(나)

1 **제시된 문화유산을 보고 다음과 같이 정리하였습니다. (　　) 안에 알맞은 말을 써넣으시오.**

(1) (가) 문화유산의 이름은 (　　　　　　　　)입니다.
(2) (나) 문화유산의 이름은 (　　　　　　　　)입니다.
(3) (가), (나) 모두 삼국 중 (　　　　　)의 문화유산으로 무덤 안에 그려진 벽화입니다.

2 **위의 그림을 보고 알 수 있는 점을 정리해 봅시다.**

(1) (가) 벽화에서 사람의 크기를 다르게 그린 까닭은 무엇인지 쓰시오.

____

(2) (나) 벽화를 보고 알 수 있는 이 국가 사람들의 생활 모습을 쓰시오.

____

[3~4] 다음 자료를 보고, 물음에 답하시오.

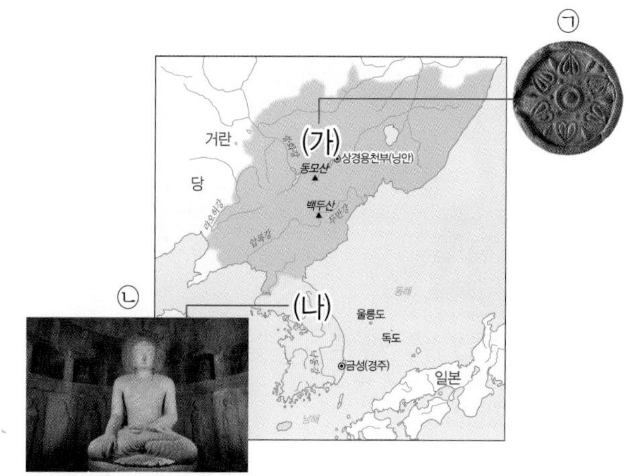

3 **제시된 자료에 나타난 국가와 문화유산에 대해 다음과 같이 정리하였습니다. (　　) 안에 알맞은 말을 써넣으시오.**

(1) (가) 국가는 (　　　　　)입니다.
(2) (나) 국가는 (　　　　　)입니다.
(3) (가) 국가는 (　　　　　)을/를 계승한 국가임을 내세웠습니다. 그래서 ㉠과 같이 (　　　　　)와/과 비슷한 문화유산이 많이 발견되었습니다.
(4) (나) 국가의 도읍이었던 경주에는 ㉡과 같이 절, 탑, 불상 등 (　　　　　)와/과 관련된 문화유산이 많이 남아 있습니다.

4 **제시된 자료의 ㉡ 문화유산에서 엿볼 수 있는 우수한 과학 기술을 쓰시오.**

____

____

(2) 독창적 문화를 발전시킨 고려

▶ 태조 왕건 청동상을 통해 알 수 있는 점은?

왕건이 쓴 관은 황제가 쓰는 것으로 고려가 황제의 국가임을 보여 주고자 했음을 알 수 있습니다.

▶ 태조 왕건의 호족 정책은?

- 세력이 큰 호족을 견제하면서도 좋은 관계를 유지하여 왕권을 강화하기 위해 그들의 딸이나 누이들과 혼인을 했습니다.
- 고려 왕실의 성인 왕씨 성을 내려 주기도 했습니다.

▶ '훈요 10조'의 주요 내용은?

불교를 장려할 것, 서경(평양)을 중시할 것, 백성의 세금 부담을 가볍게 할 것 등입니다.

▶ 과거제 실시의 의미는?

- 왕이 관리를 선발하게 되어 왕권을 강화하고 호족 세력이 약해지는 데 영향을 주었습니다.
- 이전에 비해 능력도 중요해졌다는 것을 알 수 있습니다.

낱말 사전

봉기 정부나 권력자에 반대해 들고 일어남.
귀순 반항심이나 반역하려는 마음을 버리고 어떤 체제에 복종하거나 순종함.
태조 왕조를 세운 첫 번째 왕에게 붙인 명칭임.

1 고려의 건국과 후삼국 통일

(1) 후삼국의 성립과 고려의 건국

① 신라 말의 상황

- 귀족들의 왕위 다툼이 심해 국가가 혼란스러웠습니다.
- 중앙 정부가 약해지면서 지방에서는 새로운 정치 세력인 호족이 등장했습니다. (호족: 군사력과 경제력을 갖춘 독자적인 지방 세력임.)
- 무거운 세금으로 생활이 어려워진 농민들이 **봉기**를 일으켰습니다.

② 후삼국의 성립

- 호족 가운데 세력을 키운 견훤이 후백제, 궁예가 후고구려를 세웠습니다.
- 후백제, 후고구려, 신라가 경쟁하며 성장했던 시기를 후삼국 시대라고 합니다.

③ 고려 건국

- 왕건이 궁예의 신하로 있으며 여러 전투에서 공을 세워 신임을 얻었습니다.
- 궁예가 난폭한 정치를 하자 왕건이 신하들과 함께 궁예를 몰아내고 왕위에 올랐습니다.
- 왕건은 고려를 건국하고(918년), 송악(개성)으로 도읍을 옮겼습니다. (고려: 고구려를 계승한다는 의미에서 나라 이름을 고려라고 함.)

(2) 고려의 후삼국 통일(936년)

① 후백제에서 왕위 다툼이 일어나자 견훤이 고려에 **귀순**했습니다.

② 힘이 약해진 신라는 스스로 국가를 고려에 넘겨주었습니다.

③ 고려는 후백제와의 전투에서 승리해 후삼국을 통일했습니다.

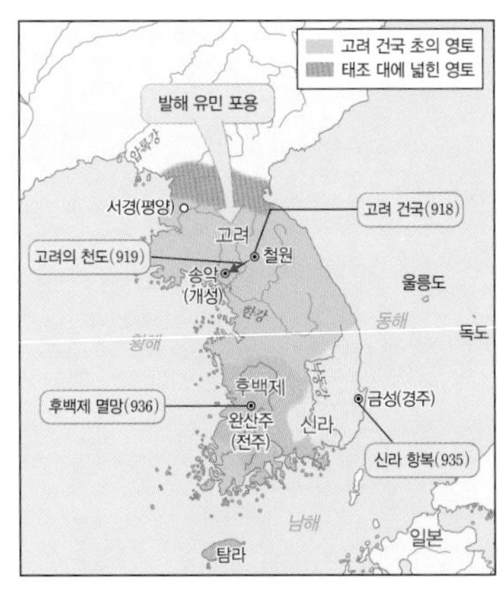

▲ 고려의 후삼국 통일

(3) 국가의 기틀을 다지기 위한 노력

① **태조** 왕건

- 불교를 널리 장려했습니다.
- 세금을 줄여 백성들의 생활을 안정시켰습니다.
- 호족을 끌어들이면서도 적절히 견제해 정치적 안정을 이루었습니다.
- 옛 고구려의 도읍인 서경(평양)을 중시하며 북쪽으로 영토를 넓혔습니다. (서경(평양): 북쪽으로 영토를 넓히는 데 중심이 된 곳)
- 발해가 거란에 의해 멸망하자 발해 유민을 받아들였습니다.
- 후대 왕들이 고려를 잘 다스리길 바라는 마음으로 '훈요 10조'를 남겼습니다.

② 태조 왕건의 뒤를 이은 왕들

- 광종은 노비안검법을 실시해 억울하게 노비가 된 사람을 양인으로 풀어 주었고, 과거제를 통해 관리를 뽑았습니다. (과거제: 시험을 통해 관리를 선발하는 제도)
- 성종은 유교를 나라의 통치 이념으로 삼고, 여러 제도를 마련했습니다. (유교: 공자의 가르침을 바탕으로 충과 효를 중요시하는 학문과 사상)

2 북방 민족의 침입과 극복

(1) 거란의 침입과 극복

① 고려는 송과 친하게 지내며 발해를 멸망시킨 거란을 멀리했습니다.

② 거란의 1차 침입과 서희의 외교 담판

- 거란이 고려와 송의 관계를 끊으려고 고려를 침입했습니다.
- 고려 조정에서는 서경 북쪽 땅을 거란에 주고 화해하자는 의견이 있었습니다.
- 서희는 거란의 침입 의도를 알고, 거란 장수 소손녕을 만나 **담판**을 벌였습니다.

고려는 옛 신라의 땅에서 일어났고, 고구려의 옛 땅은 거란의 것이오. 또 고려는 우리와 국경을 맞대고 있는데 왜 바다 건너 송과 교류하는 것이오?

우리는 고구려를 이어받아 나라 이름도 고려라고 한 것이오. 그리고 압록강 주변은 고려의 영역인데 여진이 길을 막고 있으니 거란과 교류하지 못한 것이오.

- 고려는 거란과 교류할 것을 약속하고, 압록강 동쪽의 강동 6주 지역을 확보했습니다.

③ 거란의 2차 침입과 양규의 활약

- 고려가 송과 외교 관계를 이어가자 거란이 다시 고려를 침입했습니다.
- 한때 개경을 빼앗기기도 했으나, 양규의 활약으로 거란에 큰 타격을 주었습니다.

④ 거란의 3차 침입과 강감찬의 귀주 대첩

- 거란이 강동 6주 지역을 돌려 달라고 하였으나 고려가 요구를 들어주지 않자 다시 침입해 왔습니다.
- 강감찬이 이끄는 고려 군대가 돌아가는 거란군을 귀주에서 크게 물리쳤습니다.
- 고려는 천리장성을 쌓아 외세의 침입에 대비했습니다.

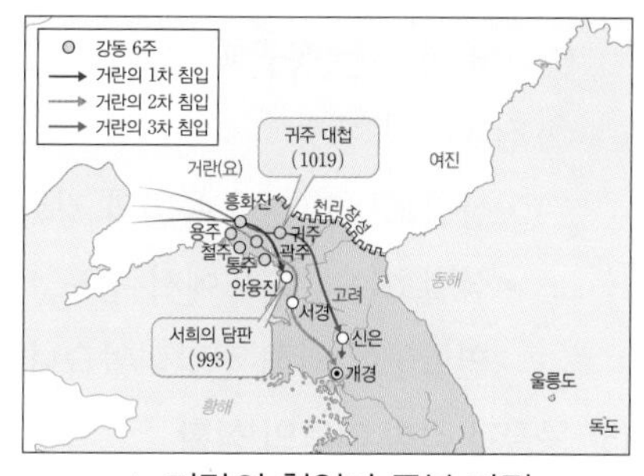

▲ 거란의 침입과 극복 과정

- 이후 고려는 거란은 물론 송과도 안정적으로 교류하게 되었습니다.

(2) 여진의 침입과 고려의 대응

① 고려를 큰 나라로 섬기던 여진이 세력을 키워 고려 국경을 자주 침입했습니다.
(여진 → 훗날 세력을 키워 금이라는 나라를 세움.)

② 고려의 대응

- 윤관은 특수 부대인 별무반을 이끌고 여진을 정벌한 후 동북 지역에 9개의 성을 쌓았습니다.
- 이후 성을 관리하기 어려워지고, 여진이 다시 돌려 달라고 요청하자 9개의 성을 돌려주었습니다.

(3) 고려의 국제 무역

① 고려는 국제 무역항인 벽란도를 통해 송, 거란(요), 일본, 아라비아 상인 등과 교류했습니다.

② 당시 아라비아 상인들에 의해 고려가 '코리아'로 널리 알려지게 되었습니다.

고려가 쌓은 천리장성은?
거란의 침입을 막아 낸 고려는 북방 민족의 침입에 대비해 압록강에서 동해안에 이르기까지 천리장성을 쌓았습니다.

별무반은?
여진을 정벌하기 위해 특별히 조직한 부대입니다.

고려의 무역은?

벽란도는 배가 드나들기 편리하고 도읍인 개경과도 가까워 국제적인 무역 항구가 되었습니다. 고려의 인삼은 외국 상인들에게 인기가 좋았습니다.

낱말 사전

담판 서로 맞선 입장을 가진 사람들이 의논해 옳고 그름을 판단함.

3 몽골의 침입과 고려의 대응

(1) 몽골의 성장

① 몽골은 칭기즈 칸 때 부족을 통일해 세력을 키우고, 주변 나라들을 침략했습니다.

② 몽골은 외교 관계를 맺은 고려에 사신을 보내 무리하게 물자를 요구했습니다.

(2) 몽골의 침입에 맞선 고려

① 몽골의 침입

- 몽골 사신이 고려에 왔다 돌아가는 길에 죽자, 몽골은 이를 구실로 고려를 침략했습니다.
- 몽골은 30여 년 동안 여러 차례에 걸쳐 고려에 침입했습니다.

② 고려의 대응

- 고려는 도읍을 강화도로 옮겼고, 백성들은 산성이나 섬으로 들어가 저항했습니다.
- 고려군과 성의 주민들이 힘을 합쳐 처인성, 충주성 등의 전투에서 몽골군에 맞서 싸웠습니다.

김윤후와 백성들이 몽골군을 물리침.

▲ 몽골의 침입과 고려의 항쟁

(3) 오랜 전쟁으로 인한 피해

① 국토가 황폐해졌고, 많은 사람이 죽거나 몽골군에 포로로 끌려갔습니다.

② 황룡사 9층 목탑 등 귀중한 문화유산이 불타 없어졌습니다.

(4) 몽골과의 **강화**와 삼별초의 항쟁

① 고려 정부는 몽골과 강화를 맺고 개경으로 도읍을 다시 옮겼습니다.

② 삼별초의 항쟁

- 삼별초는 고려가 몽골과 강화를 맺고 개경으로 돌아가는 것에 반발했습니다.
- 삼별초는 강화도에서 진도, 제주도로 근거지를 옮겨 가며 저항했지만 고려와 몽골 연합군에 의해 진압되었습니다.

(5) 몽골과 강화 이후의 상황

① 몽골(원)의 정치적 간섭과 영향을 받게 되었습니다.

② 원의 요구에 따라 많은 사람과 물자를 보내야 했습니다.

③ 고려의 왕은 몽골의 공주와 혼인해야 했습니다.

④ 원의 힘이 약해지자 공민왕은 원과 친하게 지내며 권력을 독점한 세력을 제거하고, 원에 빼앗겼던 고려의 땅을 되찾았습니다.

4 팔만대장경과 금속 활자

(1) 팔만대장경

① 고려는 외적이 침입했을 때 부처의 힘으로 이겨 내고자 **대장경**을 만들었습니다.

② 팔만대장경(**재조**대장경) 제작: **초조**대장경이 불타 없어지자 몽골의 침입을 부처의 힘으로 이겨 내고자 팔만대장경을 제작했습니다.

▶ 고려가 몽골과 외교 관계를 맺게 된 계기는?
고려는 몽골에 쫓겨 고려에 들어온 거란을 몽골과 함께 물리쳤습니다. 이를 계기로 고려는 몽골과 외교 관계를 맺게 되었습니다. 하지만 몽골이 점점 무리한 요구를 하자 불만이 쌓여 갔습니다.

▶ 삼별초란?
고려에는 한때 무신이 정권을 잡고 있었던 시대가 있었습니다. 이 시기에 만들어진 군대로, 좌별초, 우별초, 신의군으로 구성되었습니다.

▶ 고려에 유행한 몽골의 풍습은?
몽골의 간섭을 받게 되면서 고려에서는 몽골의 여러 풍습이 유행했습니다. 몽골식 머리 모양인 변발과 옷차림 등이 유행하고 소주도 전해졌습니다.

▲ 변발

낱말 사전

강화 싸우던 두 세력이 싸움을 멈추어 평화로워진 것임.
대장경 불교 경전을 모아 하나의 체계를 이루어 완성한 것임.
재조 다시 만듦.
초조 처음으로 만듦.

③ 팔만대장경판의 우수성

- 팔만여 장의 목판에 여러 사람이 글자를 새겼지만, 글자 모양이 고르고 틀린 글자가 거의 없으며, 내용도 정확합니다.
- 합천 해인사 장경판전에 보관 중이며 보존 상태도 매우 뛰어납니다.
- 팔만대장경판은 뛰어난 목판 인쇄술을 인정받아 유네스코 세계 기록 유산에 등재되었습니다.

→ 팔만대장경판을 보관하기 위해 조선 시대에 지은 건물로 유네스코 세계 유산임.

▲ 팔만대장경판

▲ 합천 해인사 장경판전

(2) 금속 활자

① 목판은 여러 종류의 책을 인쇄하려면 새로 판을 새겨야 했습니다.

② 금속 활자는 목판보다 튼튼하고 내용에 따라 필요한 활자를 조합해 여러 종류의 책을 인쇄할 수 있었습니다.

③ 『직지심체요절』

- 오늘날 전하는 금속 활자로 인쇄된 책 중 가장 오래된 것입니다.
- 청주 흥덕사에서 인쇄된 것으로, 독일의 구텐베르크가 만든 금속 활자보다 70여 년이나 앞선 것입니다.
- 이러한 가치를 인정받아 유네스코 세계 기록 유산에 등재되었습니다.

▲ 『직지심체요절』

5 고려청자

(1) 고려를 대표하는 예술품, 고려청자

① 은은한 비취색이 나는 도자기입니다.

② 구울 때 높은 온도를 일정하게 유지하는 기술, **유약**을 만드는 기술 등이 필요했습니다.

(2) 상감 청자

① 청자를 제작하는 기술은 중국에서 들여왔지만 고려는 상감 기법을 적용해 상감 청자라는 독창적이고 정교한 고려만의 청자를 만들었습니다.

② 상감 기법은 청자 표면에 무늬를 파고, 그 자리에 다른 색의 흙을 메운 뒤 유약을 발라서 굽는 것입니다.

(3) 고려청자의 용도

① 병, 주전자, 찻잔, 향로, **연적**, 의자, 베개, 기와 등 다양한 용도로 쓰였습니다.

② 만들기가 어렵고 가치가 높아서 주로 신분이 높은 사람들이 사용했습니다.

▲ 청자 상감 운학무늬 매병

▲ 청자 투각 칠보무늬 향로

▲ 청자 투각 의자

▲ 청자 상감 모란 구름 학 무늬 베개

▶ 팔만대장경은 어떻게 만들어졌나?

재료가 될 나무를 잘라 바닷물에 1~2년 담가 두기 → 나무를 잘라 소금물에 삶고 그늘에 말리기 → 나무를 다듬은 후 경판으로 만들고 글자 새기기 → 경판에 글자가 제대로 새겨졌는지 한 장씩 찍어서 살펴보기 → 구리판으로 귀퉁이를 마감하고 옻칠을 해 완성하기

▶ 금속 활자는 어떻게 만드나?

밀랍에 글자 새기기 → 밀랍 활자 만들기 → 거푸집 만들기 → 쇳물 붓기 → 금속 활자 만들기

▶ 『직지심체요절』은 어떻게 세상에 알려지게 되었나?

프랑스 국립 도서관에서 일하던 박병선 박사가 도서관 지하에 있던 『직지심체요절』을 발견하고, 이를 국제 사회에 소개했습니다.

낱말 사전

유약 도자기에 액체나 기체가 스며들지 못하게 겉 표면에 바르는 것으로 표면에 광택이 나도록 함.

연적 먹을 갈 때 벼루에 따를 물을 담아 두는 그릇

밀랍 꿀벌이 벌집을 만들 때 나오는 물질임.

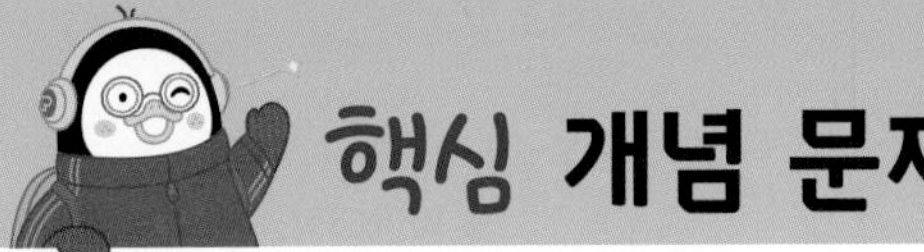

핵심 개념 문제

개념 1 고려의 건국과 후삼국 통일

(1) 후삼국의 성립과 고려의 건국
- 호족인 견훤이 후백제를 세우고, 궁예가 후고구려를 세워 신라와 함께 후삼국 시대를 엶.
- 왕건은 궁예를 몰아내고 고려를 건국함(918년).

(2) 고려의 후삼국 통일
- 후백제에서 왕위 다툼이 일어나 견훤이 고려에 귀순함.
- 신라가 스스로 고려에 국가를 넘김.
- 고려가 후백제를 물리치고 후삼국을 통일함.

(3) 태조 왕건의 정책
- 불교를 널리 장려함.
- 세금을 줄여 백성들의 생활을 안정시킴.
- 호족을 적절히 견제하고 존중하며 정치의 안정을 이룸.
- 서경(평양)을 중요시하며 북쪽으로 영토를 넓힘.
- 거란이 발해를 멸망시키자 옛 발해 사람들을 받아들임.

01 다음 ( ) 안에 들어갈 알맞은 말을 순서대로 쓰시오.

> ( )이/가 후백제를 세우고, 궁예가 후고구려를 세워 신라와 함께 세 국가가 서로 겨루던 ( ) 시대가 열렸다.

(,)

02 다음 퀴즈의 정답에 해당하는 인물이 한 일로 알맞은 것은 어느 것입니까? ( )

> 역사 인물 퀴즈
> 호족 출신으로, 궁예의 부하가 되어 세력을 키운 후 고려를 건국했습니다.

① 후삼국을 통일했다.
② 발해를 멸망시켰다.
③ 불국사를 건립했다.
④ 과거제를 도입했다.
⑤ 노비안검법을 실시했다.

개념 2 북방 민족의 침입과 극복

(1) 거란의 1차 침입과 서희의 외교 담판
- 거란이 고려에 침입하자, 서희가 거란 장수 소손녕을 만나 담판을 벌임(서희의 외교 담판).
- 압록강 동쪽의 강동 6주 지역을 확보함.

(2) 거란의 2차 침입과 양규의 활약
- 고려가 송과 외교 관계를 이어 가자 다시 침입함.
- 양규의 활약으로 거란군에 타격을 줌.

(3) 거란의 3차 침입과 강감찬의 귀주 대첩
- 거란이 강동 6주 지역을 돌려 달라고 하였으나, 고려가 요구를 들어주지 않자 또다시 침입해 옴.
- 강감찬이 이끄는 군대가 귀주에서 거란을 크게 물리침.

(4) 여진의 침입과 고려의 대응
- 여진이 세력을 키워 고려의 국경을 자주 침입함.
- 윤관이 별무반을 이끌고 여진을 물리친 뒤 동북 지역에 9성을 쌓음.

03 다음 설명에 해당하는 사건은 무엇입니까? ( )

> 강감찬이 고려에 침입해 온 거란을 크게 물리친 전투이다.

① 귀주 대첩
② 매소성 전투
③ 처인성 전투
④ 삼별초의 항쟁
⑤ 기벌포 전투

04 밑줄 친 '부대'의 이름을 쓰시오.

> 나는 고려의 장수 윤관이오. 이 부대를 이끌고 여진을 물리치는 데 큰 공을 세웠다오.

( )

개념 3 몽골의 침입과 고려의 대응

(1) **몽골의 침입**: 몽골은 30여 년에 걸쳐 고려에 여러 차례 침입함.

(2) **고려의 대응**
- 고려는 도읍을 강화도로 옮기고, 백성들은 산성이나 섬으로 들어가 저항함.
- 김윤후가 처인성과 충주성 등의 전투에서 백성들과 힘을 합쳐 몽골군을 물리침.

(3) **오랜 전쟁으로 인한 피해**
- 국토가 황폐해졌고, 많은 사람이 죽거나 다치고 포로로 끌려감.
- 황룡사 9층 목탑, 초조대장경 등이 불에 탐.

(4) **삼별초의 항쟁**: 삼별초는 고려 정부가 몽골과 강화를 맺고 개경으로 도읍을 다시 옮기는 것에 반대해 강화도에서 진도, 제주도로 근거지를 옮기며 저항했으나 진압당함.

(5) **몽골과 강화 이후**: 고려는 몽골의 간섭을 받았고, 많은 사람과 물자를 바쳐야 했음.

05 다음 (　　) 안에 들어갈 알맞은 말을 쓰시오.

> 고려는 몽골의 침입에 맞서기 위해 개경에서 (　　　　)(으)로 도읍을 옮겼다.

(　　　　　　　　　　)

06 삼별초에 대한 설명으로 알맞은 것은 어느 것입니까? (　　)

① 몽골군에 맞서 싸웠다.
② 윤관이 이끄는 부대였다.
③ 매소성 전투에서 활약했다.
④ 거란을 물리치는 데 큰 역할을 했다.
⑤ 여진에 대항하기 위해 조직한 특별 부대였다.

개념 4 고려의 인쇄술과 고려청자

(1) **팔만대장경**
- 몽골의 침입을 부처의 힘을 빌어 물리치고자 팔만대장경을 제작함.
- 팔만대장경판은 글자 모양이 고르고 틀린 글자가 거의 없으며 문화적 가치를 인정받아 유네스코 세계기록 유산에 등재됨.

(2) **금속 활자**
- 필요에 따라 활자를 골라 책을 찍어 낼 수 있어 여러 종류의 책을 제작하기에 편리함.
- 『직지심체요절』은 오늘날 전하는 금속 활자 인쇄본 중 가장 오래된 것임.

(3) **고려청자**
- 은은한 비취색의 도자기로, 고려의 대표적인 예술품임.
- 상감 청자: 청자의 표면을 파서 무늬를 새기고, 다른 색의 흙으로 메운 후 굽은 다음 유약을 발라 구운 도자기임.
- 신분이 높은 사람들이 주로 사용했고, 주전자, 찻잔, 향로, 연적, 의자, 베개 등 다양한 용도로 쓰임.

07 다음 (　　) 안에 들어갈 문화유산을 쓰시오.

(　　　　)은/는 몽골의 침입을 받은 고려가 부처의 힘을 빌어 몽골을 물리치고자 만든 것이야.

(　　　　　　　　　　)

08 고려 시대의 대표적인 오른쪽 예술품을 무엇이라고 합니까? (　　)

① 토기　② 옹기
③ 뗀석기　④ 고려청자
⑤ 금속 활자

중단원 실전 문제

01 다음 ㈎에 들어갈 알맞은 말을 쓰시오.

역사 용어 사전

(가)

• 신라 말에 등장한 세력이다.
• 각 지방을 다스리며, 군사력과 경제력을 갖추고 독자적인 세력을 형성했다.

(   )

02 다음 인물은 누구입니까? (   )

나는 신라의 호족 출신으로 후백제를 세웠소.

① 궁예　② 견훤　③ 왕건　④ 대조영　⑤ 김춘추

03 다음 선생님의 질문에 알맞게 대답한 학생을 두 명 고르시오. (,   )

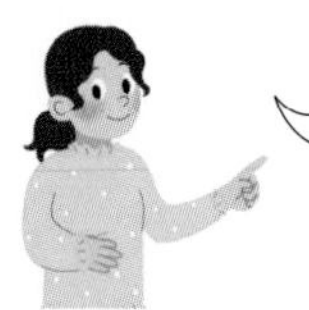

고려를 세운 태조 왕건이 후손들에게 남긴 '훈요 10조'의 내용을 말해 볼까요?

① 미림: 서경을 중시하라.
② 용우: 과거제를 실시하라.
③ 승완: 불교를 적극 장려하라.
④ 세진: 거란과 가까이 지내라.
⑤ 미지: 노비안검법을 실시하라.

[04~05] 다음 자료를 보고, 물음에 답하시오.

우리 거란과 국경을 맞대고 있으면서 왜 바다 건너 송하고만 교류하는 것이오?
압록강 근처에 살고 있는 여진이 고려와 거란 사이를 가로막고 있어 그런 것이오.

04 위 자료에 해당하는 사건은 어느 것입니까? (   )

① 귀주 대첩　② 충주성 전투　③ 별무반 조직　④ 서희의 외교 담판　⑤ 신라와 당의 동맹 체결

05 위 사건의 결과로 알맞은 것은 어느 것입니까? (   )

① 고려가 강화도로 도읍을 옮겼다.
② 고려가 강동 6주 지역을 확보했다.
③ 윤관이 여진이 살던 곳에 9성을 쌓았다.
④ 고려가 국경 지역에 천리장성을 쌓았다.
⑤ 원과 친하게 지내는 세력이 권력을 잡았다.

06 다음 질문에 대한 답으로 알맞은 것을 두 가지 고르시오. (,   )

여진의 침입에 고려는 어떻게 대응했는지 말해 보세요.

① 양규가 활약했어요.
② 동북 9성을 설치했어요.
③ 김춘추가 중요한 역할을 했어요.
④ 귀주에서 큰 승리를 거두었어요.
⑤ 윤관이 이끈 별무반이 전투에서 이겼어요.

07 다음 (가)에 들어갈 조사 내용으로 알맞지 않은 것은 어느 것입니까? (   )

탐구 활동 계획서

1. 주제: 몽골과의 항쟁
2. 목적: 몽골의 침입과 고려의 대응에 대해서 알아보고자 함.
3. 조사 내용: (가)

① 처인성 전투 결과
② 삼별초의 항쟁 과정
③ 과거제를 실시한 까닭
④ 강화도로 도읍을 옮긴 까닭
⑤ 전쟁으로 인한 문화유산 피해

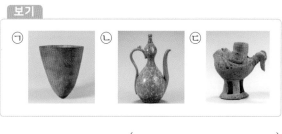

08 팔만대장경판에 대한 설명으로 알맞은 것을 보기 에서 두 가지 골라 기호를 쓰시오.

보기

㉠ 금속 활자를 이용해 만든 것이다.
㉡ 합천 해인사 장경판전에 보관되어 있다.
㉢ 현재 전하는 목판 인쇄본 중 가장 오래된 것이다.
㉣ 부처의 힘을 빌어 몽골의 침입을 이겨 내려고 만든 대장경의 경판이다.

(,   )

09 다음 학생들이 공통으로 이야기하고 있는 문화유산은 어느 것입니까? (   )

고려의 인쇄술에 대해 알아보기

청주 흥덕사에서 제작된 금속 활자 인쇄본이야.

현재 전하는 금속 활자 인쇄본 중 가장 오래된 것이지.

박병선 박사의 노력에 의해 알려졌어.

① 훈요 10조
② 초조대장경
③ 직지심체요절
④ 광개토 대왕릉비
⑤ 무구정광대다라니경

10 다음 (가)에 들어갈 문화유산으로 알맞은 것을 보기 에서 골라 기호를 쓰시오.

문화유산 카드

(가)

종목: 국보
시대: 고려
설명: 청자의 표면을 파서 무늬를 새기고, 다른 색의 흙으로 메운 후 긁은 다음 유약을 발라 구운 것임.

보기

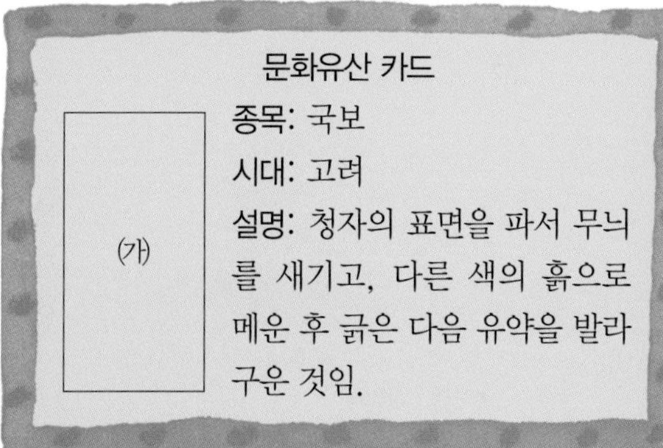

(   )

서술형 평가 돋보기

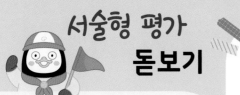

학교에서 출제되는 서술형 평가를 미리 준비하세요.

문제 해결 전략

1 단계	제시된 자료가 무엇인지 파악하기
2 단계	자료로 알 수 있는 고려의 대외 관계 살펴보기
3 단계	북방 민족과의 전쟁으로 인한 피해 파악하기

핵심 키워드

- 고려의 대외 관계
  - 북방 민족의 침입과 대응
- 북방 민족의 침입으로 인한 고려 백성들의 어려움.
  - 전쟁을 치르는 동안 농사를 짓지 못함.
  - 전쟁으로 문화유산이 불타 없어짐.

빈칸을 채우며 서술형 문제의 답안을 작성하는 연습을 해 보세요!

연습 문제

[1~3] 다음은 고려의 대외 관계를 나타낸 것입니다. 물음에 답하시오.

(㉠)와/과의 한판 승부, 귀주 대첩

한 놈도 남기지 말고 모두 물리쳐라!

(㉡)을/를 물리치기 위해 만든 별무반

내가 별무반과 함께 너희들을 몰아내겠다!

(㉢)을/를 물리친 처인성 전투

다 같이 힘을 모아 처인성을 지켜 냅시다!

1 ㉠~㉢에 해당하는 북방 민족의 이름을 각각 쓰시오.

㉠: (　　　　　　　　)
㉡: (　　　　　　　　)
㉢: (　　　　　　　　)

2 위의 자료를 보고, 다음과 같이 정리하였습니다. (　　) 안에 알맞은 말을 써넣시오.

고려는 오랫동안 북방 민족의 침입을 받았으나, 그때마다 고려 정부와 백성들이 힘을 모아 극복했습니다. (　　　　　)의 1차 침입 때에는 (　　　　　)이/가 거란의 장수와 외교 담판을 벌여 물리쳤습니다. 윤관은 별무반을 이끌고 (　　　　　)을/를 정벌하고 그들이 살던 동북 지역에 (　　　　　)을/를 쌓았습니다. 한편 고려는 북방 민족 중 (　　　　　)의 침입에 맞서기 위해 도읍을 (　　　　　)(으)로 옮겼습니다.

3 위와 같이 고려가 북방 민족과 전쟁을 치르는 동안 어떤 피해가 있었는지 사례를 들어 한 가지 쓰시오.

정답과 해설 12쪽

실전 문제

[1~2] 다음 자료를 보고, 물음에 답하시오.

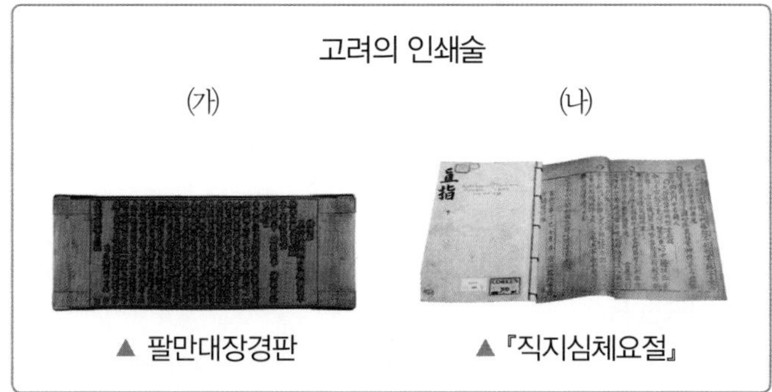

▲ 팔만대장경판　▲『직지심체요절』

1 위 자료의 문화유산에 대해 다음과 같이 정리하였습니다. (　　) 안에 알맞은 말을 써넣으시오.

(1) 고려 사람들은 몽골의 침입을 (　　　　)의 힘으로 물리치려고 팔만대장경을 만들었습니다.

(2)『직지심체요절』은 오늘날 전해지는 (　　　　)(으)로 인쇄된 책 중 가장 오래된 것입니다.

(3) (가)는 팔만여 장의 (　　　　)에 팔만대장경을 새긴 것입니다. 여러 사람이 글자를 새겼는데 글자가 고르고 틀린 글자가 거의 없었습니다.

(4) (나)는 독일의 구텐베르크가 만든 금속 활자보다 70여 년 앞서 제작되었습니다. 이러한 가치를 인정받아 유네스코 세계 (　　　　)(으)로 등재되었습니다.

2 (나)에 사용된 인쇄술이 (가)의 인쇄술에 비해 어떤 장점이 있는지 간단히 쓰시오.

____

____

[3~4] 다음 그림을 보고, 물음에 답하시오.

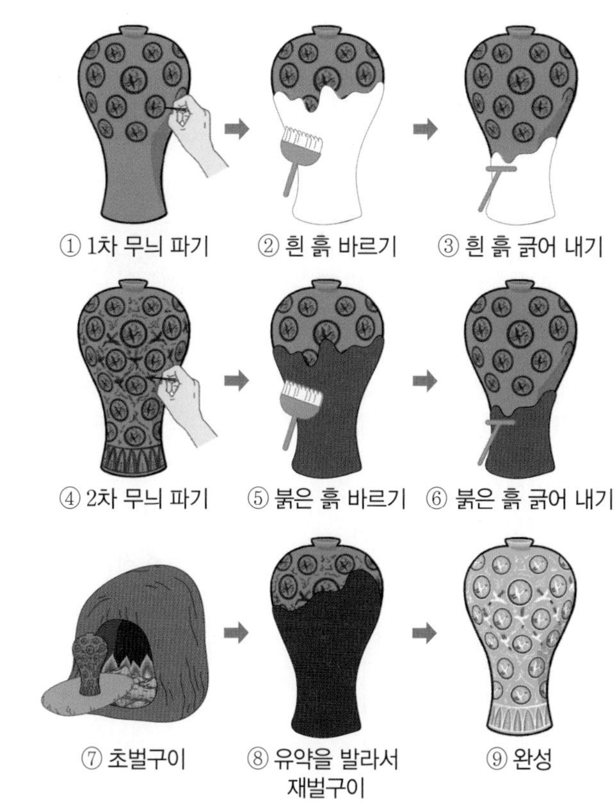

3 위 그림을 보고 다음과 같이 정리하였습니다. (　　) 안에 알맞은 말을 써넣으시오.

고려청자 중에서도 위의 그림과 같은 방법으로 만든 고려의 문화유산을 (　　　　)(이)라고 합니다. 청자를 만드는 기술은 중국에서 들여왔지만 (　　　　)만의 독창적인 방법으로 만든 것입니다.

4 위의 방법으로 제작한 도자기는 누가 주로 사용했는지 쓰고, 그 까닭을 서술하시오.

(1) 주로 사용한 계층: ______________________

(2) 까닭:

____

(3) 민족 문화를 지켜 나간 조선

1 조선의 건국

(1) 고려 말의 상황

① 홍건적(몽골이 세운 원에 대항한 한족 농민군으로 머리에 붉은 두건을 두르고 다녔음.), 왜구의 침입과 권문세족의 **횡포**로 나라 안팎이 혼란스러웠습니다.

② 새롭게 등장한 정치 세력

신진 사대부	• 고려 말 성리학을 공부하여 과거에 합격해 관리가 된 사람들 • 정몽주, 정도전 등
신흥 무인 세력	• 홍건적과 왜구를 물리치는 데 큰 공을 세우며 성장한 군인 세력 • 최영, 이성계 등

(2) 조선의 건국 과정

① 이성계의 위화도 **회군**

• 요동 정벌: 중국에 새로 세워진 명이 고려에 북쪽 땅의 일부를 내놓으라는 요구를 하자, 고려 정부가 이성계에게 요동을 정벌하도록 했습니다.

• 위화도 회군: 이성계는 위화도에서 군사를 돌려 개경(개성)으로 돌아와 권력을 잡았습니다.

• 제도 개혁: 이성계는 신진 사대부들과 함께 새로운 토지 제도를 실시하는 등 고려 사회를 개혁하고자 했습니다.

② 신진 사대부의 분열

정몽주 등	고려를 유지하면서 개혁을 해야 한다고 주장함.
정도전 등	새로운 나라를 세워 개혁을 해야 한다고 주장함.

③ 조선의 건국(1392년)

• 새로운 국가를 세우려는 세력이 정몽주(이성계의 아들인 이방원의 부하에 의해 죽임을 당함.) 등 반대 세력을 제거했습니다.

• 새로운 국가를 세우고, 국가 이름을 조선(고조선을 잇는다는 의미를 갖고 있음.)이라고 했습니다.

• 한양으로 도읍을 옮기고, 유교를 바탕으로 국가의 기초를 세웠습니다.

(3) 조선의 도읍, 한양

① 유교 정신에 따라 한양의 주요 건물 이름과 자리를 정했습니다.

② 유교에서 강조하는 덕목을 사대문의 이름에 붙였습니다.

경복궁	'큰 복을 누린다.'는 뜻을 가진 조선 시대에 만든 첫 번째 궁궐임.
종묘	역대 왕과 왕비의 **위패**를 모시고 제사를 지내는 곳임.
사직단	농사를 관장하는 토지의 신과 곡식의 신에게 제사 지내는 곳임.
사대문	도성의 동서남북에 4개의 큰 문을 만들고 각각 흥인지문(동), 돈의문(서), 숭례문(남), 숙정문(북)이라고 이름을 붙임.

▲ 경복궁 근정전

▲ 사직단

▲ 숭례문

◗ 권문세족이란?
고려 후기에 대대로 권력이 있던 집안으로, 원을 등에 업고 성장한 세력이 대표적입니다.

◗ 이성계가 위화도에서 개경으로 돌아온 까닭은?
이성계는 명과 전쟁을 벌이는 것이 무리라고 생각해 요동 정벌을 반대했지만 고려 정부의 명령에 따라 요동 정벌에 나섰습니다. 하지만 압록강 물이 불어 강을 건널 수 없었고 군사들의 사기도 떨어졌습니다. 이성계는 위화도에서 군사를 돌려 개경으로 돌아온 뒤 정권을 잡았습니다.

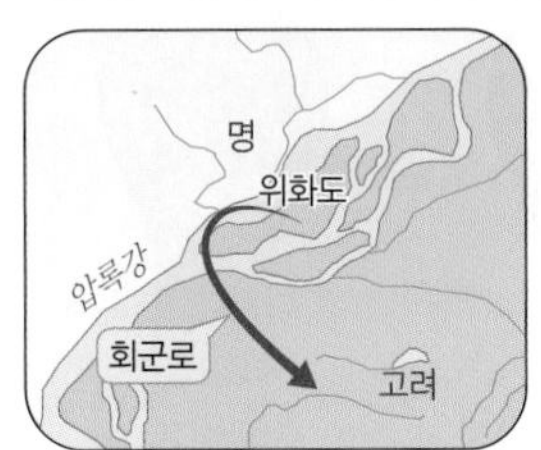

▲ 위화도 회군

◗ 한양을 도읍으로 삼은 까닭은?
• 넓은 땅이 있어 농사짓고 살기에 좋았습니다.
• 산으로 둘러싸여 외적의 침입을 막기에 유리했습니다.
• 국가의 중심에 있고, 한강이 있어 교통이 편리했습니다.

◗ 정도전은 어떤 역할을 했나?
정도전은 이성계를 도와 조선을 세우고 국가의 기반을 다지는 데 큰 역할을 했습니다. 그는 경복궁과 도성 안 건물의 이름을 짓고, 조선을 다스리는 제도 등을 마련했습니다.

낱말 사전

횡포 몹시 난폭하게 제멋대로 함.
회군 군사를 돌려 원래 있던 곳으로 돌아감.
위패 죽은 사람의 이름을 적은 나무패

2 세종 대에 이룬 발전

(1) 집현전 확대 운영

① 학문 연구 기관인 집현전을 확대 운영하여 뛰어난 학자들을 길러 냈습니다.

② 집현전은 조선 전기 학문과 과학 기술 발전에 중요한 역할을 했습니다.

(2) 훈민정음 **창제**와 학문의 발전 → '백성을 가르치는 바른 소리'라는 뜻

① 훈민정음 창제

- 우리말을 소리 나는 대로 적을 수 있는 28글자를 만들어 **반포**했습니다.
- 훈민정음은 거의 모든 소리를 표현할 수 있는 독창적이고 과학적인 글자로 누구나 쉽게 배울 수 있습니다.

▲『훈민정음』「해례본」

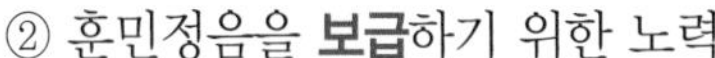

② 훈민정음을 **보급**하기 위한 노력

- 백성들이 쉽게 배우고 쓸 수 있게 한자로 된 책을 훈민정음으로 풀어서 펴내기도 했습니다.
- 관리들도 훈민정음을 배우도록 했습니다.
- 훈민정음을 만든 원리와 사용법을 설명한 책인『훈민정음』「해례본」은 유네스코 세계 기록 유산에 등재되었습니다.

(3) 과학 기술의 발전

① 농사와 백성들의 생활에 도움이 되는 다양한 과학 기구가 만들어졌습니다.

② 장영실과 같이 기술이 뛰어난 사람을 관리로 등용해 다양한 과학 기구를 만들도록 했습니다.

구분	내용
측우기	• 비가 내린 양을 측정하는 기구임. • 전국 각지에 설치해 홍수와 가뭄에 대비함.
앙부일구 (해시계)	• 해그림자의 움직임을 이용해 시각과 절기를 측정하는 기구임. • 한성(한양)의 주요 거리에 설치한 우리나라 최초의 공공 시계임. • 글을 읽을 줄 모르는 백성도 시각을 확인할 수 있도록 동물 그림을 새겨 넣음.
혼천의	• 해와 달, 별의 움직임과 위치를 관측하던 천문 관측기구임. • 계절의 변화를 알아내는 데 중요한 역할을 함.
자격루 (물시계)	• 자동으로 종을 쳐서 시각을 알려 주는 물시계임. • 날이 흐리거나 비가 와도 시각을 알 수 있었음. • 두 시간마다 인형이 종과 북 등을 쳐 시각을 알려 줌.

▲ 측우기

▲ 앙부일구(복원)
가마솥이 하늘을 우러르고 있는 모양이라는 뜻임.

▲ 혼천의(복원)

▲ 자격루(복원)
스스로 종을 쳐서 시각을 알려 주는 물시계라는 뜻임.

훈민정음에 담긴 우수성은?
훈민정음은 혀와 입술 모양, 하늘과 땅, 사람의 모습을 본떠 만들었습니다. 세상의 모든 소리를 거의 다 표현할 수 있는 독창적이고 과학적인 문자입니다.

장영실은?
노비 출신이었지만 과학적 재능이 뛰어나 관리로 뽑혔습니다. 앙부일구, 혼천의, 자격루 등의 기구를 만들었습니다.

자격루의 작동 원리는?

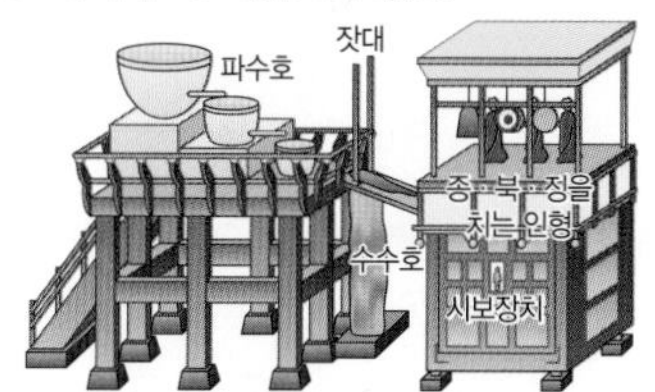

큰 항아리의 물이 작은 항아리를 거쳐 원통형 항아리로 흘러내려 갑니다. 물이 차면 원통형 항아리의 막대가 위로 올라와 구슬을 떨어뜨립니다. 그 구슬이 상자 안에서 움직이면서 인형이 종, 북, 징을 자동으로 울립니다.

낱말 사전

창제 이전에 없던 것을 처음으로 생각해 만들거나 제정함.
반포 세상에 널리 퍼뜨려 사람들이 알도록 함.
보급 많은 사람이 골고루 누리도록 널리 알리거나 나누어 줌.

(4) **편찬** 사업

① 세종 대에는 종이 제작 기술이 발달하고, 금속 활자도 더욱 정교해졌습니다.

② 농사, 유교의 가르침, 의학 등 다양한 분야의 책들이 편찬되었습니다.

- 『농사직설』: 조선의 기후와 환경에 맞는 농사법을 소개한 책
- 『삼강행실도』: 유교의 가르침을 글과 그림으로 표현한 책
- 『향약집성방』: 우리나라 약재로 병을 치료하는 방법을 소개한 책
- 『칠정산』: 조선을 기준으로 한 달력 계산법을 담은 책

(5) 국방력 강화

① 4군과 6진 지역을 개척해 압록강과 두만강을 북쪽 경계로 하였는데, 이는 오늘날의 국경선과 같습니다.

② 쓰시마섬(대마도)을 정벌하여 왜구를 물리쳤습니다.

▶ 『삼강행실도』는?

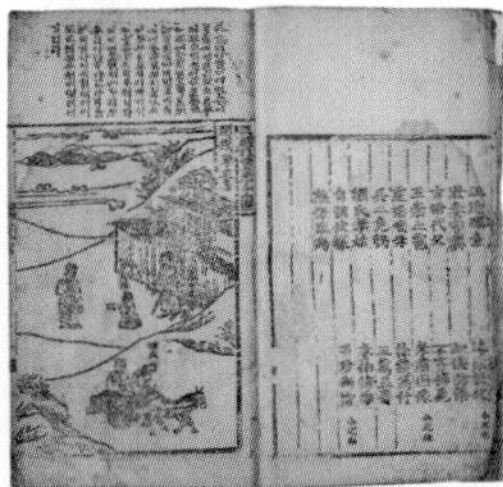

백성들에게 유교의 가르침을 알리기 위해 우리나라와 중국의 책에서 모범이 될 만한 충신·효자·열녀의 행실을 모아 글과 그림으로 나타낸 책입니다.

3 유교 질서를 바탕으로 한 사회 모습

(1) 통치의 바탕이 된 유교

① 조선은 유교의 가르침에 따라 국가를 다스리고 사회 질서를 유지했습니다.

② 백성을 국가의 근본으로 여기고, 왕은 덕을 베푸는 정치를 해야 한다고 생각했습니다.

③ 임금부터 백성까지 유교 질서에 따라 생활해야 한다고 생각했습니다.

④ 일상생활도 영향을 미쳐 혼인, 장례, 제사 등도 유교 예절에 따라 치르도록 했습니다.

(2) 유학 교육 기관과 과거제

① 성균관: 한성(한양)에 있었던 최고 교육 기관입니다.

② 향교: 지방에서 유학을 가르친 기관입니다.

③ 과거제: 관리가 되기 위해서는 과거 시험에 합격해야 했습니다.

▶ 4군 6진 지역의 개척으로 바뀐 국경선은?

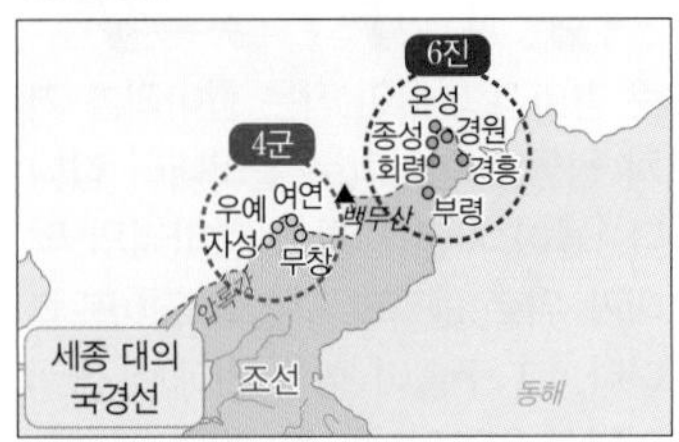

(3) 조선의 기본 **법전**, 『경국대전』

① 유교의 가르침에 따라 국가를 다스리기 위해 만든 기본 법전입니다.

② 세조 때 만들기 시작해 성종 때 완성되었습니다.

③ 군사, 외교, 교육 등 여섯 개 영역으로 나누어 그 내용을 다루고 있습니다.

▲ 『경국대전』

④ 국가를 다스리는 데 기준이 되었고, 백성들의 생활에도 큰 영향을 미쳤습니다.

남자는 15세, 여자는 14세부터 결혼할 수 있어.

토지, 집, 노비를 사고팔면 100일 안에 관청에 보고해야 해.

부모가 많이 아프거나 부모의 나이가 70세 이상이면 아들 중 한 명은 군대에 가는 것을 면제해 줘.

관청에 속한 노비 여성과 남편은 아이를 낳을 때 휴가를 줘.

▲ 『경국대전』에 담긴 내용

낱말 사전

편찬 여러 가지 자료를 모아 정리하여 책을 만듦.

법전 국가가 만든 체계적이고 통일적인 법 규범을 모아 놓은 책

(4) 신분에 따른 생활 모습

① 조선 시대 사람들은 태어날 때부터 신분이 정해져 있었습니다.

② 신분은 법적으로 양인과 천인으로 나뉘었고, 실제로는 양반, 중인, 상민, 천민으로 구분되었습니다.

양인	양반	• 유교의 가르침이 담긴 책을 공부했음. • 과거 시험에 합격해 관리가 되어 나랏일을 함.
	중인	• 관청에서 일하거나 전문적인 일을 했음. • 통역을 담당하는 역관, 환자를 치료하는 의관, 그림을 그리는 화원 등이 있었음.
	상민	• 대부분 농사를 지으며 살았음. • 세금을 냈으며, 군대를 가고 국가에 큰 공사나 일이 있을 때 불려 가서 일을 했음.
천인	천민	• 대부분 노비로 양반집이나 관공서에서 허드렛일을 했음. • 노비는 재산으로 여겨져 사고팔리기도 했음.

(5) 조선 전기의 사회와 문화

① 사회

• 여성은 결혼한 후에도 한동안 남편과 함께 친정에서 살았습니다.

• 아들과 딸이 똑같이 재산을 물려받았고, 제사도 돌아가며 지냈습니다.

② 문화

• 양반들이 중심이 되어 즐기는 양반 문화가 발달했습니다.

• 소박한 느낌의 분청사기와 백자가 만들어졌습니다.

• 산수화가 유행했고, 양반들은 매화, 난초, 국화, 대나무 등을 즐겨 그렸습니다.

• 신사임당은 시와 글씨, 그림에 뛰어난 여성 예술가로, 풀과 곤충을 그린 「초충도」가 유명합니다. → 율곡 이이의 어머니임.

▲ 신사임당의 「초충도」

4 임진왜란의 발발과 극복

(1) 임진왜란이 일어나기 전 조선과 일본의 상황

조선	신하들 간의 다툼으로 정치적으로 혼란했고, 건국 후 약 200년 동안 평화로운 상태가 이어져 전쟁에 대비하지 못함.
일본	일본을 통일한 도요토미 히데요시가 국가 안 불만 세력의 관심을 밖으로 돌리려고 조선과 명을 정복하려고 함.

(2) 임진왜란의 **발발**

① 일본이 명으로 가는 길을 내어 달라며 조선에 쳐들어왔습니다(1592년).

② 새로운 무기인 **조총**으로 무장한 일본군이 순식간에 부산진과 동래성을 함락하고 한성(한양)으로 빠르게 향했습니다. → 전쟁 초기에 조선군은 육지에서 계속 패했음.

③ 선조는 한성(한양)을 떠나 의주로 **피란**했으며, 명에 **지원군**을 요청했습니다.

분청사기란?

청자 흙으로 몸체를 빚은 다음 흰 흙을 바른 후 구워 낸 자기입니다.

▲ 분청사기 물고기 무늬 병

백자란?

흰 흙에 투명한 유약을 발라 구운 도자기로 고려청자, 분청사기 이후에 만들어지기 시작했습니다.

▲ 백자 끈 무늬 병

임진왜란 전 명의 상황은?

조선과 오랫동안 친밀한 관계를 이어왔으나 정치적으로 혼란스러웠고, 국력이 약해지고 있었습니다.

낱말 사전

발발 전쟁이나 어떤 사건이 일어남.

조총 유럽에서 개발된 총으로 포르투갈이 일본에 전함.

피란 전쟁을 피해 안전한 곳으로 감.

지원군 지지하여 돕기 위해 출동한 군대

(3) 임진왜란을 극복하려는 노력

① 수군의 활약 → 조선 수군의 활약으로 일본군은 바닷길이 막혀 식량 등의 물자 보급에 어려움을 겪음.

- 이순신은 전쟁에 대비해 판옥선과 거북선을 만들고 식량을 준비했습니다.
- 한산도 대첩 등 여러 전투에서 승리를 거두며, 전라도와 충청도를 지켜 냈습니다.

황해
남해
동해
노량
사천
옥포
노량 해전
옥포 해전
통영
한산도
울돌목
사천 해전
명량 대첩
한산도 대첩

▲ 이순신이 이끈 수군이 승리한 주요 해전

② 의병의 활약 → 양반, 농민, 승려, 노비 등 다양한 신분의 사람들이 참여함.

- 전국 각지에서 곽재우를 비롯한 의병이 일어나 일본군에 맞서 싸웠습니다. → 붉은 옷을 입고 전투에 참여해 홍의 장군이라 불림.

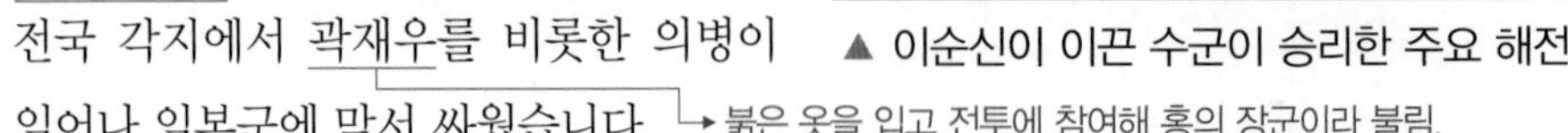

- 익숙한 자기 고장의 지리를 이용하여 적에게 큰 피해를 주며 활약했습니다.

③ 전쟁 상황의 변화

- 조선과 명의 연합군이 평양성을 되찾았고, 일본군은 남쪽으로 밀려 내려갔습니다.
- 권율이 이끄는 관군과 의병, 일반 백성들이 행주산성에서 일본군을 물리쳤습니다(행주 대첩). → 오늘날 경기도 고양시에 있는 산성임.

(4) 정유재란과 전쟁의 결과

① 일본이 명과의 협상에서 실패하자 조선에 다시 쳐들어왔습니다(정유재란, 1597년).

② 이순신이 명량에서 크게 승리를 거두고, 도요토미 히데요시가 사망해 일본군이 철수하면서 전쟁이 끝났습니다. → 노량해전에서 이순신이 총에 맞아 사망함.

(5) 전쟁의 피해

① 많은 백성이 죽거나 다치고, 기술자들이 일본으로 끌려갔습니다.

② 경복궁, 불국사 등 소중한 문화유산이 파괴되고, 국토가 황폐화되었습니다.

5 병자호란

(1) 광해군의 중립 외교
→ 중립: 국가 사이에 다툼이나 전쟁이 일어날 때 어느 편에도 끼지 않고 중간 입장을 지킴.

① 여진이 후금을 세워 명을 압박하자 명이 조선에 지원군을 요청했습니다.

② 광해군은 명과 후금 사이에서 중립 외교를 펼치며 전쟁을 피했습니다.

(2) 정묘호란(1627년)

① 광해군의 중립 외교에 반대한 신하들이 광해군을 내쫓고 인조를 새 왕으로 세웠습니다.

② 인조가 후금을 멀리하고 명과 가까이 지내는 정책을 펼치자 후금이 조선을 침략했습니다.

③ 조선과 후금은 형제의 국가로 지낼 것을 약속하고 전쟁을 끝냈습니다.

(3) 병자호란(1636~1637년)

원인	후금이 국가 이름을 청으로 바꾸고 조선에 임금과 신하의 관계를 요구했으나, 조선에서 이를 거절하자 청이 군사를 이끌고 침입해 옴.
과정	• 인조는 남한산성으로 피란해 청군과 맞서 싸웠으나 식량이 떨어지고 추위가 심해져 전쟁을 이어 가기 어려웠음. • 성 안의 신하들은 청과 끝까지 싸우자는 의견(김상헌 등)과 화해를 하고 전쟁을 끝내자는 의견(최명길 등)으로 나뉨. • 인조가 삼전도에 나가 청 태종에게 **굴욕**적인 항복을 함.
결과	조선과 청은 임금과 신하의 관계를 맺고, 세자를 비롯해 많은 백성이 청으로 끌려감.

거북선은?
임진왜란 때 조선 수군이 이용한 군함으로, 판옥선을 개조해 만든 것입니다. 맨 앞에서 적의 배를 공격하는 돌격선의 역할을 수행했습니다.

한산도 대첩에서 펼쳐진 학익진 전법은?

학이 날개를 펼친 듯이 적군의 배를 에워싸 공격하는 것입니다.

곽재우의 활약은?
곽재우는 경상도 의령에서 의병을 모아 일본군에 맞서 싸웠습니다. 그는 붉은 옷을 입고 전투에 참여해 홍의 장군이라고 불렸습니다.

임진왜란의 3대첩은?
한산도 대첩, 진주 대첩, 행주 대첩을 말합니다.

낱말 사전

호란 만주인이 침입해 일어난 전쟁을 말함.
굴욕 남에게 억눌려 업신여김이나 모욕을 받는 것

핵심 개념 문제

정답과 해설 13쪽

개념 1 조선의 건국

(1) 새로운 세력의 등장

신진 사대부	정몽주, 정도전 등 성리학을 공부하여 과거를 통해 관리가 된 사람들
신흥 무인 세력	최영, 이성계 등 홍건적과 왜구를 물리치며 성장한 군인들

(2) 위화도 회군: 이성계는 위화도에서 군사를 돌려 정권을 잡은 뒤 신진 사대부와 함께 여러 제도를 고침.

(3) 조선의 건국(1392년): 정몽주 등 반대 세력이 제거된 뒤 이성계는 조선을 건국하고, 한양으로 도읍을 옮김.

(4) 조선의 도읍, 한양
- 경복궁, 종묘, 사직단, 사대문 등을 건설함.
- 유교 정신에 따라 한양의 주요 건물 이름과 위치를 정함.

01 다음 인물과 같은 세력을 무엇이라고 하는지 쓰시오.

나는 고려 말 성리학을 공부하고 과거를 통해 관리가 된 정도전입니다.

(　　　　　　　　　　)

02 다음 장면은 어떤 역사적 사건을 나타낸 것입니까? (　　)

요동 정벌은 안 될 일이다. 군대를 돌려 개경으로 돌아가자!

① 병자호란　② 귀주 대첩
③ 한산도 대첩　④ 위화도 회군
⑤ 서희의 외교 담판

개념 2 세종 대에 이룬 발전

(1) 집현전 확대: 학문 연구 기관인 집현전을 확대 운영함.

(2) 훈민정음 창제
- 우리말을 적을 수 있는 우리글인 훈민정음을 만들어 반포함.
- 백성들이 쉽게 글자를 배울 수 있게 됨.

(3) 과학 기술의 발전: 측우기, 앙부일구, 혼천의, 자격루 등 농사와 백성들의 생활에 도움이 되는 다양한 과학 기구가 발명됨.

(4) 편찬 사업: 『삼강행실도』, 『농사직설』, 『칠정산』, 『향약집성방』 등 다양한 책이 편찬됨.

(5) 국방 강화: 4군과 6진 지역 개척, 쓰시마섬(대마도) 정벌

03 다음 두 사람의 대화에 나온 기관의 이름은 어느 것입니까? (　　)

세종 때 확대 운영되었던 학문 연구 기관이지요.
젊은 학자들이 학문과 과학 기술을 연구했어요.

① 향교　② 종묘
③ 성균관　④ 사직단
⑤ 집현전

04 다음에서 설명하는 책 이름을 쓰시오.

- 세종 때 편찬한 책이다.
- 농부들에게 도움을 주기 위해 편찬했다.
- 조선의 기후와 환경에 맞는 농사법을 소개했다.

(　　　　　　　　　　)

개념 3 유교 질서를 바탕으로 한 사회 모습

(1) 조선은 유교의 가르침에 따라 국가를 다스리고, 사회 질서를 유지하고자 함.

(2) 유학 교육 기관과 과거제
- 성균관, 향교 등의 교육 기관에서 유학을 가르침.
- 관리가 되기 위해서는 과거 시험에 합격해야 함.

(3) 조선의 기본 법전, 『경국대전』
- 세조 때 만들어지기 시작해 성종 때 완성됨.
- 군사, 외교, 교육 등 여섯 개 영역으로 나누어져 있음.

(4) 신분 제도
- 법적으로 양인과 천인으로 나뉨.
- 실제로는 양반, 중인, 상민, 천민으로 구분됨.

(5) 조선 전기 사회: 여성은 결혼한 후에도 한동안 남편과 함께 친정집에서 살았으며, 아들과 딸에게 똑같이 재산을 물려줌.

(6) 조선 전기 문화
- 양반 중심 문화가 발달함.
- 분청사기, 백자, 산수화 등이 유행함.

05 다음에서 설명하는 기관의 이름을 쓰시오.

- 조선 시대 최고 교육 기관이다.
- 인재 양성을 위해 한성(한양)에 세웠다.

( )

06 다음 인물이 속한 신분으로 알맞은 것은 어느 것입니까? ( )

나는 도화서에서 그림을 그리는 화원입니다.

① 양반 ② 중인 ③ 상민
④ 천민 ⑤ 호족

개념 4 임진왜란과 병자호란

(1) 임진왜란
- 일본이 조선에 쳐들어오면서 전쟁이 일어남(1592년).
- 선조는 한성(한양)을 떠나 의주로 피란함.
- 이순신이 이끄는 수군이 한산도 대첩 등 여러 차례의 전투에서 승리를 거두었고, 의병이 활약함.
- 조선과 명의 연합군이 평양성을 되찾았고, 행주산성에서 관군과 백성이 큰 승리를 거둠.
- 정유재란: 일본이 강화 회담 실패 후 조선에 다시 쳐들어옴(1597년). → 이순신이 이끈 수군이 명량(진도)에서 크게 승리를 거둠. → 도요토미 히데요시의 사망으로 일본군이 철수하면서 전쟁이 끝남.

(2) 정묘호란과 병자호란
- 명과 후금 사이에서 중립 외교를 펼치던 광해군이 쫓겨나고 인조가 새 왕이 됨.
- 정묘호란(1627년): 후금이 조선을 침략함. → 형제의 국가로 지낼 것을 약속하고 전쟁을 끝냄.
- 병자호란(1636~1637년): 후금이 국가 이름을 청으로 바꾸고, 조선에 임금과 신하 관계를 요구했으나 조선이 거절하자 다시 침입해 옴. → 인조는 남한산성으로 피란하여 청군과 맞섰으나 결국 항복함.

07 다음에서 설명하는 역사적 사건은 무엇인지 쓰시오.

- 1592년, 일본이 명으로 가는 길을 내어 달라며 조선을 침략했다.
- 이순신이 이끄는 수군이 큰 활약을 했다.

( )

08 다음 퀴즈의 정답은 어느 것입니까? ( )

한국사 골든벨
힌트 1: 조선 시대 왕이다.
힌트 2: 명과 후금 사이에서 중립 외교를 펼쳤다.

① 태조 ② 광종 ③ 세종
④ 인조 ⑤ 광해군

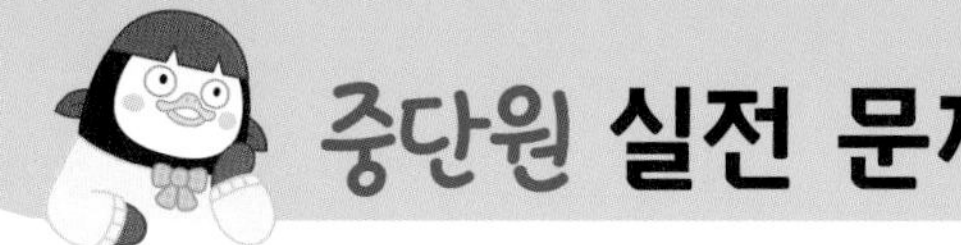

중단원 실전 문제

정답과 해설 13쪽

01 다음 (가)에 들어갈 내용으로 알맞은 것을 두 가지 고르시오. (　　,　　)

한국사 대화방
고려 말 국가의 상황이 어땠는지 알려 줄래?
오후 5:01

① 별무반을 조직했어.
② 호족 세력이 등장했어.
③ 신진 사대부가 성장했어.
④ 거란이 여러 차례 침입했어.
⑤ 홍건적과 왜구가 고려를 침입했어.

02 다음 질문에 대한 답으로 알맞지 않은 것은 어느 것입니까? (　　)

조선의 건국 과정에서 있었던 사실을 이야기해 볼까요?

① 위화도 회군이 있었어요.
② 정몽주가 죽임을 당했어요.
③ 왕건이 궁예를 몰아냈어요.
④ 한양으로 도읍을 옮겼어요.
⑤ 이성계가 왕위에 올랐어요.

03 다음에서 설명하는 궁궐의 이름을 쓰시오.

> 우리 궁궐 길라잡이
> • 조선을 건국하고 한양에 처음 지은 궁궐이다.
> • 궁궐 이름에 '임금이 덕으로 국가를 다스려 만 년 동안 큰 복을 누린다.'는 의미가 담겨 있다.

(　　　　　　　　)

04 다음 문화유산의 이름으로 알맞은 것은 어느 것입니까? (　　)

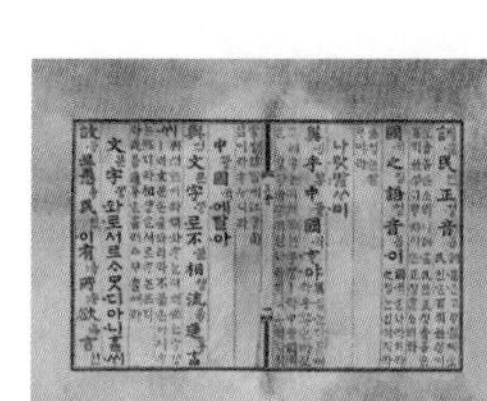

우리글을 만든 원리와 사용법을 설명한 책입니다.

① 농사직설　　② 삼국유사
③ 삼강행실도　　④ 직지심체요절
⑤ 훈민정음 해례본

05 다음 과학 기구에 대한 설명으로 알맞은 것은 어느 것입니까? (　　)

① 천문 관측기구이다.
② 앙부일구라고 불렸다.
③ 흐린 날에도 시각을 알 수 있다.
④ 비가 내린 양을 측정하는 기구이다.
⑤ 해그림자 움직임을 이용해 시각을 알 수 있다.

06 세종 때 국방 강화를 위해 실시한 정책으로 알맞은 것은 어느 것입니까? (　　)

① 화랑도를 조직했다.
② 개경을 도읍으로 삼았다.
③ 4군 6진 지역을 개척했다.
④ 동북 지역에 9성을 쌓았다.
⑤ 강동 6주 지역을 확보했다.

07 다음 책에 대한 설명으로 알맞은 것은 어느 것입니까? (　　)

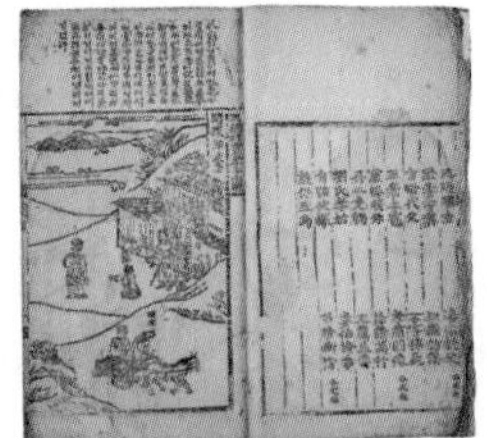

▲ 『삼강행실도』

① 조선을 기준으로 한 달력이다.
② 조선의 역사가 기록되어 있다.
③ 병을 치료하는 방법이 담겨 있다.
④ 충신과 효자의 이야기가 실려 있다.
⑤ 우리나라에 맞는 농사법이 소개되었다.

08 다음 ㈎에 들어갈 학생들의 대화 내용으로 적절한 것을 두 가지 고르시오. (　　,　　)

① 아들만 제사를 지냈어.
② 딸은 재산을 물려받지 못했어.
③ 경국대전에 따라 질서를 유지했어.
④ 신분과 상관없이 누구나 관리가 되었어.
⑤ 집안 행사를 유교 예절에 따르도록 했어.

09 다음 인물이 속한 신분에 대한 설명으로 알맞은 것은 어느 것입니까? (　　)

우리는 노비로, 양반집이나 관공서에서 허드렛일을 하지요.

① 과거 시험을 보았다.
② 국가에 세금을 냈다.
③ 군역의 의무가 있었다.
④ 재산으로 여겨져 사고팔렸다.
⑤ 외국 사신의 통역을 담당했다.

10 다음 ㈎에 들어갈 인물의 이름을 쓰시오.

이달의 문화유산

- 작품명: 「초충도」
- 시대: 조선
- 작가: ㈎
- 작품 설명: 풀, 곤충의 모습을 그린 것이다.

(　　　　　　　　)

11 **조선 전기 여성의 지위에 대한 설명으로 알맞은 것은 어느 것입니까? (　　　)**

① 부모의 제사를 지낼 수 없었다.
② 결혼하면 친정집에 살 수 없었다.
③ 성균관에 입학해 공부할 수 있었다.
④ 과거 시험을 보고 관리가 될 수 있었다.
⑤ 아들과 딸이 똑같이 재산을 나누어 가졌다.

12 **다음 (　　) 안에 들어갈 알맞은 말을 쓰시오.**

임진왜란 때 이순신이 이끄는 수군은 학이 날개를 펼치듯이 적을 에워싸는 전술인 (　　　　) 전법을 펼쳐 한산도 대첩에서 큰 승리를 거두었다.

(　　　　　　　　　　)

13 **다음 인물의 이름은 무엇입니까? (　　　)**

나는 임진왜란 때 의병을 모아 일본군에 맞섰습니다. 붉은 옷을 입고 전투에 참여해 홍의 장군으로 불리기도 했습니다.

① 윤관　　② 권율
③ 강감찬　　④ 곽재우
⑤ 김유신

14 **다음 ㈎ 왕이 펼친 정책으로 알맞은 것은 어느 것입니까? (　　　)**

우리 세력이 점점 더 강해지고 있지.
후금
과연 어떤 게 옳은 것일까?
후금이 우리를 공격하니 그동안의 의리를 생각해 지원군을 보내 주시오.
명
㈎

① 명을 멀리했다.
② 후금을 멀리했다.
③ 중립 외교를 펼쳤다.
④ 명에 지원군을 요청했다.
⑤ 후금과 형제 관계를 맺었다.

15 **다음과 같이 신하들의 의견이 대립한 전쟁에 대한 설명으로 알맞은 것은 어느 것입니까? (　　　)**

김상헌: 청의 요구대로 항복을 해서는 안 됩니다. 청과 끝까지 싸워야 합니다.
최명길: 청과 강화를 맺어 백성들을 고통에서 벗어나게 해야 합니다.

① 명량에서 수군이 활약했다.
② 왕이 남한산성으로 피란했다.
③ 황룡사 9층 목탑이 불에 탔다.
④ 명이 조선에 지원군을 보냈다.
⑤ 강화도로 도읍을 옮겨 적에 맞서 싸웠다.

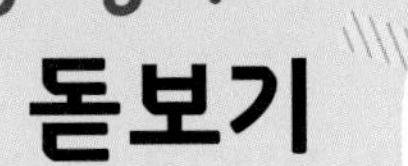

학교에서 출제되는 서술형 평가를 미리 준비하세요.

연습 문제

[1~3] 다음 자료를 보고, 물음에 답하시오.

(가) (　　　) 회군

요동 정벌은 무리다. 군대를 돌려 개경으로 돌아가자!

(나) (　　　) 건국

새로운 국가를 세웠노라.

(다) (　　　)에 도읍 건설

도성의 주요 건물 이름을 유교 덕목에 따라 짓는 것이 좋겠습니다.

정도전

1 (가)~(다)의 (　　) 안에 들어갈 알맞은 말을 쓰시오.

(가): (　　　　　　　　　　)
(나): (　　　　　　　　　　)
(다): (　　　　　　　　　　)

2 위 자료를 보고 건국 과정을 다음과 같이 정리하였습니다. (　　) 안에 알맞은 말을 써넣으시오.

이성계는 (　　　　　　) 정벌에 나섰다가 군대를 돌려 개경으로 돌아가 정권을 장악했습니다. 그는 정도전 등 (　　　　　　)와/과 손을 잡고 여러 제도를 고쳤습니다. 그리고 (　　　　　　) 등 새 국가를 세우는 것에 반대하는 세력이 제거된 뒤 (　　　　　　)을/를 건국했습니다. 그리고 개경에서 (　　　　　　)(으)로 도읍을 옮기고, 첫 궁궐의 이름을 (　　　　　　)(으)로 정했습니다.

3 (다)를 도읍으로 삼은 까닭을 두 가지 쓰시오.

___

___

문제 해결 전략

1 단계	제시된 자료가 무엇인지 파악하기
2 단계	새 국가의 건국 과정 살펴보기
3 단계	새 국가가 도읍으로 삼은 곳의 장점을 서술하기

핵심 키워드

- 조선의 건국 과정
  - 위화도 회군(1388년)
  - 조선 건국(1392년)
  - 한양 천도(1394년)
- 한양의 지리적 이점
  - 국가의 중심에 있음.
  - 교통이 편리해 어느 지역으로든 쉽게 갈 수 있음. 등

빈칸을 채우며 서술형 문제의 답안을 작성하는 연습을 해 보세요!

정답과 해설 14쪽

실전 문제

[1~2] 다음 자료를 보고, 물음에 답하시오.

세종 대의 문화와 과학 기술의 발달

(가) (나) (다)

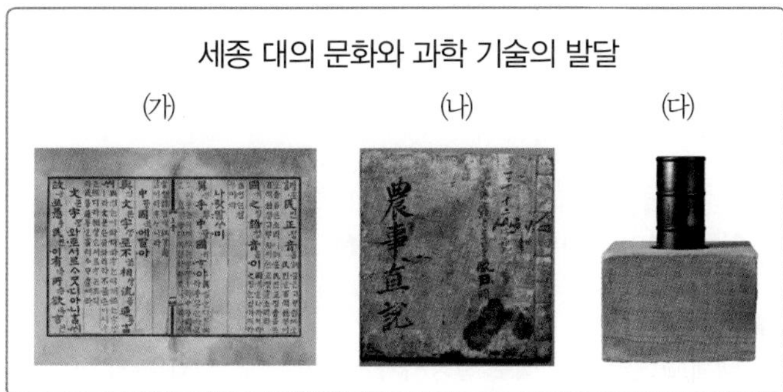

1 위 자료를 보고 세종 대의 문화와 과학 기술 발달에 대해 다음과 같이 정리하였습니다. (   ) 안에 알맞은 말을 써넣으시오.

(1) (가)는 우리글을 만든 원리와 사용법을 설명한 (   )입니다.

(2) (나)는 세종 때 우리 기후와 환경에 맞는 농사법을 소개한 (   )입니다.

(3) (다)는 (   )의 양을 재는 (   )(이)라는 기구입니다. 이 기구의 발명으로 백성들의 (   )에 도움이 되었습니다.

2 세종 시기에 문화와 과학 기술이 발전하면서 일반 백성들에게 어떤 변화가 나타났는지 쓰시오.

[3~4] 다음 지도를 보고, 물음에 답하시오.

3 위 지도에 나타난 내용을 다음과 같이 정리하였습니다. (   ) 안에 알맞은 말을 써넣으시오.

(1) 위 지도는 (   ) 당시 관군과 의병의 활약이 나타나 있습니다.

(2) (가)에 들어갈 (   )은/는 권율이 관군과 승병, 의병, 일반 백성들을 이끌고 일본군을 크게 물리친 전투입니다.

(3) 위 지도에 나타나 있는 전쟁 당시 바다에서는 (   )이/가 이끄는 수군이 (나)에 들어갈 (   ) 대첩에서 학익진 전법으로 승리를 거두었습니다.

4 위 전쟁으로 조선은 어떤 피해를 입었는지 두 가지 쓰시오.

대단원 정리 학습

빈칸을 채우며 이 단원의 핵심 개념을 확인하세요.

옛사람들의 삶과 문화

나라의 등장과 발전

① **고조선의 성립과 발전**
- 고조선은 단군왕검이 세운 우리 역사 속 최초의 나라로 (❶)(으)로 사회 질서를 유지함.

② **삼국과 가야의 성립과 발전**
- 백제는 4세기 (❷), 고구려는 5세기 광개토 대왕과 장수왕, 신라는 6세기 (❸) 때 큰 발전을 이루었으며, 가야는 주변 국가에 (❹)을/를 수출하며 발전함.

③ **통일 신라와 발해의 성립과 발전**
- 신라는 당과 동맹을 맺은 후 백제, 고구려를 차례로 멸망시키고, (❺)와/과의 전쟁에서 승리하여 삼국 통일을 완성함.
- 대조영은 고구려 유민, 말갈족 일부와 함께 동모산 근처에서 발해를 세움.

④ **통일 신라의 대표 문화유산**
- (❻)은/는 '부처의 나라'라는 뜻을 가진 절이고, 석굴암은 화강암을 쌓아 만든 인공 석굴임.

독창적 문화를 발전시킨 고려

① **고려의 건국과 북방 민족의 침입과 극복**
- 태조 (❼)은/는 후삼국을 통일한 뒤 호족을 회유하고 견제하며 정치적 안정을 꾀함.
- 고려는 북방 민족인 (❽), 여진, 몽골의 침입을 받았으나 잘 극복함.

② **고려의 인쇄술과 문화유산**

팔만대장경	몽골의 침입을 (❾)의 힘을 빌어 물리치기 위해 만듦.
(❿)	오늘날 전하는 금속 활자 인쇄본 중 가장 오래된 것임.
고려청자	고려의 대표적인 예술품으로 비취색이 나는 도자기임.

민족 문화를 지켜 나간 조선

① **조선의 건국**
- 이성계는 위화도 회군으로 정권을 장악한 뒤 (⓫)와/과 함께 조선을 건국하고, 한양으로 도읍을 옮김.
- 조선은 (⓬)의 가르침에 따라 궁궐을 배치하고 건물의 이름을 지었으며, 국가를 다스리고자 함.

② **세종 대의 발전**
- 세종은 글을 몰라 어려움을 겪는 백성들을 위해 (⓭)을/를 만들어 반포함.
- 세종은 장영실을 등용해 측우기, 혼천의, 앙부일구, 자격루 등 다양한 과학 기구를 만듦.

③ **임진왜란과 병자호란**

(⓮)	• 일본이 조선을 쳐들어오면서 전쟁이 일어남. • 이순신, 곽재우, 권율, 김시민 등과 일반 백성들의 노력으로 일본군을 물리침.
병자호란	• 청이 임금과 신하의 관계를 요구했으나 조선이 거절하자 조선에 쳐들어옴. • 인조는 (⓯)(으)로 피란해 청에 맞서 싸웠으나 결국 항복함.

정답 ❶ 8조법 ❷ 근초고왕 ❸ 진흥왕 ❹ 철 ❺ 당 ❻ 불국사 ❼ 왕건 ❽ 거란 ❾ 부처(불교) ❿ 『직지심체요절』 ⓫ 신진 사대부 ⓬ 유교 ⓭ 훈민정음 ⓮ 임진왜란 ⓯ 남한산성

사고력 문제 엿보기

문화유산에 담긴 조상의 지혜

다음 문화유산의 공통점을 이야기해 봅시다.

조상들의 지혜가 담긴 문화유산

▲ 『무구정광대다라니경』

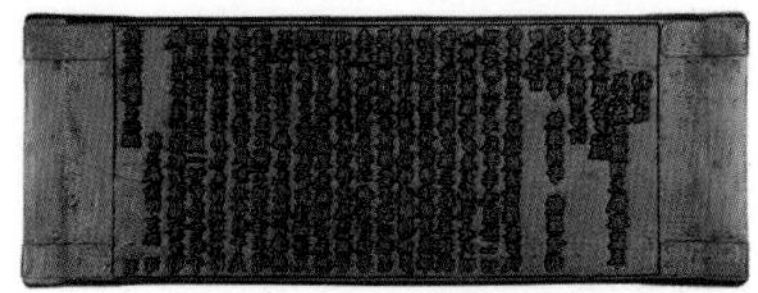
▲ 팔만대장경판

▲ 『직지심체요절』

1 위 문화유산의 공통점을 쓰시오.

예시 답안 인쇄술의 발달을 알 수 있는 문화유산입니다.

2 위 문화유산 중 인쇄 방법이 다른 문화유산을 골라 이름을 쓰고, 다른 문화유산과의 차이점을 이야기해 봅시다.

예시 답안 『직지심체요절』

- 『무구정광대다라니경』과 팔만대장경판은 목판 인쇄술과 관련 있는 문화유산인데, 『직지심체요절』은 금속 활자 인쇄본입니다.

3 금속 활자 인쇄술이 발달하면서 사회적으로 어떤 변화가 생겼을지 추측해 써 봅시다.

예시 답안 이전보다 다양한 종류의 책을 찍어 내면서 사람들이 여러 종류의 책을 읽을 수 있는 기회가 늘었을 것 같습니다.

대단원 마무리

1. 옛사람들의 삶과 문화

01 밑줄 친 '이 나라'에 대한 설명으로 알맞지 않은 것은 어느 것입니까? (　　)

> 도전! 한국사 퀴즈 왕
>
> 이 나라는 8조법으로 사회 질서를 유지했습니다.

① 단군왕검이 세웠다.
② 신분이 나뉘어 있었다.
③ 근초고왕 때 크게 발전했다.
④ 우리 역사 속 최초의 나라이다.
⑤ 청동기 문화를 바탕으로 세워졌다.

02 다음 인물이 한 일로 알맞은 것은 어느 것입니까? (　　)

- 고구려의 왕으로, 광개토 대왕의 아들이다.
- 고구려의 영토 확장과 발전을 이끌었다.

① 대가야를 멸망시켰다.
② 왜에 칠지도를 전했다.
③ 요동 지역을 정벌했다.
④ 도읍을 평양으로 옮겼다.
⑤ 당을 몰아내기 위해 전쟁을 벌였다.

⊂서술형⊃

03 다음 비석을 통해 알 수 있는 사실을 영토 확장과 관련하여 쓰시오.

◀ 서울 북한산 신라 진흥왕 순수비

____

____

04 다음 문화유산을 남긴 나라에 대한 설명으로 알맞은 것을 두 가지 고르시오. (　　, 　　)

▲ 철제 판갑옷

▲ 도기 바퀴장식 뿔잔

① 백제의 도읍을 빼앗았다.
② 한강 유역 전부를 차지했다.
③ 부여에서 내려온 주몽이 세웠다.
④ 중국, 왜 등에 질 좋은 철을 수출했다.
⑤ 여러 작은 나라로 이루어진 연맹 국가였다.

05 다음 문화 해설사가 설명하는 문화유산의 이름을 쓰시오.

이 문화유산은 백제의 것으로 불교 문화의 발달을 알 수 있습니다.

(　　　　　　　　　　　　)

06 다음 수업에서 다룰 문화유산으로 가장 알맞은 것은 어느 것입니까? (　　)

> 학습 주제: 삼국과 일본의 문화 교류

① 초충도
② 팔만대장경판
③ 직지심체요절
④ 탁자식 고인돌
⑤ 금동 미륵보살 반가 사유상

07 '삼국 통일 과정'을 주제로 역사 신문을 만들 때 기사 제목으로 알맞지 않은 것은 어느 것입니까? (　　　)

① 신라, 당과 동맹을 맺다.
② 백제, 역사 속으로 사라지다.
③ 신라, 기벌포에서 당과 전투를 벌이다.
④ 고구려, 신라와 당의 연합군에 무릎 꿇다.
⑤ 대조영, 고구려 유민과 말갈족을 이끌고 당을 탈출하다.

08 다음에서 설명하는 문화유산은 어느 것입니까? (　　　)

> 경상북도 경주에 있는 탑으로, 탑을 보수하는 과정에서 『무구정광대다라니경』이 나왔다.

① ▲ 불국사 다보탑

② 
▲ 불국사 삼층 석탑

③ 
▲ 분황사 모전 석탑

④ 
▲ 익산 미륵사지 석탑

⑤ 
▲ 정림사지 오층 석탑

09 다음을 통해 알 수 있는 발해의 특징으로 알맞은 것은 어느 것입니까? (　　　)

> 중국의 역사책인 『구당서』에는 '대조영은 본래 고려(고구려)의 별종이다.'라고 기록되어 있다.

① 경국대전을 만들었다.
② 몽골의 간섭을 받았다.
③ 노비안검법을 실시했다.
④ 고구려 계승을 내세웠다.
⑤ 경주 지역에서 국가를 세웠다.

10 밑줄 친 '이 국가'에 대한 설명으로 알맞은 것은 어느 것입니까? (　　　)

이 문화유산은 상경을 도읍으로 했던 이 국가에서 만든 석등입니다. 높이가 6.4m나 됩니다.

① 석굴암을 건축했다.
② 고구려를 멸망시켰다.
③ 한강 유역을 모두 차지했다.
④ 진흥왕 때 영토를 크게 넓혔다.
⑤ 중국에서 해동성국으로 불렸다.

11 다음 학생들이 나눈 대화를 일어난 순서대로 기호를 쓰시오.

고려의 건국과 후삼국 통일
(가) 후백제가 고려에 의해 멸망했어.
(나) 신라가 고려에 항복했어.
(다) 왕건이 신하들과 함께 궁예를 몰아냈어.

(　　→　　→　　)

⊂서술형⊃

12 고려를 세운 태조 왕건이 다음과 같은 정책을 추진한 까닭을 쓰시오.

> 태조 왕건은 호족의 딸, 누이들과 혼인했다. 또한 호족들에게 왕실의 성씨인 '왕'씨를 내려 주기도 했다.

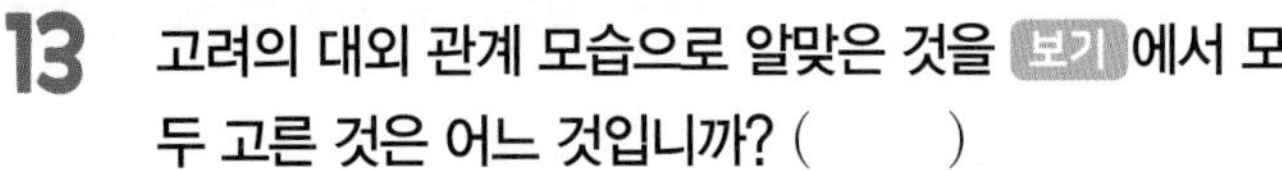

13 고려의 대외 관계 모습으로 알맞은 것을 보기 에서 모두 고른 것은 어느 것입니까? ( )

보기
㉠ 별무반을 조직해 여진을 물리쳤다.
㉡ 벽란도는 고려의 국제 무역항이었다.
㉢ 4군 6진 지역을 개척해 영토를 넓혔다.
㉣ 서희는 외교 담판으로 거란을 물리쳤다.

① ㉠, ㉡
② ㉡, ㉢
③ ㉢, ㉣
④ ㉠, ㉡, ㉣
⑤ ㉡, ㉢, ㉣

14 다음 ㈎에 들어갈 내용으로 알맞지 않은 것은 어느 것입니까? ( )

탐구 활동 계획서
1. 주제: 몽골의 침입과 고려의 대응
2. 조사 목적: 고려에 침입한 몽골과 항쟁을 벌인 시기에 있었던 사실을 알아보고자 한다.
3. 조사 내용
– 몽골 침입의 원인
– ㈎

① 처인성 전투의 결과
② 행주 대첩 진행 과정
③ 삼별초 항쟁에 대한 평가
④ 팔만대장경을 제작한 목적
⑤ 강화도로 도읍을 옮긴 까닭

15 몽골과 강화를 맺은 이후 고려의 상황으로 알맞은 것은 어느 것입니까? ( )

① 권문세족이 성장했다.
② 초조대장경을 제작했다.
③ 과거제가 처음 실시되었다.
④ 강동 6주 지역을 확보했다.
⑤ 고려 정부가 강화도로 도읍을 옮겼다.

16 다음 ( ) 안에 들어갈 알맞은 말을 쓰시오.

이름	『직지심체요절』
만든 때	고려
있는 곳	프랑스 국립 도서관
특징	세계에서 가장 오래된 ( )(으)로 청주 흥덕사에서 만들어졌다. 원래는 상·하권 두 권이었으나 현재는 하권만 전한다.

( )

17 다음 ㈎에 들어갈 내용으로 알맞지 않은 것은 어느 것입니까? ( )

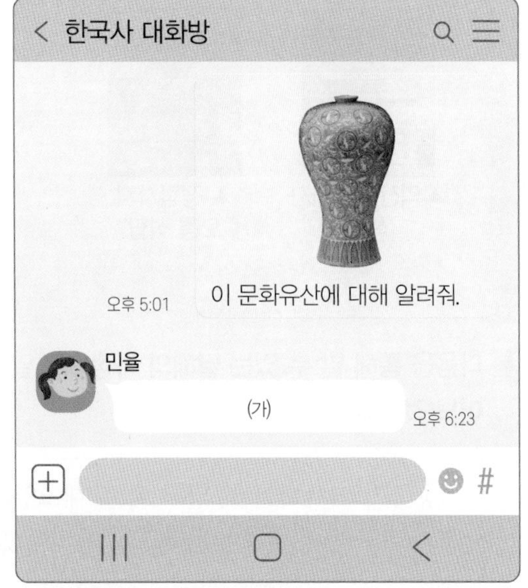

① 상감 기법으로 만든 도자기야.
② 무늬에 다른 색 흙을 메워 넣었어.
③ 신분이 높은 사람들이 주로 사용했어.
④ 조선 시대에 주로 만들어진 도자기야.
⑤ 높은 온도를 일정하게 유지하며 구워 냈어.

18 다음 (가), (나) 인물에 대한 설명으로 알맞은 것은 어느 것입니까? (   )

① (가)는 새 국가의 건설을 반대했다.
② (가)는 자격루 등 과학 기구를 만들었다.
③ (나)는 무신 출신으로 반란을 일으켰다.
④ (나)는 불교를 장려해야 한다고 주장했다.
⑤ (가), (나)는 성리학을 공부한 신진 사대부이다.

19 다음에서 설명하는 책 이름을 쓰시오.

> 세종 대에 백성들이 유교의 가르침을 실천하도록 하려고 만든 책이다. 백성에게 모범이 될 만한 충신, 효자, 열녀 등의 이야기를 실었다.

(   )

20 오른쪽 과학 기구에 대한 설명으로 알맞은 것은 어느 것입니까? (   )

▲ 혼천의

① 천문 관측기구이다.
② 바람의 방향을 알려 준다.
③ 비가 내린 양을 재는 기구이다.
④ 해그림자의 움직임을 이용한다.
⑤ 스스로 종을 쳐서 시각을 알린다.

21 다음 내용을 담은 조선의 법전으로 알맞은 것은 어느 것입니까? (   )

> • 남자는 15세, 여자는 14세에 혼인할 수 있다.
> • 부모가 많이 아프거나 부모의 나이가 70세 이상이면 자식 중 한 명은 군대에 가지 않아도 된다.

① 칠정산
② 삼국유사
③ 농사직설
④ 경국대전
⑤ 직지심체요절

22 다음 제목의 전시회에서 볼 수 있는 문화유산으로 알맞은 것을 두 가지 고르시오. (,   )

조선 전기 사람들의 삶을 만나다

① 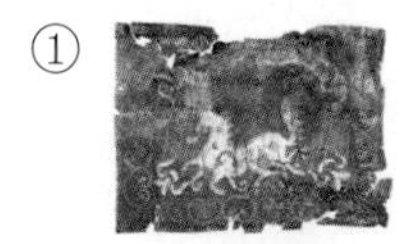
▲ 천마도

② 
▲ 초충도

③ 
▲ 무용총 수렵도

④ 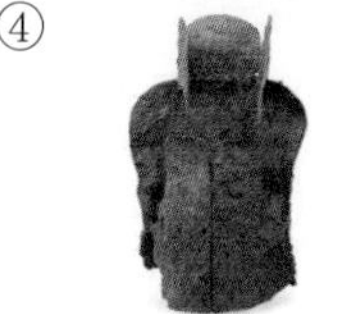
▲ 철제 판갑옷

⑤ 
▲ 백자 끈 무늬 병

⊂서술형⊃
23 임진왜란 때 의병들이 일본군을 상대로 활약할 수 있었던 까닭을 지리적인 요인과 관련해 쓰시오.

24 정묘호란이 일어나게 된 배경으로 알맞은 것은 어느 것입니까? (   )

① 선조가 의주로 피란했다.
② 조선이 거북선을 제작했다.
③ 광해군이 중립 외교를 펼쳤다.
④ 최명길이 강화를 맺을 것을 주장했다.
⑤ 인조가 명을 가까이하고 후금을 멀리하는 정책을 폈다.

25 병자호란에 대한 설명으로 알맞지 않은 것은 어느 것입니까? (   )

① 조선과 청이 벌인 전쟁이다.
② 인조는 남한산성으로 피란했다.
③ 삼전도에서 굴욕적인 항복을 했다.
④ 조선과 후금이 형제의 관계를 맺기로 약속했다.
⑤ 전쟁이 끝난 후 조선의 세자가 인질로 끌려갔다.

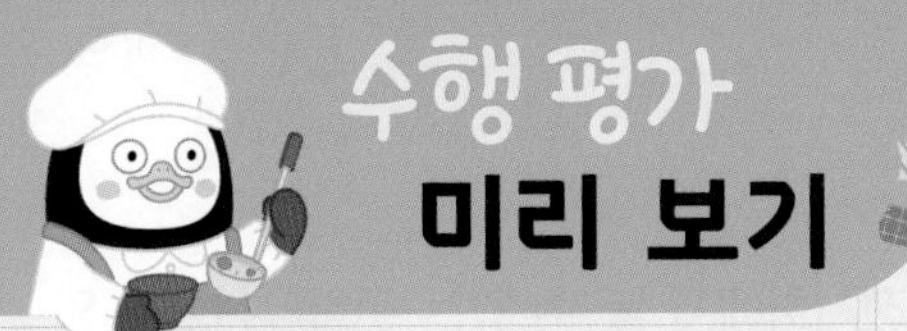

수행 평가 미리 보기 우리 문화유산 조사하기

선생님의 출제 의도

이 단원에서는 고대부터 조선 전기까지의 역사와 문화유산에 대해 공부했습니다. 문화유산을 통해 우리는 옛사람들의 삶과 생각을 알 수 있었습니다. 온라인 박물관이나 국가유산청 누리집을 통해 수업 시간에 배운 교과 지식을 바탕으로 다양한 자료를 조사하며 옛사람들의 삶을 상상해 볼 수 있도록 학생들이 문화유산을 조사한 후 다양한 소개 자료를 만들어 보는 문제를 출제했습니다.

이처럼 수행 평가에서는 교과서에서 배운 내용을 바탕으로 조사 학습을 하며 다양한 소개 자료를 만들 수 있는지를 종합적으로 평가하는 문제가 출제될 수 있습니다. 조사를 통해 얻은 다양한 자료를 활용하고 정리하는 능력을 기를 수 있도록 합시다.

수행 평가 문제

◑ 인터넷을 활용하여 우리 문화유산을 조사해 봅시다.

온라인 박물관이나 국가유산청 누리집에서 문화유산 조사하기
1. 인터넷에서 각 지역 박물관이나 국가유산청 누리집을 선택합니다. 2. 검색창에 자신이 조사하고 싶은 문화유산의 이름을 입력합니다. 3. 문화유산을 클릭하여 문화유산에 관한 정보를 조사합니다. 4. 조사한 내용을 다양한 방식으로 정리해 봅니다.

1 내가 조사하고 싶은 문화유산의 이름을 써 봅시다.

2 인터넷에서 지역의 박물관이나 국가유산청을 검색해 문화유산에 대해 알게 된 내용을 정리해 봅시다.

3 문화유산을 조사하며 알게 된 내용을 바탕으로 소개 자료를 만들어 봅시다.

평가 기준

잘함	보통	노력 요함
인터넷을 활용해 문화유산을 조사하여, 다양한 형식의 소개 자료를 만들 수 있다.	문화유산을 인터넷으로 조사할 수 있으나, 다양한 형식의 소개 자료를 만드는 데 다소 어려움을 느낀다.	문화유산을 조사하는 데 어려움을 느끼고, 다양한 형식의 소개 자료도 만들지 못한다.

수행 평가 예시 답안

1. ㉵ 백제 금동 대향로, 불국사, 청자 상감 운학무늬 매병, 「초충도」 등

2. ㉵ 백제 금동 대향로: 백제 사람들의 뛰어난 금속 공예 기술을 알 수 있는 문화유산으로 신선이 사는 세계를 표현해 놓은 게 인상적입니다. / 불국사: 부처의 나라를 이 땅에 만들고 싶어 했던 신라인들의 소망이 담겨 있습니다. / 청자 상감 운학무늬 매병: 고려의 독창적인 도자기 기술인 상감 기법이 잘 나타나 있습니다. / 「초충도」: 풀과 곤충을 섬세하게 표현해 마치 살아 있는 느낌을 줍니다. 등

3. ㉵ 「초충도」를 시로 표현하여 소개하기

벌레가 사는 작은 세상

벌레가 사는 작은 세상에
그늘이 되어 주는
가지와 수박
이름 모를 풀들

벌레와 풀들은
서로 손을 잡고
그들이 사는 세상을
만들었다네.

수행 평가 꿀팁

문화유산을 조사하는 데 어려움을 느낀다면?

인터넷을 활용해 문화유산을 조사할 때 어려움을 느낀다면, 어린이·청소년 국가유산청 누리집(https://kids.cha.go.kr/)을 활용해 보는 것도 좋은 방법입니다. 어린이·청소년 국가유산청 누리집에는 어린이 눈높이에 맞는 자료들이 많이 실려 있습니다. 누리집에 소개된 내용을 살펴보며 우리 문화유산에 대해 탐구해 보세요.

2 단원

사회의 새로운 변화와 오늘날의 우리

친구들이 조선 후기부터 6·25 전쟁까지 우리 역사의 중요한 순간을 담은 사진들을 살펴보고 있어요. 임진왜란과 병자호란 이후 조선에는 실생활에 도움이 되는 학문을 연구하는 사람들이 등장하고, 서민들이 즐기는 다양한 문화가 나타났어요. 개항 이후 사회 곳곳에서 크고 작은 변화가 나타났지만, 일제에 의해 나라를 빼앗기고 말았어요. 우리 민족은 빼앗긴 나라를 되찾기 위해 국내외에서 활발한 독립운동을 벌였지요. 광복 이후 대한민국 정부를 수립했지만 6·25 전쟁을 거치며 큰 피해를 입었어요.

조선 후기부터 6·25 전쟁까지 살펴보며, 우리 조상들의 삶의 모습을 알아봅시다.

단원 학습 목표

1. 조선 후기에 나타난 사회 변화와 새로운 사회를 향한 움직임에 대해 알 수 있습니다.
2. 일제의 침략에 맞서 나라를 지키고 광복을 이루기 위한 다양한 노력을 파악할 수 있습니다.
3. 대한민국 정부 수립 과정과 6·25 전쟁의 원인과 과정, 결과를 이해할 수 있습니다.

단원 진도 체크

회차	학습 내용		진도 체크
1차	(1) 새로운 사회를 향한 움직임	교과서 내용 학습 + 핵심 개념 문제	✓
2차		중단원 실전 문제 + 서술형 평가 돋보기	✓
3차	(2) 일제의 침략과 광복을 위한 노력	교과서 내용 학습 + 핵심 개념 문제	✓
4차		중단원 실전 문제 + 서술형 평가 돋보기	✓
5차	(3) 대한민국 정부의 수립과 6·25 전쟁	교과서 내용 학습 + 핵심 개념 문제	✓
6차		중단원 실전 문제 + 서술형 평가 돋보기	✓
7차	대단원 정리 학습, 사고력 문제 엿보기, 대단원 마무리, 수행 평가 미리 보기		✓

해당 부분을 공부한 후 ✓표를 하세요.

수원 화성

3·1 운동

강화도 조약 체결

대한민국 정부 수립 축하식

6·25전쟁

(1) 새로운 사회를 향한 움직임

1 영조와 정조의 개혁 정책

(1) 조선 후기의 상황

① 조선의 지배층이 붕당을 만들어 정치를 이끌어 나갔습니다.

② 붕당 간에 대립이 심해지면서 정치가 혼란해졌습니다.

(2) 영조의 개혁 정책

① 탕평책 실시: **붕당**과 관계없이 인재를 고루 뽑아 쓰는 탕평책을 펼쳐 정치를 안정시키고 왕권을 강화했습니다.

② 백성들의 생활을 안정시키는 개혁 실시

- 백성들의 세금 부담을 줄였습니다.
- 큰 죄를 지은 사람이 세 번 재판받을 수 있도록 하고, **신문고**를 다시 설치했습니다. (백성이 억울한 일을 당하지 않도록 하기 위해서임.)

③ 청계천 바닥을 정비해 홍수 피해에 대비했습니다.

④ 학문과 제도 정비: 법전을 정리하고, 다양한 분야의 책을 펴냈습니다.

(3) 정조의 개혁 정책

① 탕평책 계승: 영조의 탕평책을 이어받아 능력 있는 사람을 관리로 뽑았습니다.

② 규장각 육성: 왕실 도서관이자 연구 기관으로, 개혁 정치를 뒷받침할 관리를 길러 냈습니다.

③ 자유로운 상업 활동: 한성에서 일부 상인들에게 주던 특권을 제한하고, 여러 상인이 자유롭게 장사를 할 수 있도록 했습니다.

④ 낮은 신분 때문에 능력을 발휘하지 못했던 사람들을 관리로 뽑았습니다.

⑤ 수원 화성 건설: 정치·군사·경제적 기능을 두루 갖춘 수원 화성을 건설해 개혁 정치를 실현하고자 했습니다.

⑥ 장용영 창설: 국왕을 지키는 부대인 장용영을 창설했습니다.

◗ 탕평비에 담긴 내용은?

영조는 '두루 사귀면서 편을 가르지 않는 것이 군자의 공정한 마음이요, 편을 가르고 두루 사귀지 않는 것은 소인의 사사로운 마음이다.'라는 내용을 새긴 탕평비를 세워 탕평책에 대한 의지를 밝혔습니다.

◗ 규장각은?

규장각 학자들은 나라의 중요한 일을 함께 상의하고 학문을 연구했습니다.

더 알아보기 계획도시, 수원 화성

수원 화성은 정조가 개혁 정치를 추진하기 위해 만든 계획도시입니다. 수원 화성은 정약용이 발명한 거중기 등 당시 최고의 과학 기술을 이용해 만들었으며, 건축미도 빼어나 유네스코 세계 유산에 등재되었습니다.

▲ 서북 공심돈: 성 주변을 감시하고 적을 공격하기 위해 설치한 시설

▲ 화성 행궁: 정조가 화성에 행차할 때 임시로 머물렀던 궁

▲ 거중기: 도르래의 원리를 이용해 무거운 물건을 들어 올리는 장치

낱말 사전

붕당 학문에 대한 의견이나 정치에 관한 생각을 같이하는 사람들이 모인 정치 집단

신문고 백성들이 당한 억울한 일을 해결할 목적으로 설치한 북

2 조선 후기 사회 문제를 해결하기 위해 등장한 실학

(1) 실학의 등장 배경

① 임진왜란과 병자호란 이후 백성들의 삶이 더욱 어려워졌으나 당시 학문은 사회 문제를 해결하는 데 도움이 되지 못했습니다.

② 백성들의 생활을 돕고 현실적인 문제에 대한 해결책을 구하는 실학이 등장했습니다.

(2) 실학자들의 다양한 주장

농촌 사회 안정 (정약용, 유형원 등)	농민의 생활을 안정시키기 위해 토지 제도를 개혁해야 함.
상공업 발달 (박지원, 박제가 등)	청의 발달된 문물을 받아들여 상공업을 발달시킴으로써 나라를 부강하게 하고, 백성의 삶을 풍요롭게 해야 함.
고유 문화 중시 (유득공, 안정복, 김정호 등)	• 우리의 역사, 지리, 언어, 천문학 등을 연구함으로써 우리 고유의 것을 중요하게 여김. → 중국이 세상의 중심이라는 생각에서 벗어남. • 김정호의 「대동여지도」: 우리 국토를 자세히 표현한 지도를 만듦. • 안정복의 『동사강목』: 고조선부터 고려 말까지의 우리 역사를 체계적으로 정리함. • 유득공의 『발해고』: 발해가 고구려를 이은 나라임을 밝힘.

3 서민 문화의 발달

(1) 서민 문화가 발달한 배경

① 농업과 상공업 등이 발달하면서 경제적으로 여유가 있는 사람들이 많아졌습니다.

② 경제적인 여유를 가진 서민이 문화·예술에 관심을 가지면서 서민 문화가 발달했습니다.

(2) 서민 문화의 종류

→ 허균이 지은 한글 소설로, 신분의 제약을 가진 홍길동이 백성들을 괴롭히던 사람들을 혼내 주는 내용이 담겨 있음.

한글 소설	• 다양한 신분을 가진 인물이 주인공으로 등장하며 양반과 사회의 잘못된 점을 비판하는 내용이 많음. 예 『홍길동전』, 『흥부전』, 『춘향전』, 『심청전』 등 • 돈을 받고 책을 읽어 주는 '전기수'라는 직업이 생김.
판소리	• 소리꾼이 고수의 북장단에 맞추어 노래(창)와 몸동작, 이야기(사설)를 엮어 펼치는 공연임. 예 「춘향가」, 「심청가」, 「흥보가」 등 • 구경꾼들은 추임새를 넣거나 박수를 치면서 함께 어울림.
탈놀이 (탈춤)	• 탈을 쓰고 하는 춤이나 연극으로, 사람이 많이 모이는 장터 등에서 공연됨. • 백성들의 생각을 솔직하게 표현하거나 양반을 풍자하는 내용을 담고 있어 인기가 많았음.
풍속화와 민화	• 서민들의 일상생활의 모습이나 양반, 여인들의 모습을 표현한 풍속화가 유행함. 예 김홍도의 「서당」, 신윤복의 「단오풍정」 등 • 이름 없는 화가들이 그린 민화에는 해와 달, 동식물, 문자 등이 표현되었으며, 장수나 복 등과 같은 소망이 담겨 있기도 함.

▲ 한글 소설 『홍길동전』

▲ 판소리

▲ 탈놀이(탈춤)

▲ 풍속화 「서당」

▶ 대표적인 실학자 정약용이 한 일은?
- 『목민심서』, 『경세유표』 등 많은 책을 썼습니다.
- 정조의 명으로 수원 화성을 설계하고, 거중기를 개발해 수원 화성의 공사 기간을 크게 줄였습니다.
- 한강에 배다리를 설치해 정조가 수원 화성으로 이동하기 쉽게 했습니다.

▶ 박제가의 주장은?
박제가는 『북학의』라는 책을 저술해 청의 발달된 기술을 배워야 한다고 주장했습니다.

▶ 김정호가 만든 「대동여지도」란?

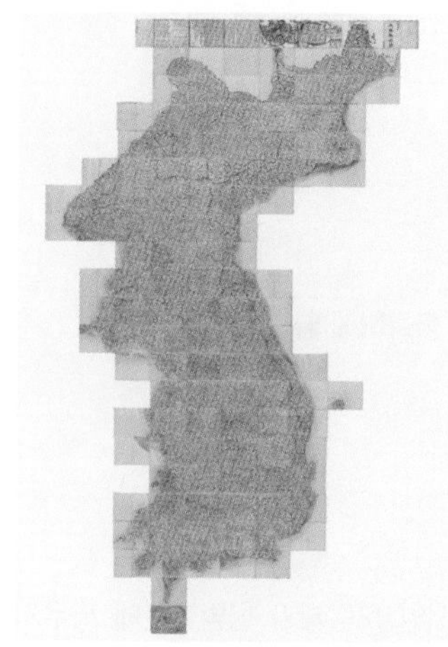

22권으로 구성된 지도로, 목판으로 제작되어 똑같은 지도를 여러 장 인쇄할 수 있었습니다. 우리나라의 산, 강, 길 등을 다양한 기호로 자세하게 표현했습니다.

▶ 김홍도가 그린 풍속화는?
김홍도는 「서당」, 「씨름」, 「벼 타작」 등의 작품을 통해 당시 서민들의 생활 모습을 그림에 담았습니다.

낱말 사전

문물 어느 지역이나 나라에서 오랜 세월 동안 이룩된 학문, 예술, 종교, 제도, 기술 등을 뜻함.

서민 벼슬이나 권력을 갖지 못하고, 양반처럼 높은 신분이 아닌 사람을 뜻함.

▶ 흥선 대원군은?
고종이 어린 나이로 왕이 되자 아버지인 흥선 대원군이 고종을 대신해 정치적 실권을 차지했습니다.

▶ 병인양요와 신미양요 때 빼앗아 간 문화유산은?
프랑스는 조선 왕실의 행사를 기록한 「의궤」를 빼앗아 갔고, 미국은 어재연 장군의 깃발인 수(帥)자기를 빼앗아 갔습니다.

▲ 수자기

▶ 척화비에 담긴 내용은?

'서양 오랑캐가 침범했는데 싸우지 않으면 화친(화해)하는 것이요, 화친(화해)을 주장하는 것은 나라를 파는 것이다.'라는 내용이 새겨져 있습니다.

낱말 사전

대원군 왕의 자손이나 형제가 없어 왕의 가문 중 한 사람이 왕위를 이어받았을 때 새로운 왕의 아버지를 뜻함.
군포 군대에 가는 대신 내던 세금
서원 학자들이 모여 학문을 공부하고 뛰어난 유학자를 위한 제사를 지내던 곳
통상 나라들 사이에 서로 물품을 사고파는 것
개항 항구를 열어 외국과 교류하는 것

4 흥선 대원군의 정책과 강화도 조약

(1) 세도 정치의 전개

① 정조의 뒤를 이어 나이 어린 왕들이 즉위하자 왕실과 혼인 관계를 맺은 몇몇 가문이 권력을 잡고 나랏일을 마음대로 하는 세도 정치가 나타났습니다.

② 세도 가문은 벼슬을 사고팔았고, 부패한 관리들이 백성에게 더 많은 세금을 거두었습니다. → 자연재해와 전염병까지 겹쳐 삶이 힘들어진 백성들은 도망가거나 봉기했음.

(2) 흥선 **대원군**의 개혁

① 세도 정치의 문제점을 바로잡고 왕권을 강화하기 위한 정책을 펼쳤습니다.

- **군포**를 내지 않던 양반들에게도 군포를 내게 했습니다.
- 세도 정치로 권력을 누린 세력들을 억누르고 다양한 인재를 관리로 뽑았습니다.
- 세금을 면제받고 부당하게 재산을 쌓던 **서원**을 일부만 남기고 정리했습니다.

② 왕실의 권위를 높이고자 임진왜란 때 불탄 경복궁을 다시 지었습니다. → 상민들을 공사에 동원하고 공사에 필요한 돈을 강제로 걷어 백성들의 불만이 컸음.

(3) 서양 세력의 침입과 흥선 대원군의 대응

① 이양선이라고 불린 서양의 배가 조선의 해안에 나타나 **통상**을 요구했습니다.

② 흥선 대원군은 서양의 침입을 경계하며 통상 요구를 거부했습니다.

③ 통상을 요구하던 프랑스와 미국은 조선에 침입했고, 조선은 격렬히 맞섰습니다.

병인양요 (1866년)	• 흥선 대원군이 프랑스 신부와 천주교 신자를 처벌한 사건을 구실로 프랑스가 강화도를 침략함. • 조선군은 프랑스군을 물리쳤으나, 프랑스군은 강화도 외규장각에 보관되어 있던 책과 보물들을 빼앗아 감.
신미양요 (1871년)	• 미국 배가 평양에 들어와 통상을 거부하는 조선인들에게 횡포를 부리자 평양의 주민과 관군이 미국 배를 불태운 사건이 발생함. • 미국은 이 사건을 구실로 강화도를 침략했으나 조선군은 끝까지 저항했고, 미국은 조선에서 물러남.

④ 흥선 대원군은 전국에 척화비를 세워 서양과 교류하지 않겠다는 뜻을 널리 알렸습니다.

(4) 강화도 조약(1876년)과 **개항**

① 고종이 직접 나라를 다스리면서 외국과 교류해야 한다고 주장하는 의견이 많아졌습니다.

② 일본 군함이 조선의 허락 없이 강화도에 다가오자 조선군은 경고의 뜻으로 대포를 쏘았고, 일본 군함은 초지진 등을 공격했습니다(운요호 사건).

③ 일본이 운요호 사건을 빌미로 조선을 위협하며 통상을 강요했고, 조선은 일본과 강화도 조약을 맺고 개항했습니다.

④ 강화도 조약은 조선이 다른 나라와 맺은 최초의 근대적 조약이자 조선에 불리한 불평등 조약이었습니다. → 이후 조선은 서양 여러 나라와도 조약을 맺고 교류하기 시작함.

더 알아보기 강화도 조약의 주요 내용

제4관 조선은 일본에게 부산 이외에 두 개의 항구를 개항하고 일본인의 출입과 통상을 허가한다. → 조선이 부산, 원산, 인천에 있는 항구를 열어 줌.

제7관 일본인이 조선의 해안을 자유롭게 측량하는 것을 허가한다. → 일본이 조선의 지리 정보를 마음대로 이용할 수 있게 됨.

제10관 조선의 항구에서 죄를 지은 일본인은 일본 관리가 심판한다. → 조선의 항구에서 일본인이 죄를 지어도 조선의 법으로 다스릴 수 없음.

5 갑신정변(1884년)

(1) 개항 이후 **개화**에 대한 서로 다른 생각

① 최익현 등은 개항과 개화 정책을 반대하며, 조선의 유교 문화를 어지럽히는 일본과 서양 세력을 거부했습니다.

② 개화를 주장한 사람들 사이에서도 개화의 방법에 대한 생각이 나뉘었습니다.

구분	내용
온건 개화파 (김홍집 등)	• 청과 관계를 유지하며 차근차근 개화해야 한다고 주장함. • 조선의 법과 제도를 지키면서 서양의 기술을 받아들이자고 주장함.
급진 개화파 (김옥균 등)	• 청과 관계를 끊고 적극적으로 개화해야 한다고 생각함. • 외국의 기술뿐만 아니라 제도와 사상까지 받아들이자고 주장함.

(2) 갑신**정변**의 발생과 결과

구분	내용
배경	• 청의 간섭이 심해지면서 개화 정책이 제대로 추진되지 못했음. • 김옥균 등은 일본의 군사 지원을 약속받고 정변을 일으키기로 계획함. → 일본은 조선에서의 영향력을 확대하려고 군사 지원을 약속함.
전개 과정	• 김옥균 등이 **우정총국** 개국 축하 잔치를 틈타 정변을 일으킴. • 새로운 정부를 구성하고 개혁안을 발표함. → 청의 영향으로부터 벗어나며, 백성들의 평등한 권리 보장 등을 요구함. • 일본이 약속을 지키지 않고 청의 군대가 개입하면서 3일 만에 실패로 끝남. • 정변을 주도했던 김옥균, 박영효, 서재필 등은 일본으로 피신함.
결과	청의 정치 간섭이 더욱 심해짐.

6 동학 농민 운동(1894년)

(1) 개항 이후 농민들의 삶

① 일본 상인들이 조선의 곡식을 대량으로 사 가 곡식 가격이 폭등했습니다.

② 세금을 더 많이 걷고 수탈도 심해져 농민들의 생활이 더욱 어려워졌습니다.

③ 사람은 모두 평등하다고 가르치고, 사회 개혁을 강조한 동학이 농민들 사이에서 퍼져 나갔습니다.

(2) 동학 농민 운동의 전개

구분	내용
배경	전라도 고부 **군수**가 농민에게 많은 세금을 거두고 강제로 노동을 시키는 등 횡포가 매우 심해 농민들의 불만이 컸음.
전개 과정	• 고부 지역의 동학 지도자였던 전봉준을 중심으로 농민들이 봉기해 전라도 일대와 전주성을 장악함. • 조선 정부의 요청으로 청이 조선에 군대를 보내자 일본도 군대를 보냄. • 동학 농민군은 외국 군대의 개입을 막기 위해 조선 정부로부터 개혁안을 약속받고 물러남. • 조선 정부는 청과 일본에 군대 철수를 요청했으나 두 나라는 돌아가지 않고 조선에 대한 영향력을 넓히려고 전쟁(청일 전쟁)을 벌였음. • 일본이 경복궁을 점령하고 조선의 정치에 간섭하자 동학 농민군은 일본을 몰아내기 위해 다시 일어났으나, 공주 우금치 전투에서 일본군과 관군에 패함.
결과	동학 농민군은 해산했고, 전봉준은 체포되어 처형됨.

(3) 동학 농민 운동의 의의

① 농민들 스스로 정치를 바로잡고, 외세를 몰아내고자 한 개혁 운동이었습니다.

② 갑오개혁 때 동학 농민군의 요구가 일부 반영되었습니다. → 신분제, 과거제가 폐지됨.

▶ 갑신정변의 주요 개혁안은?

- 청에 대한 **조공**을 폐지한다.
- **문벌**을 폐지하고, 백성이 평등한 권리를 갖는 제도를 마련한다.
- 세금 제도를 고쳐 관리의 부정을 막고 나라의 살림살이를 튼튼히 한다.
- 부정한 관리를 처벌하고, 백성이 빚진 쌀을 면제한다.

▶ 동학이란?

최제우가 서학(천주교)에 맞서 민간 신앙과 다른 종교의 장점을 결합해 만든 종교입니다. 동학은 사람이 곧 하늘이며, 모든 사람이 평등하다고 가르쳤습니다.

▶ 동학 농민군의 주요 개혁안은?

- 세금을 거두어 갈 토지를 확대하지 않을 것
- 탐관오리는 모두 쫓아낼 것
- 임금을 둘러싸고 관직을 팔며 국권을 농간하는 무리들을 모두 쫓아낼 것
- 백성을 공사 등에 동원하는 일은 줄일 것

낱말 사전

개화 외국의 새로운 문화나 제도 등을 받아들이는 것
정변 법이 허용하지 않는 방법으로 발생한 정치적인 큰 변화
우정총국 오늘날의 우체국처럼 우편 업무를 담당하던 관청
군수 군의 최고 관리
조공 작고 약한 나라가 크고 센 나라에 외교 관계를 위해 예물을 바치던 일
문벌 정치적 실권을 가지고 있던 세력과 유력한 가문

핵심 개념 문제

개념 1 영조와 정조의 개혁 정책과 실학

(1) 영조와 정조의 개혁 정책

영조	• 탕평비를 세우고 탕평책을 펼쳐 능력 있는 인재를 뽑아 왕권을 강화함. • 백성의 세금 부담을 줄임. • 큰 죄를 지은 사람은 세 번까지 재판받게 했고, 신문고를 다시 설치함. • 청계천을 정비해 홍수에 대비함. • 학문과 제도를 정비함.
정조	• 영조의 탕평책을 이어받음. • 규장각을 통해 학문을 연구하게 하고, 개혁을 추진할 관리를 양성함. • 상인들의 자유로운 장사를 허가함. • 계획도시인 수원 화성을 건설함.

(2) 사회 문제를 해결하기 위해 등장한 실학

• 실학: 백성의 실생활과 관련된 문제 해결에 관심을 둔 학문

• 실학자들의 주장

– 농민들의 생활 안정을 위한 토지 제도 개혁

– 상공업의 발달과 청의 발달된 문물 수용

– 우리 역사와 지리, 언어 중시

01 다음에서 설명하는 것은 무엇인지 쓰시오.

> 영조와 정조가 실시한 정책으로, 붕당에 얽매이지 않고 능력 있는 인물을 뽑아 나라를 다스리는 것을 말한다.

( )

02 조선 후기에 실학자들이 했던 주장으로 알맞지 않은 것은 어느 것입니까? ( )

① 경복궁을 다시 짓자.
② 상공업을 발달시키자.
③ 토지 제도를 개혁하자.
④ 우리 고유의 역사와 지리를 연구하자.
⑤ 청의 발달된 제도와 기술을 받아들이자.

개념 2 조선 후기 서민 문화의 발달

(1) 발달 배경: 농업과 상공업의 발달 등으로 경제적 여유를 가진 서민들이 문화와 예술에 관심을 가짐.

(2) 서민 문화의 종류

한글 소설	• 한글로 쓰인 소설 • 『홍길동전』, 『흥부전』, 『춘향전』, 『심청전』 등
판소리	• 노래(창)와 이야기(사설)를 엮어 펼치는 공연 • 「춘향가」, 「심청가」, 「흥보가」 등
탈놀이 (탈춤)	• 탈을 쓰고 하는 춤이나 연극 • 사람이 많이 모이는 장터 같은 곳에서 주로 공연
풍속화	• 서민들의 일상생활의 모습이나 양반, 여인들의 모습을 표현한 그림 • 김홍도의 「서당」, 신윤복의 「단오풍정」 등
민화	• 해와 달, 동식물, 문자 등이 표현됨. • 서민들의 소망을 담기도 함.

(3) 특징: 주로 사회의 모순을 비판하고, 양반들을 풍자하는 내용을 담고 있음.

03 조선 후기 서민 문화의 특징에 대한 설명으로 알맞지 않은 것은 어느 것입니까? ( )

① 몽골식 옷차림이 유행했다.
② 한글로 쓴 소설이 널리 퍼져 나갔다.
③ 탈을 쓰고 하는 춤과 연극이 유행했다.
④ 양반을 풍자하는 내용을 담은 이야기가 유행했다.
⑤ 해와 달, 동식물, 문자 등에 서민들의 소망을 담은 그림이 유행했다.

04 다음에서 설명하는 것이 무엇인지 쓰시오.

> 소리꾼이 고수의 북장단에 맞추어 노래(창)와 몸동작, 이야기(사설)를 엮어 펼치는 공연이다. 현재 「춘향가」, 「심청가」, 「흥보가」 등이 전해 온다.

( )

정답과 해설 17쪽

개념 3 흥선 대원군의 정책과 강화도 조약

(1) 흥선 대원군의 정책
- 양반에게도 세금을 매기고 서원을 정리함.
- 세도 정치의 잘못된 점을 바로잡고 능력 있는 인재를 등용함.
- 왕실의 권위를 높이려고 경복궁을 다시 지음.

(2) 서양 세력의 침입과 흥선 대원군의 대응
- 프랑스의 침입(병인양요, 1866년)과 미국의 침입(신미양요, 1871년)이 있었음.
- 프랑스와 미국의 침략을 물리친 후 흥선 대원군은 척화비를 세우고 서양과의 교류를 거부함.

(3) 강화도 조약(1876년)

> 일본 군함이 조선의 허락 없이 강화도에 접근하자 조선군이 경고의 뜻으로 대포를 쏨. → 일본이 군함을 보내 초지진 등을 공격함(운요호 사건). → 일본이 운요호 사건을 빌미로 조선을 위협하며 통상을 강요함. → 조선은 일본과 강화도 조약을 맺고, 개항과 통상을 시작함.

05 다음 (   ) 안에 들어갈 말을 쓰시오.

> 흥선 대원군은 병인양요와 신미양요를 겪은 이후 전국 곳곳에 (   )을/를 세워 서양과 통상하지 않겠다는 의지를 널리 알렸다.

(   )

06 강화도 조약에 대한 설명으로 알맞지 않은 것은 어느 것입니까? (   )

① 병인양요가 일어난 배경이 되었다.
② 조선에게 불리한 불평등한 조약이다.
③ 운요호 사건 이후 일본과 맺은 조약이다.
④ 조선이 외국과 맺은 최초의 근대적 조약이다.
⑤ 조선의 개항과 일본과의 통상에 대한 조항이 담겨 있다.

개념 4 갑신정변과 동학 농민 운동

(1) 갑신정변(1884년)

> 김옥균 등 급진 개화파가 정변 일으킴. → 새로운 정부를 구성하고, 주요 개혁안을 발표함. → 청의 군대가 개입해 3일 만에 실패로 끝남. → 청의 정치 간섭이 더욱 심해짐.

(2) 동학 농민 운동(1894년)

> 탐관오리의 횡포에 맞서 동학 지도자 전봉준과 농민들이 봉기해 전라도 일대를 장악함. → 조선 정부의 요청으로 청이 군대를 보내자 일본도 군대를 보냄. → 동학 농민군은 외국 군대의 개입을 막기 위해 조선 정부와 협상함. → 조선 정부가 청과 일본에 군대 철수를 요청했으나 돌아가지 않고 청일 전쟁을 벌임. → 일본이 경복궁을 점령하고 조선의 정치에 간섭하자 동학 농민군이 다시 봉기했으나 일본군과 관군에 패함.

- 농민들 스스로 정치를 바로잡고, 외세를 몰아내고자 한 개혁 운동이었음.
- 갑오개혁 때 동학 농민군의 요구가 일부 반영됨.

07 다음에서 설명하는 사건은 무엇인지 쓰시오.

> 적극적인 개화를 주장하던 김옥균 등이 우정총국 개국 축하 잔치를 틈타 일으킨 사건이다. 새 정부를 조직하고 개혁안을 발표했으나 청의 개입으로 3일 만에 실패로 끝났다.

(   )

08 동학 농민 운동이 일어나게 된 배경으로 알맞지 않은 것은 어느 것입니까? (   )

① 전봉준이 체포되어 처형되었다.
② 농민에게 더 많은 세금을 거두었다.
③ 개항 이후 백성의 삶이 더욱 어려워졌다.
④ 탐관오리가 백성을 괴롭히는 일이 계속되었다.
⑤ 동학의 평등사상이 농민들 사이에 퍼져 나갔다.

중단원 실전 문제

01 다음 인물이 추진한 개혁 정책으로 알맞은 것은 어느 것입니까? (　　)

역사 인물 카드

- 이름: 영조
- 시대: 조선
- 업적: 혼란스러운 정치를 안정시키고 왕권을 강화함.

① 국왕을 지키는 장용영을 설치했다.
② 유교의 가르침을 담은 경국대전을 완성했다.
③ 조선의 자주독립을 위한 독립 협회를 만들었다.
④ 4군과 6진을 개척해 북쪽 지역 경계를 정했다.
⑤ 붕당에 관계없이 인재를 고루 뽑아 쓰고자 했다.

02 역사 신문을 만들기 위해 다음과 같은 자료를 모았습니다. (　　) 안에 들어갈 왕은 누구입니까? (　　)

(　　　　)의 업적

▲ 규장각 설치

▲ 수원 화성 건설

① 세종　② 성종
③ 선조　④ 영조
⑤ 정조

03 다음과 같은 학문이 등장하게 된 까닭으로 가장 알맞은 것은 어느 것입니까? (　　)

> 정약용 등은 백성들의 실생활에 관심을 가지고 현실 문제를 해결할 수 있는 방법을 연구했다.

① 신분 제도가 폐지되었다.
② 왕권이 강화되고 삼국이 통일되었다.
③ 강화도 조약으로 개항이 이루어졌다.
④ 무관들이 권력을 잡아 문관들의 힘이 약해졌다.
⑤ 조선 후기의 학문이 사회 문제 해결에 큰 도움을 주지 못했다.

04 다음 (　　) 안에 들어갈 알맞은 말을 쓰시오.

> 조선 후기 농업과 상공업이 발달하면서 경제적으로 여유 있는 서민들이 많아졌다. 이들이 문화와 예술에 관심을 가지기 시작하면서 한글 소설, 판소리 등의 (　　　　)이/가 발달했다.

(　　　　　　　　)

05 다음과 같은 그림에 대한 설명으로 알맞지 않은 것은 어느 것입니까? (　　)

▲ 호랑이와 까치

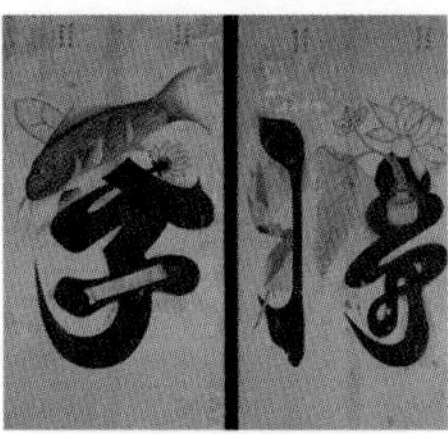
▲ 문자도

① 상감 기법에 따라 무늬를 만들었다.
② 나무, 동물, 물고기, 문자 등을 그렸다.
③ 대부분 작가가 알려지지 않은 그림이다.
④ 장수, 복, 효도와 같은 서민들의 소망을 담았다.
⑤ 벽에 걸거나 병풍으로 만들어 생활 공간을 꾸몄다.

06 **다음 인물이 실시한 정책이 아닌 것은 어느 것입니까? ( )**

나는 고종의 아버지로, 어린 고종을 대신해 정치적 실권을 잡고 개혁을 추진하였소.

① 양반에게도 세금을 내도록 했다.
② 세도 가문을 억누르고 인재를 고루 뽑았다.
③ 서양과 활발히 교류하여 문물을 받아들였다.
④ 왕실의 권위를 높이려고 경복궁을 다시 지었다.
⑤ 세금을 내지 않고 부당하게 재산을 쌓던 서원을 정리했다.

07 **다음을 통해 알 수 있는 사실로 가장 알맞은 것은 어느 것입니까? ( )**

척화비에 새겨진 내용

서양 오랑캐가 쳐들어오는데 싸우지 않으면 화친하는 것이고, 화친을 주장하는 것은 나라를 파는 것이다.

① 조선이 중국의 침략을 받았다.
② 조선이 서양과의 교류를 거부했다.
③ 조선이 서양의 문물을 적극적으로 받아들였다.
④ 조선은 중국과 화친하는 것을 중요하게 여겼다.
⑤ 조선이 일본에 외교 사절단을 보내 문화를 교류하고자 했다.

08 **다음 사건이 일어난 순서에 맞게 기호를 쓰시오.**

㉠ 강화도 조약을 맺고 개항했다.
㉡ 일본의 군함이 강화도를 침범했다.
㉢ 프랑스와 미국이 강화도를 침략했다.
㉣ 척화비를 세우고 서양과의 통상을 거부했다.

(→ → →)

09 **다음의 인물들이 주장하는 내용으로 알맞은 것은 어느 것입니까? ( )**

▲ 갑신정변을 일으킨 인물들

① 조선의 개항에 반대한다.
② 청과의 관계를 유지해야 한다.
③ 조선의 법과 제도를 유지하며 개화해야 한다.
④ 조선을 어지럽히는 일본과 서양 세력을 거부해야 한다.
⑤ 서양의 제도, 기술, 사상을 적극적으로 받아들여야 한다.

10 **다음 내용과 관련 있는 사건은 어느 것입니까? ( )**

다음 자료는 전봉준을 중심으로 봉기했던 농민들의 요구예요.

- 탐관오리는 모두 쫓아낼 것
- 백성을 공사 등에 동원하는 일은 줄일 것
- 세금을 거두어 갈 토지를 확대하지 않을 것
- 임금을 둘러싸고 관직을 팔며 국권을 농간하는 무리들을 모두 쫓아낼 것

① 갑신정변
② 병인양요
③ 임오군란
④ 강화도 조약
⑤ 동학 농민 운동

서술형 평가 돋보기

학교에서 출제되는 서술형 평가를 미리 준비하세요.

연습 문제

문제 해결 전략

1 단계	제시된 자료가 무엇인지 파악하기
2 단계	실학의 등장 배경과 특징 파악하기
3 단계	백성의 삶을 개선하기 위한 실학자들의 주장을 구체적으로 서술하기

[1~3] 다음은 조선 후기의 상황을 나타낸 자료입니다. 물음에 답하시오.

임진왜란과 병자호란 이후 백성의 삶이 더욱 어려워졌으니 해결하기 위한 방법을 고민해야 겠어.
토지 제도를 개혁할 수 있는 방법을 연구하는 것이 어떻겠습니까?
백성들이 겪고 있는 현실 문제를 해결하기 위해 노력해야 합니다.

1 위 자료와 관련된 학문을 무엇이라고 하는지 쓰시오.

( )

핵심 키워드

- 실학
  - 백성들이 처한 현실 문제를 해결하여 삶을 나아지게 하는 방법을 연구한 학문
- 실학자들의 다양한 주장
  - 농촌 사회의 안정
  - 상공업의 발달
  - 우리 역사와 문화, 지리 연구

2 위의 자료를 보고 다음과 같이 정리하였습니다. ( ) 안에 알맞은 말을 써넣으시오.

임진왜란과 병자호란 이후 백성들의 생활은 더욱 어려워졌으나 기존의 학문이 ( )을/를 해결하지 못하자 ( )이/가 등장했습니다. 이 학문을 연구하는 학자들은 ( ) 문제에 관심을 가지고 다양한 분야를 연구하여 백성의 삶을 안정시키기 위해 노력했습니다.

3 조선 후기 실학자들이 백성들의 삶을 안정시키고 나라의 힘을 기를 수 있는 방법으로 제안한 주장을 두 가지 쓰시오.

___

___

빈칸을 채우며 서술형 문제의 답안을 작성하는 연습을 해 보세요!

정답과 해설 18쪽

실전 문제

[1~3] 다음 자료를 보고, 물음에 답하시오.

(　　　　) 조약의 일부

제4관 조선은 일본에게 부산 이외에 두 개의 항구를 개항하고 일본인의 통상을 허가한다.

제7관 일본이 조선의 해안을 자유롭게 측량하는 것을 허가한다.

제10관 조선의 항구에서 죄를 지은 일본인은 일본 관리가 심판한다.

1 위의 내용을 담은 조약 이름은 무엇인지 쓰시오.

(　　　　　　　　)

2 위의 조약을 맺은 과정을 다음과 같이 정리하였습니다. (　　) 안에 알맞은 말을 써넣으시오.

(1) 일본 군함인 (　　　　　　)이/가 강화도에 침입해 무력으로 통상을 요구했습니다.

(2) 일본의 위협 속에서 맺은 이 조약은 조선이 외국과 맺은 최초의 (　　　　　　) 조약이었습니다. 하지만 조선에게 불리한 내용이 담긴 (　　　　　　) 조약이었습니다.

3 위의 조약이 불평등한 조약임을 알 수 있는 까닭을 쓰시오.

[4~6] 다음은 동학 농민 운동을 나타낸 자료입니다. 물음에 답하시오.

등장인물

- 조병갑: 전라도 고부 군수, 탐관오리
- [　㉠　]: 동학 농민군 지도자로 녹두장군이라 불림.
- 조선 정부 관리, 청과 일본의 군대

전개 과정

〈장면1〉	〈장면2〉
조병갑의 횡포에 맞서 전봉준과 농민들이 봉기함.	동학 농민군이 전라도 일대를 장악하고 전주성을 점령함.
〈장면3〉	**〈장면4〉**
?	동학 농민군은 외국 군대의 개입을 막기 위해 조선 정부와 개혁안을 약속받고 스스로 물러남.

4 ㉠에 들어갈 인물은 누구인지 쓰시오.

(　　　　　　　　)

5 위 사건의 시대적 배경에 대해 정리한 내용입니다. (　　) 안에 알맞은 말을 써넣으시오.

(1) 개항 이후 곡식 가격이 폭등하고 세금을 더 많이 거두었으며 조병갑 같은 (　　　　　　)들이 백성을 괴롭히는 일이 계속되었다.

(2) 사람은 모두 (　　　　　　)하다고 가르치고, 사회 개혁을 강조하는 (　　　　　　)이/가 농민들 사이에 퍼져 나갔다.

6 동학 농민 운동의 전개 과정에 따라 〈장면 3〉에 들어갈 내용을 쓰시오.

(2) 일제의 침략과 광복을 위한 노력 ①

1 대한 제국 시기 자주독립과 근대화를 위한 노력

(1) 대한 제국 수립 전 상황

① 일본의 만행과 고종의 대응

- 청일 전쟁에서 승리한 일본이 조선에 대한 간섭을 더욱 강화했습니다.
- 고종과 명성황후는 러시아를 끌어들여 일본을 견제하려고 했습니다. (명성황후: 고종의 비(부인)로 외교 정책 등을 고종에게 제안함.)
- 위기를 느낀 일본은 경복궁을 침입해 명성황후를 **시해**했습니다(을미사변, 1895년).
- 위협을 느낀 고종은 일본의 영향력에서 벗어나고자 러시아 **공사관**으로 거처를 옮겼습니다(아관 파천, 1896년).
- 고종이 러시아 공사관에 머무는 동안 러시아, 미국 등 여러 나라의 간섭과 경제적인 침략이 심해졌습니다.

② 독립 협회의 설립과 활동

- 서재필은 나라 안팎의 소식과 자주독립의 중요성를 알리고자 조선 정부의 지원을 받아『독립신문』을 펴냈습니다.
- 조선 정부의 관리들과 개화 지식인들은 독립 협회를 만들었습니다.
- 독립 협회의 주요 활동

▲ 청의 사신을 맞이하던 영은문을 허물고 그 부근에 독립문을 세워 사람들에게 자주독립 의지를 알림.

▲ 다양한 사람들이 당시 사회 문제에 관한 생각을 나누며 외세의 간섭을 비판하는 만민 공동회를 개최함.

(2) 대한 제국의 수립과 근대화를 위한 노력

① 러시아 공사관으로 거처를 옮겼던 고종이 경운궁(지금의 덕수궁)으로 돌아왔습니다.

② 고종이 **환구단**에서 황제로 즉위하고, 나라 이름을 대한 제국으로 고쳐 자주 독립국임을 알렸습니다.

③ 근대적 개혁 추진

- 전기, 전차, 철도, 전화와 같은 근대 시설을 설치했습니다.
- 공장과 회사, 은행 설립을 지원했습니다.
- 근대식 학교를 세우고 외국에 유학생을 보냈습니다.

④ 의의와 한계: 여러 개혁 정책으로 대한 제국이 근대적인 국가로 발전하는 데 도움이 되었으나 국민의 권리를 보장하는 데 부족했고, 다른 나라의 간섭으로 큰 성과를 거두지는 못했습니다.

▶ 서재필은?

서재필은 김옥균 등과 갑신정변을 일으켰다가 실패해 일본을 거쳐 미국으로 건너가 의사가 되었습니다. 이후 조선 정부의 부름으로 국내에 들어와『독립신문』과 독립 협회를 만드는 등 조선의 자주독립을 위해 노력했습니다.

▶『독립신문』이 담고 있는 내용은?

『독립신문』은 누구나 쉽게 읽을 수 있도록 한글로 만들어졌습니다.『독립신문』에는 정부의 개화 정책과 세계에서 일어나는 여러 일을 사람들에게 알리고 자주독립의 중요성을 강조하는 내용이 수록되었습니다.

낱말 사전

시해 왕, 왕비 등 높은 신분의 사람을 죽이는 것

공사관 한 나라를 대표하여 파견된 외교관이 다른 나라에 머물며 외교 업무를 처리하는 기관

환구단 황제가 하늘에 제사를 지내려고 둥글게 쌓은 단

2 을사늑약과 항일 의병의 노력

(1) 을사늑약 체결과 대한 제국의 대응

→ 우리나라에 대한 지배권을 두고 러시아와 일본이 벌인 전쟁

배경	러일 전쟁(1904~1905년)에서 우위를 점한 일본이 러시아로부터 한국에 대한 지배권을 인정받음.
을사늑약 체결 (1905년)	**일제**는 이토 히로부미를 대한 제국에 보내 외교권을 빼앗는 을사늑약을 강제로 체결함. → 일제 군대의 위협 속에서 고종의 동의 없이 강제로 체결함.
을사늑약에 대한 대응	• 을사늑약의 무효를 주장하는 글이 신문에 실림. • 민영환 등은 을사늑약을 반대하며 스스로 목숨을 끊음. • 고종은 을사늑약의 부당함을 국제 사회에 알리기 위해 만국 평화 회의가 열리는 네덜란드 헤이그에 특사를 파견했으나 일제의 방해로 성과를 거두지 못함. • 일제는 고종을 황제 자리에서 물러나게 하고, 대한 제국의 군대도 해산시킴.

(2) 항일 의병 운동의 확산

① 을미사변과 단발령에 반발해 지방에서 **유생**들을 중심으로 의병이 일어났습니다.

② 을사늑약이 강제로 체결되자 전국 각지에서 의병이 다시 일어났습니다. → 신돌석과 같은 평민 출신, 윤희순과 같은 여성 의병장도 있었음.

③ 일제에 의해 강제 해산된 군인 일부와 농민 등 다양한 사람들이 의병에 합류했습니다.

④ 일제가 대규모 군대를 동원하여 의병 운동을 탄압해 많은 사람이 죽거나 다쳤습니다.

⑤ 국내에서 활동이 어려워진 의병들은 만주나 연해주로 이동해 항일 투쟁을 이어 갔습니다.

(3) 민족의 힘과 실력을 기르기 위한 노력

① 일제에 대항하기 위해 실력을 길러 나라를 지키는 것이 중요하다고 여겼습니다.
- 국민을 계몽하기 위해 학교를 세웠습니다. 예 안창호-대성 학교(평양)
- 신문에 일제를 비판하는 글을 싣기도 했습니다.

② 안창호, 이승훈 등은 비밀리에 신민회를 조직했습니다.
- 학교를 세우고, 민족 기업을 운영했습니다.
- 만주에 독립운동 기지를 만들어 독립군을 길러 냈습니다.

③ 일제에 진 빚을 우리 스스로 갚자는 국채 보상 운동이 전국으로 퍼져 나갔습니다.

(4) 일제의 침략을 막기 위한 안중근 의사의 노력

① 일제의 간섭이 심해지자 학교를 세워 사람들을 가르쳐 나라의 힘을 키우고자 했습니다.

② 일제에 의해 고종이 황제의 자리에서 강제로 물러나자, 연해주로 가서 의병을 모아 국내 진입 작전을 펼쳤습니다.

③ 을사늑약을 체결하는 데 앞장선 이토 히로부미를 하얼빈역에서 **저격**했습니다(1909년).

④ 안중근은 곧바로 체포되었고, 뤼순 감옥에서 사형을 선고받아 목숨을 거두었습니다.

더 알아보기 안중근이 밝힌 이토 히로부미를 저격한 까닭

안중근은 재판에서, 이토 히로부미를 처단한 까닭은 '고종 황제를 강제로 끌어내린 죄, 죄 없는 한국인을 죽인 죄, 조선이 일본을 본받고자 한다는 거짓말을 한 죄, 군대를 해산한 죄, 교육을 방해한 죄 등' 때문이라고 당당히 밝혔습니다. 또 안중근은 '내가 이토를 죽인 것은 의병 참모 중장 자격으로 한국의 독립과 동양 평화를 위한 것이다.'라고 밝혔습니다.

▶ 을사늑약의 주요 내용은?

- 일본 정부는 대한 제국의 외교에 관한 모든 사무를 지휘하고 감독한다.
- 대한 제국은 일본 정부를 거치지 않고 외국과 조약을 맺지 않기로 약속한다.

▶ 헤이그에 파견된 특사가 한 일은?

일제의 방해로 회의장에 들어가지는 못했지만, 회의장 앞에서 을사늑약의 부당함을 알리는 연설과 기자 회견을 했습니다.

▶ 신돌석은?

'태백산 호랑이'라는 별명을 가진 평민 출신 의병장으로, 강원·경상도 일대에서 일본군을 무찔렀습니다.

▶ 윤희순은?

의병가를 지어 사람들에게 의병 운동을 권했고, 여성 의병단을 이끌었습니다.

낱말 사전

늑약 한쪽이 동의하지 않은 상태에서 억지로 맺은 조약

일제 '일본 제국주의'를 줄인 말로, 자기 나라의 이익을 위해 다른 나라를 침략한 일본을 뜻하는 말임.

유생 유학을 공부하는 선비

저격 어떤 대상을 치거나 총을 쏘는 것을 뜻함.

핵심 개념 문제

개념 1 을미사변과 독립 협회

(1) 청일 전쟁에서 승리한 일본이 조선의 정치에 깊이 간섭함. → 고종과 명성황후는 러시아를 끌어들여 일본을 견제하려고 함.

(2) 을미사변(1895년): 위기를 느낀 일본이 명성황후를 시해함. → 고종이 러시아 공사관으로 거처를 옮김(아관 파천, 1896년).

(3) 독립 협회

- 서재필이 『독립신문』을 펴내고, 여러 사람들과 독립 협회를 설립함.
- 독립문을 세워 자주독립 의지를 널리 알림.
- 만민 공동회를 열어 다양한 사람들이 사회 문제에 대해 논의함.

개념 2 대한 제국의 수립과 근대화를 위한 노력

(1) 대한 제국 수립(1897년)

- 고종이 러시아 공사관에서 경운궁(덕수궁)으로 돌아옴.
- 고종이 환구단에서 황제로 즉위하고, 대한 제국 수립을 선포함.

(2) 대한 제국의 근대적 개혁

- 근대적인 교통과 통신 시설(철도, 전차, 전화 등)을 설치함.
- 공장, 회사, 은행 설립을 지원함.
- 새로운 학문과 기술을 가르치는 학교를 세우고, 외국에 유학생을 보냄.

(3) 의의와 한계: 근대적 국가로 발전하는 데 도움이 되었으나 백성의 의견을 정치에 반영하지 못했고, 다른 나라의 간섭으로 큰 성과는 거두지 못함.

01 밑줄 친 '사건'이 무엇인지 쓰시오.

- 일본이 자신들을 견제하려는 명성황후를 경복궁에 침입하여 시해한 사건이다.
- 이 사건으로 위험을 느낀 고종은 러시아 공사관으로 거처를 옮겼다.

( )

02 다음 인물이 한 일로 알맞은 것은 어느 것입니까? ( )

나는 『독립신문』을 펴내 자주독립의 필요성을 강조하고, 나라 안팎의 일을 알렸습니다.

① 단발령에 반대했다.
② 갑오개혁을 주도했다.
③ 수원 화성을 건설했다.
④ 독립 협회를 설립했다.
⑤ 동학 농민 운동에 참여했다.

03 다음 ( ) 안에 들어갈 국가 이름을 쓰시오.

◀ 환구단

환구단은 황제가 하늘에 제사를 지내는 곳으로, 이곳에서 고종이 황제 즉위식을 거행했다. 그리고 이름을 ( )(으)로 선포했다.

( )

04 다음 보기 에서 대한 제국의 근대적인 개혁 정책에 해당하는 것을 두 가지 골라 기호를 쓰시오.

보기

㉠ 탕평책을 통한 왕권 강화
㉡ 과거제를 통한 인재 양성
㉢ 공장, 회사, 은행 설립 지원
㉣ 근대적인 교통과 통신 시설 설치

(,)

개념 3 을사늑약과 항일 의병의 노력

(1) 을사늑약(1905년): 러일 전쟁에서 우위를 점한 일본이 대한 제국의 외교권을 빼앗기 위해 강제로 조약을 맺음.

(2) 고종이 을사늑약의 무효를 알리기 위해 헤이그 특사를 파견함. → 일제가 고종을 강제로 물러나게 하고, 대한 제국의 군대를 해산시킴.

(3) 항일 의병 운동

- 을미사변과 단발령에 반발해 지방에서 유생들을 중심으로 의병이 일어남.
- 을사늑약 이후 전국 각지에서 다양한 세력이 참여한 의병이 다시 일어남.
- 일제에 의해 강제 해산된 군인들 중 일부가 의병 운동에 동참하면서 전투력이 강해짐.
- 일제의 탄압으로 만주나 연해주로 이동해 항일 투쟁을 이어 나감.

05 다음 ( ) 안에 들어갈 말을 쓰시오.

> 러일 전쟁이 끝난 후 일제는 고종의 거부에도 궁궐을 포위한 상태에서 대한 제국의 외교권을 빼앗는 ( )을/를 강제로 체결했다.

( )

06 을사늑약 이후 항일 의병 활동에 대한 설명으로 알맞은 것은 어느 것입니까? ( )

① 학교를 세우고 새로운 학문을 가르쳤다.
② 영은문을 허물고 그 부근에 독립문을 세웠다.
③ 개화를 통해 청의 간섭에서 벗어나고자 했다.
④ 전국 각지의 사람들이 의병에 적극 참여했다.
⑤ 강화도를 침략한 서양 세력과의 전투에서 승리했다.

개념 4 민족의 힘과 실력을 기르기 위한 노력과 안중근 의사의 노력

(1) 민족의 힘과 실력을 기르기 위한 노력

- 일제에 대항하기 위해 실력을 길러 나라를 지키는 것이 중요하다고 여김.
- 신민회를 조직해 학교와 민족 기업을 세우고, 독립 운동 기지를 만들어 독립군을 길러 냄.
- 국채 보상 운동이 전국으로 퍼져 나감.

(2) 안중근 의사의 노력

- 일제의 간섭에서 벗어나기 위해 학교를 세우고 사람들을 가르쳐 나라의 힘을 키우고자 함.
- 고종이 강제로 물러난 후, 연해주로 망명해 의병을 조직함.
- 을사늑약에 앞장선 이토 히로부미를 저격함.

07 다음 ( ) 안에 들어갈 조직은 어느 것입니까? ( )

> 을사늑약 이후 나라 안팎에서는 민족의 힘과 실력을 길러 나라를 지키려는 노력이 일어났다. 안창호, 이승훈은 비밀리에 ( )을/를 만들어 학교를 세우고, 민족 기업을 운영했다. 또 만주에 독립운동 기지를 건설하고 독립군을 길렀다.

① 동학 ② 신민회
③ 독립 협회 ④ 헤이그 특사
⑤ 급진 개화파

08 일제의 침략을 막기 위한 안중근 의사의 노력으로 알맞은 것은 어느 것입니까? ( )

① 갑신정변을 일으켰다.
② 만민 공동회를 개최했다.
③ 이토 히로부미를 처단했다.
④ 동학 농민 운동을 주도했다.
⑤ 네덜란드 헤이그에 특사로 파견되었다.

(2) 일제의 침략과 광복을 위한 노력 ②

1 일제 식민 통치와 국외로 떠난 한국인들

(1) 일제의 본격적인 **식민 통치**의 시작

① 일제는 대한 제국의 국권을 강제로 빼앗고(1910년), 조선 총독부라는 통치 기구를 두고 우리 민족을 강압적으로 지배했습니다.

② 일제는 **헌병**에게 경찰 역할을 주고 한국인을 통제하고 독립운동을 감시했습니다.

③ 한국인은 정식 재판 없이 처벌당할 수 있었고, 제복을 입고 칼을 찬 교사에게 수업을 받았습니다.

④ 일제는 신문이나 잡지를 마음대로 출판할 수 없게 했고, 자유롭게 집회를 열거나 단체를 만들 수 없게 했습니다.

⑤ 일제는 식민 통치에 필요한 자금을 마련하기 위해 토지 조사 사업을 실시했으며, 많은 농민이 농사지을 땅을 잃게 되었습니다.

(2) 일제의 침탈로 국외로 떠난 한국인들

① 일제의 강압적인 통치를 피해 만주나 연해주, 하와이, 멕시코 등으로 살 곳을 옮겨 가는 사람이 많아졌습니다.

② 독립운동가들도 일제의 탄압을 피해 만주와 연해주, 미국 등으로 옮겨 독립운동을 계속했습니다.

안창호	미국으로 건너가 흥사단을 세우고 한국인의 실력을 키우기 위해 앞장섬.
이회영	• 일제에 나라를 빼앗기자 막대한 재산을 처분하여 형제들과 만주로 감. • 독립운동가들과 함께 신흥 강습소(이후 신흥 무관 학교로 개편)를 세우고 독립군을 길러 냄.

▶ 토지 조사 사업이란?

일제가 조선 총독부를 통해 토지의 실제 소유자를 확인한다면서 실시한 조사 사업입니다.

▶ 신흥 무관 학교란?

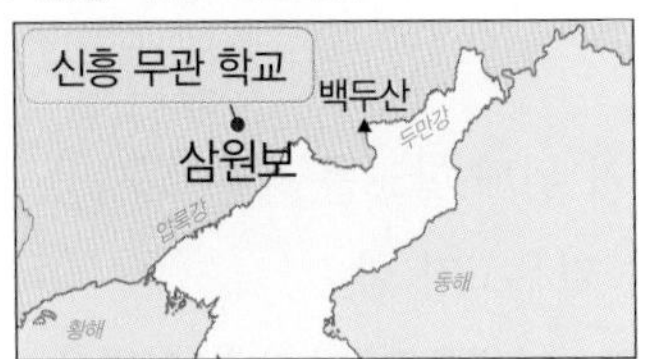

신흥 무관 학교에서는 주로 독립군을 양성하기 위해 군사 교육을 했습니다. 또한 우리말과 역사, 지리를 가르쳤습니다.

▶ 독립 선언서의 주요 내용은?

> 우리는 오늘 조선이 독립한 나라이며, 조선인이 이 나라의 주인임을 선언한다. 우리는 이를 세계 모든 나라에 알려 인류가 모두 평등하다는 큰 뜻을 분명히 하고, 우리 후손이 민족 스스로 살아갈 정당한 권리를 영원히 누리게 할 것이다.

2 3·1 운동과 독립운동

(1) 배경

① 일제의 강압적인 식민 지배로 인해 한국인들의 독립에 대한 의지와 열망은 점점 높아졌습니다.

② **제1차 세계 대전**이 끝나고 전쟁에서 진 나라들의 식민지들은 그들의 운명을 스스로 결정해야 한다는 주장이 제기되자, 독립에 대한 희망도 커져갔습니다.

(2) 전개 과정

> 만주의 독립운동가와 일본의 한국인 유학생들이 독립 선언서를 발표함. → 국내에서도 고종의 장례식을 계기로 독립 만세 시위를 벌일 것을 계획함. → 종교계와 학생들을 중심으로 독립 선언서를 만들어 배포함. → 1919년 3월 1일, 민족 대표들은 태화관에서 독립 선언식을 하였고, 학생과 시민들은 탑골 공원에서 독립 선언서를 낭독하고 만세 시위를 벌임. → 만세 시위는 전국으로 퍼져 나갔고 만주, 연해주, 미국 등에 살고 있는 해외 동포들도 만세 시위를 벌임.

낱말 사전

식민 통치 한 나라가 다른 나라의 주권을 빼앗아 정치 · 경제 · 사회적으로 지배를 하는 통치

헌병 군대에서 경찰 역할을 하는 군인

제1차 세계 대전 1914년부터 1918년까지 전 세계 30여 개 국가가 참전한 대규모의 전쟁

(3) 일제의 탄압

① 일제는 집단으로 사람들을 학살하는 등(화성 제암리 사건) 잔인하게 진압했지만 3·1 운동은 전국에서 수 개월 동안 계속되었습니다.

② 3·1 운동 이후 일제는 친일 세력을 늘려 민족을 분열시키고 저항 정신을 약화시키려고 했습니다.

(4) 3·1 운동의 의의

① 최대 규모의 독립운동으로 우리 민족의 독립 의지를 세계에 널리 알렸습니다.

② 중국, 인도 등 다른 나라의 반제국주의 운동에도 영향을 주었습니다.

· 3·1 운동이 일어난 지역
시위 건수
국외 115
평안도 276
함경도 144
황해도 180
강원도 81
경기도/경성부 415
울릉도
독도
충청도 225
경상도 273
전라도 85
제주도 4
제주도
[출처: 삼일 운동 데이터베이스]

▲ 전국으로 확산된 3·1 운동

(5) 3·1 운동 이후 주요 독립운동

① 만주와 연해주 일대에서 독립군 부대가 조직되어 일본군, 경찰서 같은 일제 통치 시설을 공격했습니다.

- 홍범도(봉오동 전투, 1920년): 여러 독립군 부대와 연합해 봉오동 일대에서 일본군을 격파했습니다.
- 김좌진(청산리 대첩, 1920년): 홍범도 등 다른 독립군들과 연합해 청산리 일대에서 일본군을 무찔렀습니다.

② 광주 학생 항일 운동(1929년): 경찰이 한국과 일본 학생을 차별하는 것에 분노한 광주 지역 학생들이 큰 시위를 일으켰으며, 전국으로 확산되었습니다.

3 대한민국 임시 정부의 수립과 활동

(1) 대한민국 임시 정부의 수립

배경	3·1 운동 이후 독립운동을 체계적으로 이끌기 위해 여러 곳에 임시 정부가 세워졌고, 하나의 통합 정부를 세워야 한다는 주장이 설득력을 얻음.
수립	• 여러 임시 정부를 통합해 중국 상하이에 대한민국 임시 정부를 수립함(1919년). • 대한민국 임시 정부는 주권이 국민에게 있다는 것을 분명히 밝힘.

(2) 대한민국 임시 정부의 활동

① 비밀 연락망을 만들어 국내의 독립운동을 지휘하고, 독립운동 자금을 모았습니다.

② 「독립신문」을 발행하고, 외교 활동을 통해 우리 민족의 독립 의지를 세계에 알리는 데 힘썼습니다.

③ 김구는 한인 애국단을 만들어 일제의 주요 인물을 처단하는 활동을 했습니다.

- 이봉창: 일본에서 일왕이 탄 마차에 폭탄을 던졌습니다.
- 윤봉길: 일왕 생일 기념 행사가 열린 중국 상하이 홍커우 공원에서 일본 관리와 군인들을 향해 폭탄을 던졌습니다. → 윤봉길의 의거는 당시 중국인들에게 깊은 감명을 주었고, 이를 계기로 중국은 대한민국 임시 정부 활동을 도와줌.

④ 한국광복군을 창설해 **태평양 전쟁**이 일어나자 일제에게 **선전 포고**했고, 국내에 들어가 일제를 몰아내고 독립할 계획을 세우기도 했습니다.

▶ 3·1 운동에 참여한 유관순은?

이화 학당에 다니던 유관순은 3·1 운동으로 인해 학교가 잠시 문을 닫자, 고향인 천안으로 돌아가 만세 시위를 벌이다 체포되었습니다. 유관순은 감옥에 갇혀서도 만세 시위를 주도하였으나, 결국 심한 고문으로 인해 감옥에서 목숨을 잃었습니다.

▶ 화성 제암리 사건은?

일제는 만세 운동을 벌이던 화성 제암리 주민들을 교회에 모아놓고 무자비하게 죽였습니다. 이후 교회와 마을에 있는 가옥에 불을 질렀습니다.

▶ 광주 학생 항일 운동의 배경은?

나주에서 한국 여학생에 대한 일본인 학생의 모욕적인 발언과 조롱으로 한국인 학생들과 일본인 학생들 사이에 충돌이 일어났습니다. 이때 경찰이 한국 학생만 일방적으로 처벌한 사건이 발단이 되어 광주 학생 항일 운동이 일어났습니다. 그동안 쌓였던 반일 감정과 민족 차별에 대한 분노가 폭발하여 일어난 항일 민족 운동입니다.

낱말 사전

태평양 전쟁 1941년부터 1945년까지 태평양과 동아시아에서 일제와 미국 중심으로 일어난 전쟁

선전 포고 한 국가가 다른 국가에 전쟁을 시작한다는 것을 공식적으로 알리는 일

4 일제에 맞서 민족정신을 지키기 위한 노력

(1) 일제가 한국인의 민족정신을 없애고자 벌인 일

① 일제는 전쟁을 합리화하려고, 우리 민족은 스스로 발전할 수 없다는 주장을 폈습니다.

② 1930년대 후반 일제는 중국을 침략하기 위해 전쟁을 일으켰고, 한국인을 전쟁터에 동원했습니다.

③ 일제는 한국인의 민족정신을 없애고자 했습니다.

- 황국 신민 서사를 외우게 하고, **신사**에 참배할 것을 강요했습니다.
- 성과 이름을 일본식으로 바꾸게 했습니다.
- 학교에서 우리말 대신 일본어를 사용하게 했습니다.
- 우리 역사를 사실과 다르게 가르치기도 했습니다.

▲ 신사에 절하는 모습

(2) 일제의 침략 전쟁 확대로 한국인이 겪은 피해

① 전쟁에서 활용할 식량뿐만 아니라 무기를 만드는 데 필요한 각종 금속 제품을 한국인으로부터 빼앗아 갔습니다.

② 한국인을 탄광, 공장 등으로 강제로 끌고 가 일을 시켰고, 학생들을 포함한 많은 사람이 전쟁터에 군인으로 동원되었습니다.

③ 많은 여성이 일본군 '위안부'로 끌려가 고통을 당했습니다.

(3) 한국인의 민족정신과 문화를 지키기 위한 노력

신채호	• 일제의 역사 왜곡에 맞서 우리 역사를 연구함. • 『조선 상고사』를 지어 우리 역사가 자주적으로 발전했음을 강조함.
조선어 학회	• 한글 맞춤법을 정리하고, 한글을 가르치기 위한 강습회를 엶. • 우리말 『큰사전』을 편찬하기 위해 노력했으나 일제의 탄압으로 중단됨.
전형필	• 자신의 재산을 들여 일본으로 넘어갈 뻔한 문화유산을 구입해 보존함. • 『훈민정음』「해례본」, 청자 상감 운학무늬 매병 등
여러 문학가	• 문학 작품을 통해 일제에 대한 저항 의식과 독립 의지를 일깨웠음. • 한용운, 윤동주, 이육사 등

더 알아보기 조선어 학회와 우리말 『큰사전』(조선말 『큰사전』)

조선어 학회는 일제에 맞서 한글을 널리 보급하기 위해 한글 맞춤법을 정리하고 한글 사전을 편찬하고자 노력했습니다. 그러나 일제가 한글 연구로 민족의식이 고취되는 것을 막기 위해 조선어 학회를 탄압해 사전 편찬 작업은 중단되었습니다. 광복 이후 숨겨 둔 사전 원고가 발견되면서 10여 년 만의 노력으로 우리말 『큰사전』이 완성되었습니다.

▲ 우리말 『큰사전』

▲ 조선어 학회 회원들

▶ 황국 신민 서사란?
일제는 민족정신을 없애기 위해 한국인에게 황국 신민 서사를 외우게 하였습니다. 황국 신민 서사는 일왕에 대한 충성을 다짐하는 내용을 담고 있습니다.

▶ 일제의 강제 동원에 따른 우리 민족의 피해는?
일제는 우리나라 사람들을 전쟁터나 공장, 탄광 등으로 끌고 갔으며, 여성들을 일본군 '위안부'로 동원했습니다. 강제로 동원된 이들 중에서 많은 사람이 목숨을 잃는 등 고통을 당했고 광복 후에도 고국으로 돌아오지 못했습니다.

▲ 평화의 소녀상

▲ 강제 징용 노동자 상

▶ 이육사가 한 일은?
이육사(본명: 이원록)는 시와 글을 써서 사람들에게 한국인의 민족의식을 일깨우고 독립 의지를 갖게 만들었습니다.

신사 일본의 왕실 조상이나 일본을 위해 큰 공을 세운 사람 등을 기리기 위해 만든 곳

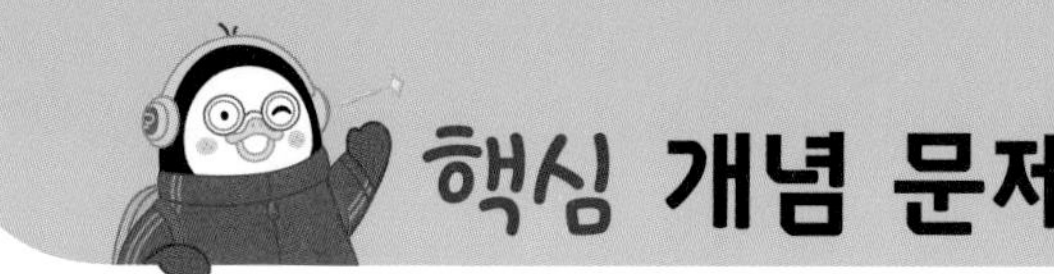

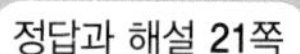

개념 1 일제 식민 통치와 국외로 떠난 한국인들

(1) 일제의 식민 통치
- 일제는 1910년 강제로 국권을 빼앗고 조선 총독부라는 통치 기구를 세움.
- 헌병 경찰이 한국인을 강압적으로 통제하고, 독립운동을 감시함.
- 출판의 자유를 제한하고, 집회와 단체 설립을 금지함.
- 토지 조사 사업으로 많은 농민이 농사지을 땅을 잃게 됨.

(2) 일제의 강압적 통치와 생활의 어려움으로 만주나 연해주 등으로 떠나는 사람이 늘어남.

(3) 국외에서 활동한 독립운동가
- 안창호: 평양에 대성 학교를 세우고, 미국에서 흥사단을 세움.
- 이회영: 만주에 신흥 강습소(이후 신흥 무관 학교로 개편)를 세워 독립군을 길러 냄.

01 다음에서 설명하는 기구가 무엇인지 쓰시오.

> 일제가 대한 제국의 국권을 빼앗고, 우리 민족을 강압적으로 통치하기 위해 세운 최고 식민 통치 기구이다.

( )

02 일제가 식민 통치 시기에 한국인들에게 한 일로 알맞지 않은 것은 어느 것입니까? ( )

① 집회를 열거나 단체를 만들 수 없게 했다.
② 신문이나 잡지를 출판할 권리를 빼앗았다.
③ 강화도를 침략하여 강제로 통상을 요구했다.
④ 학교에서 교사가 제복을 입고 칼을 차도록 했다.
⑤ 헌병이 무력으로 통제하고 독립운동을 감시했다.

개념 2 3·1 운동과 독립운동

(1) 배경: 제1차 세계 대전 이후 패전국의 식민지 국가들의 독립으로 우리의 독립에 대한 희망도 커짐.

(2) 전개 과정
- 만주의 독립운동가, 일본의 한국인 유학생들이 독립 선언서를 발표함.
- 1919년 3월 1일, 민족 대표들이 독립 선언식을 함.
- 학생과 시민들이 탑골 공원에서 독립 선언서를 낭독하고 만세 시위를 함.
- 전국적으로 만세 시위가 퍼져 나갔고, 해외 동포들도 참여함.
- 일제의 무력 탄압에도 수개월 동안 지속됨.

(3) 3·1 운동 이후 주요 독립운동
- 만주와 연해주 일대의 독립군 부대가 일제 통치 시설을 공격함.
- 홍범도–봉오동 전투(1920), 김좌진–청산리 대첩(1920)
- 광주 학생 항일 운동(1929): 한국과 일본 학생 차별에 대해 분노한 학생들이 시위를 일으킴.

03 다음의 인물과 관련된 독립운동은 무엇인지 쓰시오.

> 유관순은 천안 아우내 장터에서 많은 사람들과 독립을 외치는 만세 시위를 하다 체포되어 감옥에서 순국했다.

( )

04 3·1 운동에 대한 일제의 대응으로 알맞은 것은 어느 것입니까? ( )

① 고종을 폐위시켰다.
② 조선 총독부를 설치했다.
③ 토지 조사 사업을 실시했다.
④ 무력으로 잔인하게 진압했다.
⑤ 우리나라의 외교권을 빼앗았다.

핵심 개념 문제

개념 3 대한민국 임시 정부의 수립과 활동

(1) 대한민국 임시 정부 수립(1919년): 3·1 운동 이후 독립운동을 위한 힘을 하나로 모으기 위해 여러 임시 정부를 통합해 중국 상하이에 임시 정부를 세움.

(2) 대한민국 임시 정부의 활동

- 비밀 연락망을 만들어 국내의 독립운동을 지휘함.
- 『독립신문』을 발행하고, 외교 활동을 통해 우리 민족의 독립 의지를 세계에 알림.
- 독립운동에 필요한 자금을 모음.
- 김구: 한인 애국단을 조직해 일제의 주요 인물을 처단함.
- 이봉창: 일본에서 일왕에게 폭탄을 던짐.
- 윤봉길: 일왕 생일 행사가 열린 중국 상하이 훙커우 공원에서 일본 관리와 군인들에게 폭탄을 던짐.
- 한국광복군을 창설하고 일제에 선전 포고함.

05 다음 ( ) 안에 들어갈 말을 쓰시오.

> 3·1 운동 이후 우리 민족은 독립을 위한 힘을 하나로 모으기 위한 지도부가 필요하다는 것을 깨달았다. 그래서 여러 임시 정부를 통합해 중국 상하이에 ( )을/를 수립했다.

( )

06 대한민국 임시 정부의 활동으로 알맞은 것은 어느 것입니까? ( )

① 만주에 신흥 무관 학교를 설립했다.
② 탑골 공원에서 만세 운동을 주도했다.
③ 평양에 대성 학교를 세워 민족 지도자를 양성했다.
④ 비밀 연락망을 만들어 국내의 독립운동을 지휘했다.
⑤ 만민 공동회를 개최해 사회 문제에 대해 토론했다.

개념 4 일제에 맞서 민족정신을 지키기 위한 노력

(1) 일본의 침략 전쟁 확대

- 전쟁 자금을 위해 쌀, 금속 등을 수탈함.
- 한국인을 강제로 탄광, 공장에서 일을 시킴.
- 학생을 군인으로 동원함.
- 많은 여성들을 일본군 '위안부'로 끌고 감.

(2) 한국인의 민족정신 말살

- 신사 참배를 강요함.
- 성과 이름을 일본식으로 바꾸게 함.
- 한국어를 금지하고 일본어를 사용하도록 함.
- 우리 역사를 왜곡하여 가르침.

(3) 민족정신과 문화를 지키기 위한 노력

- 일제의 역사 왜곡에 맞서 우리 역사 연구(신채호 등)
- 우리말과 글을 지키기 위한 노력(조선어 학회)
- 우리 문화유산을 지키기 위한 노력(전형필)
- 문학 작품을 통한 일제에 대한 저항 의식과 독립 의지(한용운, 윤동주, 이육사 등)

07 다음 보기 에서 일제가 우리 민족의 정신을 없애기 위해 한 일을 두 가지 골라 기호를 쓰시오.

보기

㉠ 국채 보상 운동을 벌였다.
㉡ 외국인 선교사들이 학교를 세웠다.
㉢ 일본 신사에 참배할 것을 강요했다.
㉣ 학교에서 한국어를 금지하고 일본어를 가르쳤다.

(,)

08 조선어 학회에 대한 설명으로 알맞은 것은 어느 것입니까? ( )

① 한인 애국단을 만들었다.
② 한글 맞춤법을 정리했다.
③ 조선 상고사를 편찬했다.
④ 미국에서 흥사단을 세웠다.
⑤ 만주에서 신흥 강습소를 세웠다.

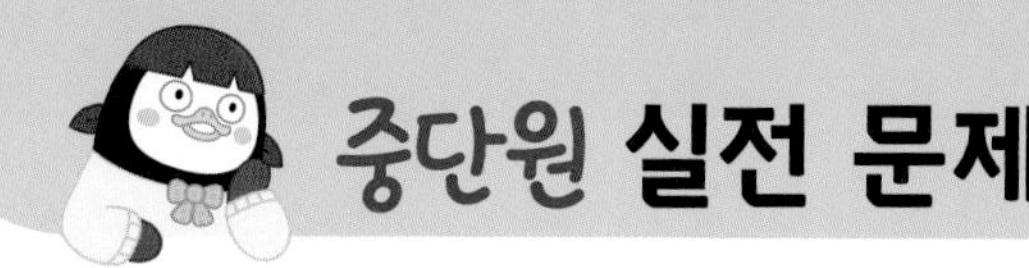

중단원 실전 문제

정답과 해설 21쪽

01 다음 보기 를 보고, 사건이 일어난 순서를 바르게 나타낸 것은 어느 것입니까? (　　　)

보기

㉠ 고종이 러시아 공사관으로 거처를 옮겼다.
㉡ 청일 전쟁 후 일본의 정치적 간섭이 심해졌다.
㉢ 일본이 경복궁에 침입해 명성황후를 시해했다.

① ㉠ - ㉡ - ㉢　　② ㉠ - ㉢ - ㉡
③ ㉡ - ㉠ - ㉢　　④ ㉡ - ㉢ - ㉠
⑤ ㉢ - ㉡ - ㉠

02 다음 신문에 대한 설명으로 알맞지 않은 것은 어느 것입니까? (　　　)

독립신문

① 미국에서 돌아온 서재필이 만들었다.
② 정부의 개화 정책을 사람들에게 알렸다.
③ 세계에서 일어나는 일을 사람들에게 알렸다.
④ 누구라도 쉽게 읽을 수 있도록 한글로 쓰였다.
⑤ 백성들에게 유교의 가르침을 알리기 위해 만들어졌다.

03 다음 학습 주제와 관련된 설명으로 알맞은 것을 두 가지 고르시오. (　　　,　　　)

학습 주제: 고종의 대한 제국 선포

① 조선이 자주 독립국임을 알리고자 했다.
② 고종이 러시아 공사관으로 가서 선포했다.
③ 여러 분야에서 근대적인 개혁을 추진했다.
④ 수원 화성을 건설해 개혁을 뒷받침하고자 했다.
⑤ 서양과 교류를 거부하고 조선을 보호하고자 했다.

04 대한 제국 시기에 추진된 근대적 개혁으로 변화된 서울 거리의 모습이 아닌 것은 어느 것입니까? (　　　)

① 밤에 불을 밝히는 전등
② 천자문을 가르치는 서당
③ 전차를 타고 다니는 사람들
④ 서양식 건물의 회사, 은행 등
⑤ 전화를 연결해 주는 전화 교환수

[05~06] 다음 그림을 보고, 물음에 답하시오.

나의 동의 없이 일제의 강요로 맺은 을사늑약이 부당하다는 것을 헤이그에 가서 국제 사회에 알리고 오시오!

05 고종이 을사늑약에 대한 대응으로 한 일이 무엇인지 쓰시오.

(　　　　　　　　　　　)

06 위의 사건 이후에 일어난 일로 알맞은 것은 어느 것입니까? (　　　)

① 고종이 강제로 퇴위되었다.
② 일본과 조약을 맺어 항구를 개방했다.
③ 일본의 지원을 받아 갑신정변이 일어났다.
④ 청과 일본이 우리나라에서 전쟁을 일으켰다.
⑤ 일본이 경복궁을 습격하여 명성황후를 시해했다.

07 다음 인물에 대한 설명으로 알맞은 것은 어느 것입니까? ( )

나는 태백산 호랑이라는 별명을 가진 의병장 신돌석이오.

① 청산리 대첩에서 일본군을 무찔렀다.
② 광주 지역 학생들의 항일 시위를 주도했다.
③ 국민들을 계몽하기 위해 대성 학교를 세웠다.
④ 강원도, 경상도 일대에서 일본군을 무찔렀다.
⑤ 일왕 생일 기념 행사가 열린 중국의 훙커우 공원에서 일본 관리와 군인들에게 폭탄을 던졌다.

08 다음 ㈎에 들어갈 인물은 누구인지 쓰시오.

이달의 독립운동가

- 나라의 힘을 키우기 위해 학교를 세우고 사람들을 가르쳤다.
- 고종이 황제에서 강제 퇴위 되자 연해주에서 의병을 조직했다.
- 하얼빈역에서 이토 히로부미를 저격하여 처단했다.

( )

09 다음 기사의 독립운동에 대한 설명으로 알맞지 않은 것은 어느 것입니까? ( )

역사 신문 1919년 3월 19일

대한 독립 만세!

민족 지도자들이 태화관에서 독립선언식을 하였다. 일제로부터 벗어나 독립을 염원하는 많은 한국인들이 탑골 공원에 모여 태극기를 흔들며 대한 독립 만세를 외쳤다.

① 전국적으로 만세 시위가 퍼져 나갔다.
② 해외 동포들도 만세 시위를 일으켰다.
③ 군대를 양성하여 일제와 전쟁을 했다.
④ 전국에서 수개월간 만세 시위가 지속되었다.
⑤ 일제의 탄압으로 많은 사람들이 목숨을 잃었다.

10 다음 일기에 해당하는 사건은 어느 것입니까? ( )

1929년 ○○월 ○○일 흐림

얼마 전 나주역에서 한국 학생과 일본 학생의 충돌이 일어났다. 그런데 경찰은 한국 학생만 수사했다. 이에 분노한 나와 한국 학생들이 시위를 일으켰다. 민족 차별과 일제의 강압에 대한 저항은 전국 곳곳으로 퍼져 나갔다.

① 3·1 운동
② 애국 계몽 운동
③ 위정 척사 운동
④ 항일 의병 운동
⑤ 광주 학생 항일 운동

11 **대한민국 임시 정부에 대한 설명으로 알맞은 것을 두 가지 고르시오. (　　,　　)**

① 3·1 운동을 체계적으로 이끌었다.
② 만주의 삼원보에 학교를 세워 군사 교육을 했다.
③ 비밀 연락망을 조직하여 독립운동을 지휘했다.
④ 한국광복군을 창설하여 일제와의 전쟁을 준비했다.
⑤ 독립문을 세워 우리나라의 독립 의지를 널리 알렸다.

12 **다음 인물이 한 활동으로 알맞은 것은 어느 것입니까? (　　)**

▲ 김구

① 봉오동 전투를 승리로 이끌었다.
② 신흥 무관 학교를 세워 독립군을 양성했다.
③ 우정총국 개국 축하 잔치 때 정변을 일으켰다.
④ 미국으로 건너가 학교를 세워 한국어를 가르쳤다.
⑤ 한인 애국단을 이끌어 일제 주요 인물을 처단했다.

13 **일제 강점기에 우리나라 사람들이 겪은 일이 아닌 것은 어느 것입니까? (　　)**

① 중국에 세자를 인질로 보냈다.
② 이름을 일본식으로 바꾸어야 했다.
③ 강제로 일제의 전쟁에 동원되었다.
④ 탄광, 공장에 강제로 끌려가 일을 했다.
⑤ 여성들이 일본군 '위안부'로 끌려가 고통을 당했다.

14 **다음 가상 역사 뉴스를 보고, (　　) 안에 들어갈 말을 쓰시오.**

3·1 운동 이후 독립운동의 힘을 하나로 모아야 할 필요성에 공감한 민족 지도자들이 일제의 영향이 미치지 않는 중국의 (　　　)에 통합 임시 정부를 세웠다는 소식입니다.
역사 뉴스
독립운동의 힘을 하나로 모으다!

(　　　　　　　　)

15 **우리나라의 민족정신을 지키기 위해 노력한 인물과 한 일을 바르게 선으로 이으시오.**

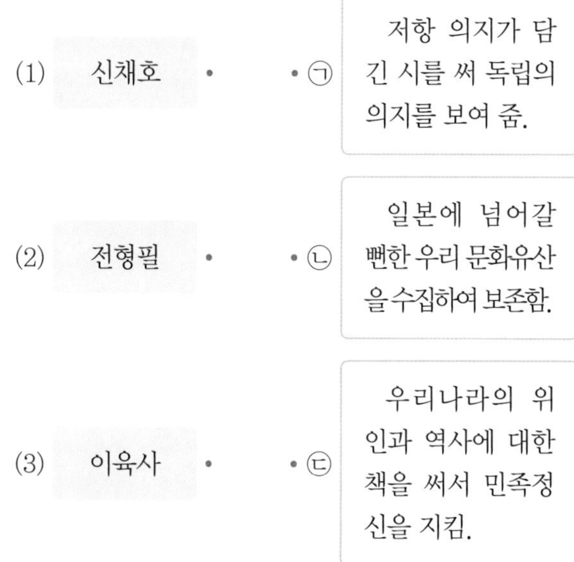

(1) 신채호
(2) 전형필
(3) 이육사
㉠ 저항 의지가 담긴 시를 써 독립의 의지를 보여 줌.
㉡ 일본에 넘어갈 뻔한 우리 문화유산을 수집하여 보존함.
㉢ 우리나라의 위인과 역사에 대한 책을 써서 민족정신을 지킴.

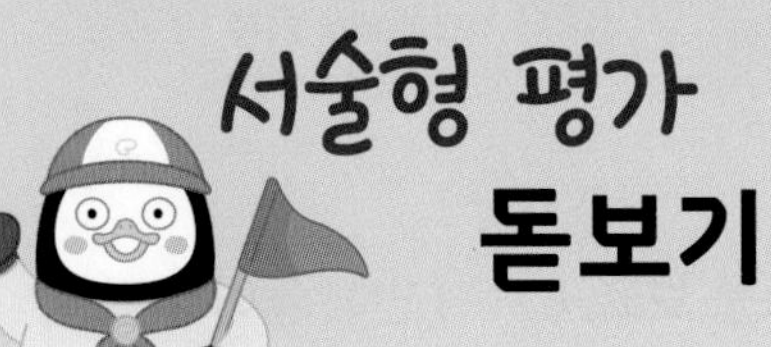

서술형 평가 돋보기

학교에서 출제되는 서술형 평가를 미리 준비하세요.

연습 문제

[1~3] 다음 자료를 보고, 물음에 답하시오.

우리 민족의 독립 의지를 널리 알린 (　㈎　)

· (㈎)이/가 일어난 지역
□ 시위 건수

국외 115
평안도 276
함경도 144
황해도 180
강원도 81
동해
울릉도
독도
경기도/경성부 415
황해
충청도 225
경상도 273
전라도 85
남해
제주도 4
제주도
[출처: 삼일 운동 데이터베이스]

▲ 전국으로 확산된 (　㈎　)

기미 독립 선언서

우리는 오늘 조선이 독립한 나라이며, 조선인이 이 나라의 주인임을 선언한다. 우리는 이를 세계 모든 나라에 알려 인류가 모두 평등하다는 큰 뜻을 분명히 하고, 우리 후손이 민족 스스로 살아갈 정당한 권리를 영원히 누리게 할 것이다.

…

▲ 기미 독립 선언서의 주요 내용

1 위 ㈎에 공통으로 들어갈 사건이 무엇인지 쓰시오.

(　　　　　　　　　　)

2 1의 사건이 일어난 과정을 정리한 내용입니다. (　　) 안에 알맞은 말을 써넣으시오.

1919년 3월 1일, 서울에서 민족 대표들이 모여 독립을 선언했습니다. 탑골 공원에서는 학생과 시민들이 (　　　　　　)을/를 낭독하고 태극기를 흔들며 (　　　　　　) 시위를 벌였습니다. 이 시위는 전국으로 퍼져 나갔고, 해외 동포들도 참여했습니다. 일제의 폭력적인 탄압에도 수개월 동안 지속되었습니다.

3 우리 민족이 3·1 운동을 통해 주장한 것이 무엇인지 쓰시오.

____

____

문제 해결 전략

1 단계	제시된 자료가 무엇인지 파악하기
2 단계	3·1 운동의 전개 과정 파악하기
3 단계	3·1 운동의 정신과 의미 서술하기

핵심 키워드

- 3·1 운동
  - 일제의 강압적 식민 지배에 대항해 독립을 외친 만세 운동
  - 서울에서 시작되어 전국적으로 퍼져 나가 수개월 동안 지속됨.
  - 일제의 탄압으로 많은 사람들이 죽거나 다침.

빈칸을 채우며 서술형 문제의 답안을 작성하는 연습을 해 보세요!

정답과 해설 23쪽

실전 문제

[1~2] 다음 자료를 보고, 물음에 답하시오.

대한 제국 시기의 변화

▲ 고종 황제 즉위

▲ 새로운 은행과 회사

▲ 전기 시설과 전차

▲ 대한 제국 관립 외국어 학교

1 **위 시기에 나타난 변화를 다음과 같이 정리하였습니다. ( ) 안에 알맞은 말을 써넣으시오.**

(1) 고종은 1897년 환구단에서 황제로 즉위하고 국가 이름을 (   )(으)로 선포했습니다.

(2) 대한 제국 시기 고종 황제는 외국 세력의 간섭과 압력으로부터 벗어나 (   )적인 국가를 만들겠다는 의지를 보였습니다.

(3) 고종 황제는 여러 분야에서 개혁을 추진해 (   ) 국가로 나아가기 위해 노력했습니다.

2 **위의 시기에 실시한 근대적인 개혁 정책을 두 가지 쓰시오.**

[3~4] 다음 자료를 보고 물음에 답하시오.

(가)

▲ 일본 신사에 절하는 모습

(나)

▲ 이름을 바꾸기 위해 기다리는 한국인

(다)

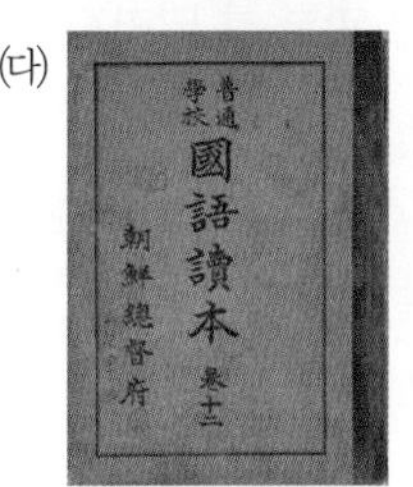

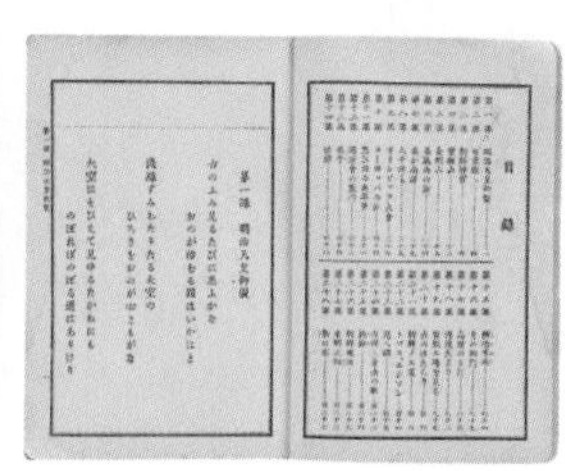
▲ 일본어로 쓰여 있는 국어 교과서

3 **위 자료의 내용을 다음과 같이 정리하였습니다. ( ) 안에 알맞은 말을 써넣으시오.**

(1) 일제는 전국에 일본 왕실을 신으로 모시는 사당을 짓고 이곳에 절을 하는 (   )을/를 강요했습니다.

(2) 한국인의 성과 이름을 (   )(으)로 바꾸게 했습니다.

(3) 학교에서 우리말 사용을 금지하고 (   )(으)로 된 교과서로 가르쳤습니다.

4 **일제가 위와 같은 일을 한 까닭은 무엇인지 쓰시오.**

(3) 대한민국 정부의 수립과 6·25 전쟁

▶ **제2차 세계 대전이란?**
1939년~1945년까지 미국, 영국, 소련 등으로 구성된 연합국과 독일, 이탈리아, 일본 사이에 전 세계 곳곳에서 벌어진 전쟁입니다.

▶ **광복 이후 달라진 학교 생활은?**
학교에서는 한글로 된 교과서로 우리말과 우리 역사를 배웠습니다.

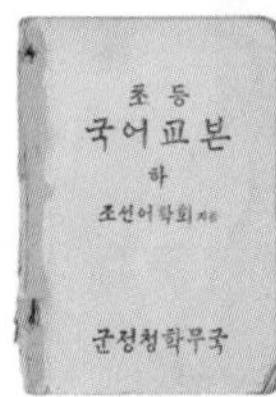

▲ 광복 이후 학생들을 가르치기 위해 만든 교과서

▶ **제2차 세계 대전이 끝난 후 미국과 소련의 관계는?**
전 세계가 미국과 소련을 중심으로 하는 세력으로 각각 나뉘어 서로 대립했습니다.

낱말 사전

광복 다른 나라에 빼앗긴 주권을 되찾는 것
소련 1922년부터 1991년까지 있었던 소비에트 연방 공화국의 줄임말로, 지금의 러시아와 그 주변 국가들에 해당함.
무장 해제 항복한 군인이나 포로들의 무기를 빼앗는 일

1 8·15 광복과 광복 이후의 상황

(1) 8·15 **광복** → 일제에 강제로 국권을 빼앗긴 지 35년 만에 나라를 되찾음.
- 제2차 세계 대전에서 일본이 패할 것을 예상한 국내외의 독립운동가와 독립운동 단체들은 새로운 나라를 세울 준비를 했습니다. → 대한민국 임시 정부는 건국 원칙을 발표함.
- 우리 민족은 독립을 위한 끊임없는 노력과 제2차 세계 대전에서 연합국의 승리로 광복을 맞이했습니다(1945년 8월 15일). → 일본이 연합국에 항복함.

(2) 광복 후 새로운 나라를 세우기 위한 노력
① 국내에서는 건국을 준비하는 단체를 만들어 치안과 질서를 유지하고 전국적으로 조직을 넓혀나갔습니다.
② 해외에 머물던 동포들과 일제에 의해 강제로 끌려갔던 사람들이 고국으로 돌아왔습니다.
③ 미국에서 활동하던 이승만과 중국에서 대한민국 임시 정부를 이끌던 김구 등 독립운동가들도 귀국했습니다.

(3) 광복 후 달라진 생활 모습
① 일제의 폭압적인 통치를 겪지 않아도 되었습니다.
② 한글로 된 교과서로 우리말과 우리 역사를 배웠습니다.
③ 본래의 성과 이름을 쓸 수 있었고, 일제가 금지했던 어린이날이 부활했습니다.

2 한반도 문제를 둘러싼 다양한 갈등

(1) 남과 북의 분리: 미국과 **소련**은 일본군을 **무장 해제**한다는 이유로 한반도에 군대를 보냈고, 북위 38도선을 경계로 남쪽은 미군, 북쪽은 소련군이 주둔했습니다.

▲ 38도선을 넘으려는 사람들

(2) 한반도 문제 처리를 둘러싼 갈등
① 모스크바 3국 외상 회의
- 미국, 영국, 소련의 외무 장관이 모스크바에 모여 한반도 문제 해결 방안을 모색했습니다.
- 이 회의에서 한반도에 민주주의 임시 정부 수립, 임시 정부 수립을 위한 미소 공동 위원회 구성, 최대 5년간 신탁 통치에 관한 방안 논의를 결정했습니다.

② 신탁 통치 찬반 갈등: 국내에서는 신탁 통치를 반대하는 세력과 모스크바 3국 외상 회의의 결정에 찬성하는 세력이 나뉘어 서로 갈등이 일어났습니다. → 신탁 통치: 완전한 독립국가가 되기 전에 다른 나라가 대신 통치하는 것임.
③ 미소 공동 위원회
- 임시 정부 수립을 위해 열린 미소 공동 위원회는 미국과 소련의 의견 충돌로 뚜렷한 성과를 거두지 못했습니다.
- 미국은 한반도 문제를 국제 연합(UN)으로 넘기기로 했습니다.

3 대한민국 정부 수립 과정

(1) 남한만의 총선거 실시(1948년 5월 10일)

① 국제 연합은 남북한 총선거를 통한 정부 수립을 결정했습니다.

② 소련과 북한은 국제 연합의 결정을 거부했고, 국제 연합은 선거가 가능한 남한에서만 총선거를 치르기로 결정했습니다. → 김구는 남한만의 단독 선거에 반대하며 평양으로 가 남북 협상을 진행했음.

③ 국내에서는 남한만의 총선거를 환영하는 입장과 반대하는 입장이 서로 대립했습니다.

④ 남한에서만 5·10 총선거가 실시되어 국회 의원을 선출했습니다. → 우리나라 최초로 민주적 절차에 의해 치러진 선거임.

(2) 대한민국 정부 수립(1948년 8월 15일)

① 제헌 국회 구성과 헌법 제정·공포: 국회 의원들은 헌법을 만들 국회(제헌 국회)를 만들어 나라 이름을 '대한민국'으로 정하고, 우리나라 최초의 헌법을 제정해 널리 알렸습니다.

② 제헌 국회 의원들은 이승만을 초대 대통령으로 선출했습니다.

③ 이승만 대통령은 대한민국 정부 수립을 널리 알렸고, 9월에는 북한에서도 조선 민주주의 인민 공화국이 수립되었습니다.

4 6·25 전쟁의 과정과 피해

(1) 배경

① 남한과 북한에 서로 다른 정부가 수립된 후 미군과 소련군은 한반도에서 떠났고, 남한군과 북한군은 38도선 부근에서 종종 충돌했습니다.

② 소련의 도움을 받은 북한이 남한을 쳐들어와 전쟁이 시작되었습니다(1950년 6월 25일).

(2) 6·25 전쟁의 전개 과정

북한군의 남침	국군과 국제 연합군의 반격	중국군의 개입	정전 협정 체결
• 전쟁 개시 3일 만에 북한군이 서울을 점령함. • 대한민국 정부는 낙동강 이남까지 후퇴함.	• 국제 연합은 16개국으로 구성된 국제 연합군을 남한에 보냄. • 인천 상륙 작전에 성공하고 압록강 부근까지 진격함.	• 중국군이 북한을 지원하기 시작함. • 국군과 국제 연합군은 다시 서울을 빼앗기고 한강 이남으로 후퇴함.	• 38도선 부근에서 치열한 전투가 계속됨. • 1953년 7월에 정전 협정이 체결되고, 군사 분계선(휴전선)이 설정됨.

(3) 6·25 전쟁의 피해와 영향

① 많은 민간인이 다치거나 목숨을 잃었고, 가족이 헤어져 서로 만나지 못하는 이산가족과 부모를 잃은 전쟁고아가 많이 생겼습니다.

② 건물, 도로, 철도, 공장 등 주요 시설과 많은 문화유산이 훼손되었습니다.

▶ 대한민국 정부 수립 과정에서 등장한 주장은?

• 이승만: 선거가 가능한 남쪽만이라도 임시 정부 혹은 위원회 같은 것을 조직하여 38도선 이북에서 소련이 물러나도록 국제 여론에 호소해야 한다.

• 김구: 남북이 함께 총선거에 참여하여 통일된 독립 국가를 만들어야 하며, 남한만 정부를 수립하면 남북 분단이 확실해질 것이다.

▶ 남북 협상의 결과는?

통일 정부 수립을 원하던 김구 등은 북한을 방문하여 지도자들과 통일 정부 수립을 논의하였으나 별다른 성과를 얻지 못했습니다.

▶ 제헌 헌법의 내용은?

3·1 운동을 바탕으로 한 독립 정신을 계승하고, 대한민국은 민주 공화국이며, 모든 권력은 국민으로부터 나온다는 것을 분명하게 밝혔습니다.

> 제1조 대한민국은 민주 공화국이다.
> 제2조 대한민국의 주권은 국민에게 있고 모든 권력은 국민으로부터 나온다.

▶ 정전 협정은?

1953년 7월, 판문점에서 북한, 중국과 국제 연합군을 대표한 미국이 정전 협정을 체결했습니다.

낱말 사전

정전 전쟁 중에 당사자가 전투를 멈추는 것을 말함. 전쟁을 끝내는 것은 종전이라고 부름.

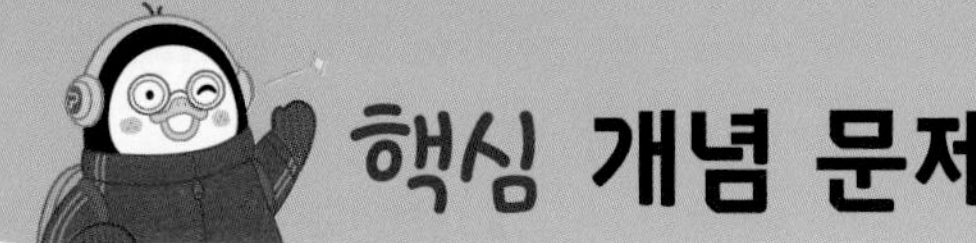

핵심 개념 문제

개념 1 8·15 광복과 광복 이후의 상황

(1) 8·15 광복(1945년): 제2차 세계 대전에서 연합국이 승리하면서 우리나라가 일본으로부터 독립함.

(2) 새로운 국가를 건설하기 위한 노력: 국내에 건국을 준비하는 단체를 만들어 질서와 치안 유지를 위해 노력함.

(3) 국외 동포들의 귀국
- 중국, 일본, 미국에 머물던 동포, 일제에 의해 강제로 끌려갔던 사람들이 귀국함.
- 대한민국 임시 정부를 이끌던 김구, 미국에서 활동하던 이승만 등 독립운동가들이 귀국함.

(4) 광복 이후의 생활 모습
- 일제의 횡포를 겪지 않아도 됨.
- 학교에서 한글로 된 교과서로 우리말과 글, 역사를 배우게 됨.

01 다음은 무엇에 대한 설명인지 쓰시오.

> 1945년 8월 15일, 일제가 연합군에게 패배하면서 우리 민족은 일제의 식민 통치에서 벗어나게 되었다.

( )

02 8·15 광복 후의 상황에 대해 잘못 설명한 것은 어느 것입니까? ( )

① 일본이 러시아와의 전쟁에서 승리했다.
② 한글로 된 교과서로 우리 역사를 배웠다.
③ 해외에 머물던 독립운동가들이 돌아왔다.
④ 국내에 건국을 준비하는 단체가 만들어졌다.
⑤ 일제에 의해 강제로 끌려갔던 동포들이 귀국했다.

개념 2 한반도의 분단 과정

(1) 남과 북의 분리(38도선): 미국과 소련이 한반도에 들어와 38도선을 기준으로 북쪽은 소련군이, 남쪽은 미군이 주둔함.

(2) 한반도 문제 처리를 둘러싼 갈등
- 모스크바 3국 외상 회의: 미국, 영국, 소련의 외무 장관이 모스크바에 모여 한반도 문제에 대해 논의함.
- 모스크바 3국 외상 회의에서 임시 정부 수립과 정부 수립 전 신탁 통치에 관한 방안 논의를 결정함. → 신탁 통치에 대한 찬반 갈등이 일어남.
- 미소 공동 위원회: 임시 정부 구성 방법에 대해 미국과 소련의 입장이 달라서 합의가 안 됨. → 미국은 한반도의 독립 문제를 국제 연합(UN)으로 넘김.

03 다음 ㉠, ㉡에 들어갈 말을 각각 쓰시오.

> 광복 이후 미국과 소련이 일본의 무장 해제를 이유로 한반도에 들어왔다. 그리고 38도선을 기준으로 북쪽은 (㉠)이, 남쪽은 (㉡)이 점령하였다.

㉠: ( )
㉡: ( )

04 다음 회의에서 결정한 내용으로 알맞은 것은 어느 것입니까? ( )

> 회의 안건: 한반도 문제 해결 논의
> 회의 날짜: 1945년 12월 16일
> 참가 대상: 미국, 영국, 소련의 외무 장관

① 조선의 외교권 박탈
② 신탁 통치에 대한 방안 작성
③ 조선의 항구 개항과 통상 허가
④ 미국과 소련의 한반도 분할 점령
⑤ 이승만을 대한민국 초대 대통령으로 선출

개념 3 대한민국 정부 수립

(1) 남한만의 총선거 실시

- 국제 연합(UN)에서 남북한 총선거로 통일 정부를 수립하기로 결정함. → 북한과 소련이 거절함.
- 남한만의 총선거를 주장하는 의견(이승만)과 통일 정부를 수립하자는 의견(김구)이 대립함. → 국제 연합(UN)이 남한에서만 총선거를 하기로 결정함.
- 1948년 5월 10일, 남한에서만 총선거가 실시됨.

(2) 대한민국 정부 수립

- 1948년 7월, 제헌 국회에서 나라 이름을 대한민국으로 정하고, 헌법을 공포함(7월 17일).
- 제헌 국회에서 이승만을 초대 대통령으로 선출함.
- 1948년 8월 15일에 대한민국 정부가 수립되고, 9월에 북한에서 조선 민주주의 인민 공화국이 수립됨.

05 다음 사건을 역사적 순서에 따라 기호를 쓰시오.

㉠ 5·10 총선거
㉡ 미소 공동 위원회 개최
㉢ 대한민국 정부 수립
㉣ 제헌 헌법 공포

(→ → →)

06 다음과 같은 주장을 한 인물은 누구입니까? ( )

"남북이 함께 총선거를 실시해 통일된 독립 국가를 만들어야 합니다. 남한만 정부를 수립하면 우리 민족은 반으로 나뉘어 분단될 것입니다."

① 김구 ② 안창호
③ 이승만 ④ 김일성
⑤ 윤봉길

개념 4 6·25 전쟁과 피해

(1) 전쟁 전 상황

- 남북이 각각 정부를 수립한 후, 38도선 부근에서 종종 충돌이 일어남.
- 소련에게 지원을 받은 북한군이 남한으로 쳐들어옴.

(2) 6·25 전쟁의 전개 과정

- 북한군의 남침 → 국군과 국제 연합군의 반격 → 중국군의 개입과 후퇴 → 정전 협정 체결

(3) 6·25 전쟁의 피해

- 군인뿐만 아니라 많은 민간인이 죽고 다침.
- 이산가족과 전쟁고아들이 생겨남.
- 국토가 황폐화되고, 건물, 도로, 철도, 다리 등이 파괴되어 복구에 많은 시간과 비용이 들었음.

07 다음에서 설명하는 역사적 사건은 어느 것입니까?

남한과 북한에 각각 정부가 수립되고 미군과 소련군이 철수했다. 그러나 소련의 지원을 받아 군사력을 키운 북한은 38도선을 넘어 남한으로 쳐들어왔다.

( )

08 6·25 전쟁으로 인한 피해가 아닌 것은 어느 것입니까? ( )

① 국토가 황폐화되었다.
② 이산가족과 전쟁고아가 생겨났다.
③ 도로, 철도, 건물 등이 파괴되었다.
④ 수많은 사람들이 일본으로 끌려갔다.
⑤ 군인뿐만 아니라 수많은 민간인도 죽거나 다쳤다.

중단원 실전 문제

01 우리 민족이 8·15 광복을 맞이할 수 있었던 까닭으로 알맞은 것을 두 가지 고르시오. (　　,　　)

① 탕평책을 통해 왕권을 강화했기 때문에
② 러일 전쟁에서 러시아가 일본에 패했기 때문에
③ 독립운동의 끊임없는 노력을 인정받았기 때문에
④ 고종이 러시아 공사관으로 거처를 옮겼기 때문에
⑤ 제2차 세계 대전에서 일본이 연합국에 패했기 때문에

02 다음의 자료를 통해 알 수 있는 광복 이후의 변화로 가장 알맞은 것은 어느 것입니까? (　　)

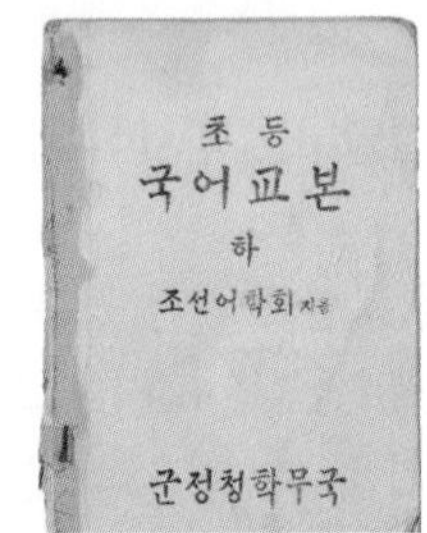

▲ 광복 이후 학생들을 가르치기 위해 만든 교과서

① 성과 이름을 일본식으로 바꾸었다.
② 과거 시험에 필요한 유학 공부를 했다.
③ 사회의 질서가 무너지고 혼란스러웠다.
④ 학교에서 우리말과 우리 역사를 가르쳤다.
⑤ 일제에 강제로 끌려갔던 사람들이 되돌아왔다.

03 다음은 무엇에 대한 설명인지 쓰시오.

- 한반도를 남과 북으로 나누고 있는 군사 분계선이다.
- 광복 이후 미국과 소련이 이곳을 경계로 남과 북에 각각 주둔했다.

(　　　　　　　　　　)

04 다음과 같은 역사 사진전의 내용과 관련 없는 사진은 어느 것입니까? (　　)

대한민국 역사 사진전

8·15 광복부터 대한민국 정부 수립까지의 과정

①

▲ 38도선을 넘으려는 사람들

②

▲ 신탁 통치 반대 집회

③

▲ 독립운동가 귀국 환영식

④

▲ 미소 공동 위원회 개최

⑤

▲ 서울로 들어온 북한군 탱크

05 다음 (　　) 안에 들어갈 말은 어느 것입니까? (　　)

모스크바 3국 외상 회의에서 결정된 내용 중 일부

- 한반도에 민주주의 임시 정부를 세운다.
- 임시 정부 수립을 위한 미소 공동 위원회를 구성한다.
- 한국의 민주주의 임시 정부와 미소 공동 위원회가 협의하여 최대 5년 동안의 (　　　　) 방안을 마련한다.

① 무력 통치　② 신탁 통치
③ 문화 통치　④ 공동 통치
⑤ 식민 통치

06 대한민국 정부 수립 과정에서 이승만이 한 주장에 해당하는 것을 골라 기호를 쓰시오.

(가)	(나)
"남쪽만이라도 어서 빨리 임시 정부 또는 위원회를 조직해 38도선 이북에서 소련이 물러나도록 해야 합니다."	"남북이 총선거를 함께 해서 통일된 정부를 만들어야 합니다. 남한만 선거를 하면 남북 분단이 더 확실해질 것입니다."

( )

07 5·10 총선거에 대한 설명으로 알맞은 것은 어느 것입니까? ( )

① 우리나라 최초의 헌법을 제정했다.
② 우리나라 최초의 민주주의 선거이다.
③ 대한민국 초대 대통령을 뽑기 위한 선거이다.
④ 모스크바 3국 외상 회의의 결정에 따라 실시되었다.
⑤ 남한과 북한의 전쟁을 일시적으로 중단하기 위해 진행되었다.

08 6·25 전쟁의 과정을 순서대로 나열한 것은 어느 것입니까? ( )

㉠ 정전 협정　㉡ 북한군의 남침
㉢ 인천 상륙 작전　㉣ 중국군의 개입과 후퇴

① ㉠ → ㉡ → ㉢ → ㉣
② ㉡ → ㉠ → ㉣ → ㉢
③ ㉡ → ㉠ → ㉢ → ㉣
④ ㉡ → ㉢ → ㉣ → ㉠
⑤ ㉢ → ㉣ → ㉡ → ㉠

09 6·25 전쟁 과정에서 (가)에서 (나)로 상황이 바뀌게 된 까닭은 무엇입니까? ( )

(가)

▲ 북한군의 남침

(나)

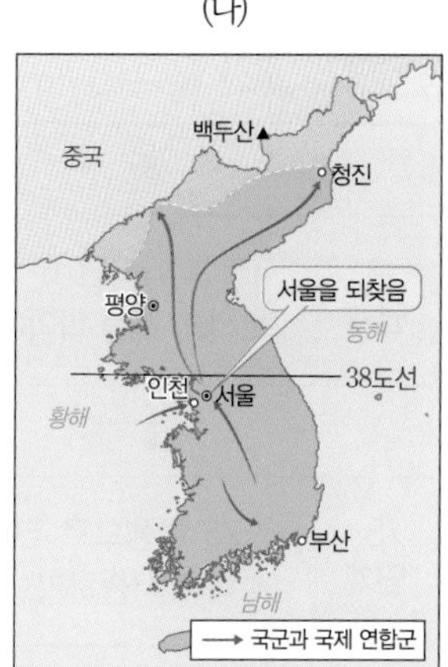

▲ 국군과 국제 연합군의 반격

① 정전 협정이 체결되었다.
② 군사 분계선이 설정되었다.
③ 5·10 총선거가 실시되었다.
④ 인천 상륙 작전에 성공했다.
⑤ 중국군이 북한을 지원하기 시작했다.

10 다음 이야기로 알 수 있는 6·25 전쟁의 피해와 가장 관련 깊은 것은 어느 것입니까? ( )

6·25 전쟁의 피해 사례

4살 때 미국으로 입양된 ○○씨가 한국을 방문했습니다. 그는 6·25 전쟁으로 돌아가신 부모님이 묻힌 곳을 찾아 눈물을 흘렸습니다.

① 많은 문화유산이 훼손되었다.
② 도로, 건물, 공장 등이 파괴되었다.
③ 부모를 잃은 전쟁고아들이 생겨났다.
④ 식량과 생필품이 부족하여 어려움을 겪었다.
⑤ 국토가 황폐화되어 사람들이 살 곳을 잃었다.

서술형 평가 돋보기

학교에서 출제되는 서술형 평가를 미리 준비하세요.

문제 해결 전략

1 단계	제시된 자료의 순서 파악하기
⬇	
2 단계	자료에 나타난 6·25 전쟁의 전개 과정 파악하기
⬇	
3 단계	6·25 전쟁으로 인한 피해에 대해 서술하기

핵심 키워드

- 6·25 전쟁의 과정
  북한군의 남침 → 국군과 국제 연합군의 반격 → 중국군의 개입과 후퇴 → 정전 협정 체결
- 6·25 전쟁의 결과
  - 남북이 분단됨.
  - 많은 사람이 죽거나 다침.
  - 이산가족, 전쟁고아 등이 생겨남.

빈칸을 채우며 서술형 문제의 답안을 작성하는 연습을 해 보세요!

연습 문제

[1~3] 6·25 전쟁과 관련된 사진을 보고 물음에 답하시오.

(가)

▲ 서울로 들어온 북한군

(나)

▲ 전쟁 중단을 위한 협정 체결

(다)

▲ 압록강을 건너오는 중국군

(라)

▲ 인천에 상륙하는 국군과 국제 연합군

1 위 사진을 6·25 전쟁의 전개 과정에 따라 순서대로 기호를 쓰시오.

(→ → →)

2 위 자료를 바탕으로 6·25 전쟁 과정을 다음과 같이 정리하였습니다. ( ) 안에 알맞은 말을 써넣으시오.

1950년 6월 25일, ( )군의 남침으로 전쟁이 시작되었습니다. 국군은 북한군에게 밀려 3일 만에 ( )을/를 빼앗기고, ( ) 부근까지 후퇴했습니다. 국제 연합은 연합군을 남한에 파견하였고, ( )에 성공하여 38도선을 넘어 압록강 근처까지 올라갔습니다. 그러나 ( )이/가 개입하면서 다시 국군과 국제 연합군은 후퇴했습니다. 이후 ( ) 근처에서 전투가 계속 벌어졌고 전쟁을 멈추기 위해 미국, 북한, 중국이 협상을 한 끝에 ( )이/가 체결되었습니다.

3 6·25 전쟁이 남긴 결과를 쓰시오.

정답과 해설 25쪽

실전 문제

[1~2] 다음을 보고 물음에 답하시오.

> 유구한 역사와 전통에 빛나는 우리들 대한국민은 기미 3·1 운동으로 대한민국을 건립하여 세계에 선포한 위대한 독립 정신을 계승하여…….
>
> 제 1조　대한민국은 민주 공화국이다.
> 제 2조　대한민국의 주권은 국민에게 있고, 모든 권력은 국민으로부터 나온다.

1 **다음은 위 자료에 대한 설명입니다. (　　) 안에 알맞은 말을 써넣으시오.**

(1) 5·10 총선거로 뽑힌 국회 의원들이 모인 국회에서 우리나라의 이름을 (　　　　　　)(으)로 정했습니다. 그리고 7월 17일에 우리나라 최초의 (　　　　　)을/를 만들어 널리 알렸습니다.

(2) 대한민국 정부는 (　　　　　　) 운동의 정신을 계승한 독립 국가이며, 국가의 주인이 (　　　　　　)(이)라는 것을 밝혔습니다.

2 **위 자료를 통해 알 수 있는 대한민국 정부 수립의 의미를 쓰시오.**

____

____

[3~4] 다음을 보고 물음에 답하시오.

(가)	(나)
"이제 무기한 연기된 회의가 재개될 기색도 보이지 않으며 통일 정부를 기다리지만 잘되지 않으니 우리 남쪽만이라도 임시 정부 혹은 위원회 같은 것을 조직해야 할 것이다." – 서울신문, 1946년	"한국이 있어야 한국 사람이 있고, 민주주의도 공산주의도 또 무슨 단체도 있을 수 있는 것이다. 우리의 자주독립적 통일 정부를 수립해야 하는 이때에 어찌 개인이나 자기 집단의 욕심을 탐해 국가 민족의 백년 계획을 그르칠 자가 있으랴." –「삼천만 동포에게 읍고함」, 1948년

3 **광복 이후 정부 수립 과정에서 위와 같은 주장을 한 인물은 각각 누구인지 쓰시오.**

(가) (　　　　　　　　　)
(나) (　　　　　　　　　)

4 **위와 같은 갈등이 일어나게 된 상황을 정리한 내용입니다. (　　) 안에 들어갈 말을 쓰시오.**

(1) 한반도 임시 민주 정부 수립을 의논하기 위해 (　　　　　　)이/가 열렸으나, 미국과 소련의 의견이 달라 결정을 내리지 못했습니다.

(2) 미국은 한반도 문제를 (　　　　　　)에 넘겼고, 남북한 총선거를 통한 정부 수립을 결정했지만 소련과 (　　　　　　)이/가 거부했습니다.

대단원 정리 학습

빈칸을 채우며 이 단원의 핵심 개념을 확인하세요.

사회의 새로운 변화와 오늘날의 우리

새로운 사회를 향한 움직임

① 영조와 정조의 개혁 정책과 조선 후기 문화의 변화

영조와 정조의 개혁 정책	• (❶): 붕당에 치우치지 않고 고루 인재를 등용함. • 영조: 세금을 줄이고, 신문고 재설치, 학문과 제도를 정비함. • 정조: 규장각 육성, 수원 화성 건설, 장용영 설치 등
학문과 문화	• 실학의 등장 – 토지 제도 개혁, 상공업 발전, 우리 역사와 지리 연구 등 주장 • (❷)의 발달 – 판소리, 한글 소설, 탈놀이(탈춤), 민화와 풍속화 등

② 흥선 대원군의 정책과 조선의 개항

흥선 대원군의 정책	양반에게 군포 부과, 서원 정리, 경복궁 중건
조선의 개항	서양 세력의 침략(병인양요, 신미양요) → (❸)을/를 세움. → 일본과 강화도 조약(최초의 근대적 조약, 불평등 조약) 맺음.

③ 갑신정변과 동학 농민 운동

갑신정변	김옥균 등을 중심으로 한 (❹) 개화파가 일으킨 정변으로 3일 만에 실패로 끝남.
동학 농민 운동	백성을 수탈하는 관리들에 대한 반발과 일본에 대한 거부감으로 일어남.

일제의 침략과 광복을 위한 노력

① 대한 제국과 근대화를 위한 노력

대한 제국의 근대화 정책	근대 시설 설치(전기, 전차, 철도, 전화 등), 공장과 회사, 은행 설립 지원, 학교 설립, 외국에 유학생 보냄.
(❺)	독립문 세움, 만민 공동회를 개최함.

② 일제의 식민 통치와 저항
- 을사늑약 강제 체결, (❻) 설치, 토지 조사 사업, 헌병 경찰의 독립운동 탄압
- 항일 의병 활동, 안중근의 의거, 안창호의 계몽 활동 등으로 저항

③ 나라를 되찾기 위한 노력

3·1 운동	일제에 항거한 전국적인 독립 만세 운동
(❼)	비밀 연락망을 조직해 독립운동 지휘, 독립 자금 모금, 한인 애국단, 한국광복군 창설
민족 정신을 지키려는 노력	신채호(우리 역사 연구), 조선어 학회(우리말 연구), 전형필(우리 문화유산 보존), 윤동주, 이육사(문학 작품으로 저항 의식 표현) 등

대한민국 정부의 수립과 6·25 전쟁

① 8·15 광복과 분단 과정
8·15 광복 → 38도선을 경계로 미군과 소련군의 주둔 → 모스크바 3국 외상 회의 → 신탁 통치를 둘러싼 갈등 → 미소 공동 위원회(임시 정부 수립 방법에 대한 갈등)

② 대한민국 정부 수립
5·10 총선거 → 제헌 국회의 헌법 공포 → (❽)을 초대 대통령으로 선출 → 대한민국 정부 수립 선포

③ 6·25 전쟁
북한의 남침 → (❾)(으)로 국군과 연합군 반격 → 중국군의 개입 → 정전 협정 체결

정답 ❶ 탕평책 ❷ 서민 문화 ❸ 척화비 ❹ 급진 ❺ 독립 협회 ❻ 조선 총독부 ❼ 대한민국 임시 정부 ❽ 이승만 ❾ 인천 상륙 작전

사고력 문제 엿보기

재판정에 선 안중근 의사를 변호하기

안중근은 1909년, 만주 하얼빈역에서 우리나라를 침략하는 데 앞장선 이토 히로부미를 저격해 사살했다.

안중근은 곧바로 체포되었고, 이후 감옥에 갇혀 재판을 받았다.

재판정에서 안중근은 자신이 이토 히로부미를 저격한 이유를 당당히 밝혔다.

나는 조선의 의병 참모 중장의 자격으로 대한 독립과 동양 평화를 위해 이토 히로부미를 죽인 것이오.

안중근이 밝힌 이토 히로부미의 죄 중 일부

- 명성황후를 시해한 죄
- 고종 황제를 강제로 폐위한 죄
- 을사늑약을 강제로 체결한 죄
- 무고한 한국인을 학살한 죄
- 철도, 광산, 산림 등을 강제로 빼앗은 죄
- 조선의 교과서를 압수하고 불태운 죄
- 동양 평화를 깨뜨린 죄
- 조선이 일본의 보호를 받고자 한다고 전 세계에 거짓말을 한 죄

1 재판정에 선 안중근 의사를 변호하는 글을 써봅시다.

존경하는 재판관님!
안중근이 이토 히로부미를 저격한 까닭은 다음과 같습니다.

예시 답안 이토 히로부미는 을사늑약을 강제로 맺게 하여 한국을 식민지로 삼아 나라를 빼앗았습니다. 이토 히로부미는 한국뿐 아니라 동양의 평화를 깨뜨린 죄인입니다. 안중근은 그의 죄를 묻기 위해 의거를 일으켰습니다.

이와 같은 점을 생각하여 부디 현명한 판단을 해주시기 바랍니다.

대단원 마무리

01 정조가 수원 화성을 지은 까닭으로 가장 알맞은 것은 어느 것입니까? (   )

① 백성의 세금을 줄여 주기 위해서
② 나랏일을 논의하고 학문을 연구하기 위해서
③ 백성이 억울한 일을 당하는 일을 없애기 위해서
④ 신분 제도를 없애 백성을 자유롭게 하기 위해서
⑤ 정치, 군사, 경제의 새로운 중심지를 만들기 위해서

02 다음 문화유산에 대한 설명으로 알맞은 것은 어느 것입니까? (   )

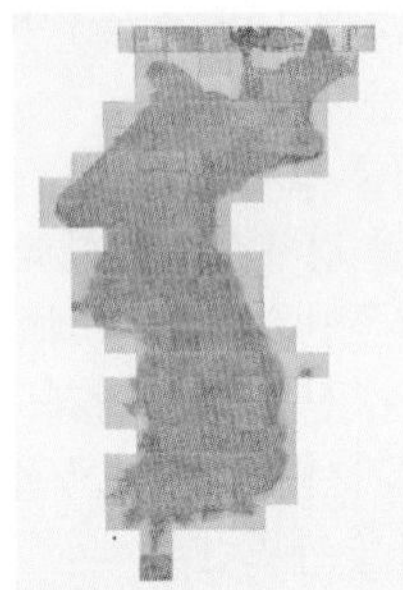

① 김정호가 만들었다.
② 금속판으로 제작되었다.
③ 우리나라 최초의 세계 지도이다.
④ 조선에 적합한 농사법을 소개했다.
⑤ 발해가 고구려를 계승한 국가임을 밝혔다.

03 다음 주제와 관련된 설명으로 가장 알맞은 것은 어느 것입니까? (   )

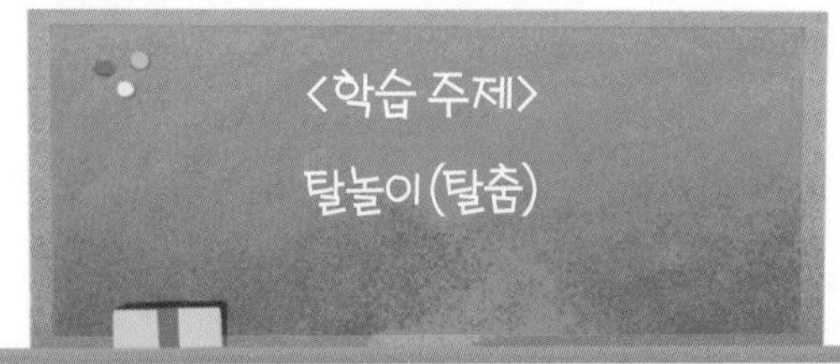

① 서민들의 일상생활을 담은 그림이다.
② 한문으로 쓰인 이야기로 양반들이 주로 읽었다.
③ 왕과 왕비의 제사에서 연주하던 음악과 춤이다.
④ 양반의 무능함을 풍자하고 비판하는 내용이 많다.
⑤ 정해진 형식에 따라 가락을 붙여 부르던 노래이다.

⊂서술형⊃

04 조선 후기에 서민 문화가 발달하게 된 까닭은 무엇인지 쓰시오.

____

____

05 흥선 대원군이 권력을 잡기 전 조선의 상황이 아닌 것은 어느 것입니까? (   )

① 강화도 조약을 맺고 개항했다.
② 벼슬을 사고팔면서 부정부패가 심해졌다.
③ 자연재해와 전염병으로 백성이 고통받았다.
④ 왕실과 혼인을 맺은 가문이 세도 정치를 했다.
⑤ 백성에게 정해진 것보다 더 많은 세금을 강제로 걷었다.

06 흥선 대원군이 다음 내용을 새긴 비석을 전국에 세운 원인과 관계 깊은 사건은 어느 것입니까? (   )

▲ 척화비

서양 오랑캐가 쳐들어오는데 싸우지 않으면 화친하는 것이고, 화친을 주장하는 것은 나라를 파는 것이다.

① 임진왜란 ② 병자호란
③ 신미양요 ④ 갑신정변
⑤ 세도 정치

07 갑신정변을 소개하기 위한 제목으로 어울리지 않는 것은 어느 것입니까? (   )

① 3일 천하로 끝나버린 개화파의 꿈
② 백성들의 지지를 받고 성공한 개혁
③ 우정총국 축하 기념회장을 뒤흔든 갑신정변
④ 서양의 문화와 제도로 개화를 꿈꾼 갑신정변
⑤ 청의 간섭에서 벗어나고자 일본의 손을 잡다

08 다음에서 설명하는 역사적 사건은 무엇인지 쓰시오.

조선의 개항 이후 일본에 대한 거부감과 백성을 괴롭히는 관리에 대한 불만이 높아졌다. 이때 전라도 고부 군수의 횡포에 맞서 전봉준을 중심으로 한 농민들이 봉기했다. 이들은 외국 군대의 개입을 막기 위해 조선 정부로부터 개혁안을 약속받고 물러났다. 이후 일본을 몰아내기 위해 다시 일어났다.

(　　　　　　　　　　　　)

[09~10] 다음 자료를 보고, 물음에 답하시오.

㉠ 『경국대전』 편찬
㉡ 외국에 유학생 파견
㉢ 전차, 철도, 전화 등 설치
㉣ 공장과 회사, 은행 설립 지원

09 대한 제국에서 실시한 개혁에 해당하는 것을 모두 고른 것은 어느 것입니까? (　　　　)

① ㉠, ㉡　　② ㉠, ㉢
③ ㉠, ㉣　　④ ㉡, ㉢, ㉣
⑤ ㉠, ㉢, ㉣

⊂서술형⊃

10 대한 제국에서 09와 같은 개혁을 추진한 까닭은 무엇인지 쓰시오.

____

____

11 다음 기사와 관련 있는 사람은 누구입니까? (　　　)

역사 신문　　1909년 10월 26일

이토 히로부미, 총에 맞다!

이토 히로부미가 하얼빈역에서 총에 맞았다. 총을 쏜 사람은 이토 히로부미가 을사늑약을 강제로 체결하고 동양의 평화를 해치는 죄를 저질렀기 때문에 그를 처단하였다고 말했다.

① 김구　　② 전봉준
③ 민영환　　④ 안창호
⑤ 안중근

12 항일 의병 운동의 전개 과정을 순서에 따라 기호를 쓰시오.

㉠ 을사늑약으로 전국 각지에서 의병이 일어남.
㉡ 국내에서 활동하기 어려워진 의병이 만주나 연해주로 이동해 항일 투쟁을 이어 감.
㉢ 을미사변과 단발령에 반발한 지방 양반들이 의병을 일으킴.
㉣ 일제에 의해 강제 해산된 대한 제국 군인들 중 일부와 다양한 사람들이 합류함.

(　　→　　→　　→　　)

13 3·1 운동에 대한 설명으로 알맞지 않은 것은 어느 것입니까? (　　　)

① 전라도 고부에서 봉기가 시작되었다.
② 만세 시위가 전국적으로 확산되었다.
③ 일제가 무력으로 잔인하게 진압했다.
④ 해외 동포들도 만세 시위에 참여했다.
⑤ 학생, 농민, 노동자 등 다양한 계층이 참여했다.

⊂서술형⊃

14 다음을 통해 알 수 있는 대한민국 임시 정부 설립의 의미를 쓰시오.

> 대한민국 임시 헌법(1919. 9.)
> 제1조 대한민국은 대한 인민으로 조직한다.
> 제2조 대한민국의 주권은 대한 인민 전체에 있다.
> 제4조 대한민국 인민은 일체 평등하다.

____

____

15 다음 (   ) 안에 들어갈 말로 알맞은 것은 어느 것입니까? (   )

> 이회영은 일제에 나라를 빼앗기자, 자신의 재산을 모두 처분하여 만주로 갔다. 거기서 독립운동가들과 함께 (   )을/를 세우고 독립군을 길러 냈다.

① 이화 학당 ② 대성 학교
③ 배재 학당 ④ 신흥 강습소
⑤ 한인 애국단

16 일제가 토지 조사 사업을 한 까닭으로 가장 알맞은 것은 어느 것입니까? (   )

① 동학을 보급하기 위해서
② 독립운동 자금을 모으기 위해서
③ 한국인을 전쟁에 끌고 가기 위해서
④ 우리 민족의 전통과 문화를 없애기 위해서
⑤ 일제의 식민 통치에 필요한 자금을 마련하기 위해서

17 다음 신문 기사와 관련 있는 사건은 어느 것입니까? (   )

> 역사 신문 1920년 10월 ○○일
>
> 독립군의 승리!!
>
> 김좌진 장군과 홍범도 장군 등이 이끈 독립군 연합 부대는 일본군에 맞서 싸웠습니다. 일본군을 유인하여 약 일주일간 여러 차례 이어진 치열한 전투 끝에 독립군은 큰 승리를 거두었다는 소식입니다.

① 3·1 운동 ② 청산리 대첩
③ 한산도 대첩 ④ 동학 농민 운동
⑤ 홍커우 공원 의거

18 다음에서 설명하는 단체의 이름을 쓰시오.

> • 일제의 주요 인물을 처단하기 위해 김구가 조직하였다.
> • 이 단체의 단원인 윤봉길이 일본군의 상하이 점령 축하 기념행사에서 폭탄을 던졌다.

(   )

⊂서술형⊃

19 다음 가상 역사 인터뷰에서 빈 곳에 들어갈 말을 쓰시오.

> 〈역사 인터뷰〉 신채호를 만나다
>
> 기자: 선생님께서는 일제에 맞서 무슨 일을 하셨습니까?
> 신채호: 우리나라의 영웅 이야기를 쓰고, 우리 역사에 대한 책을 펴냈습니다.
> 기자: 우리 민족의 역사를 연구한 까닭은 무엇입니까?
> 신채호: ______________________

____

____

20 다음과 관련 있는 일제 강점기 우리나라 사람들의 피해로 가장 알맞은 것은 어느 것입니까? (　　　)

이 소녀상은 일제 강점기에 정신적, 육체적 피해를 당한 여성 피해자들을 나타낸 것입니다.

① 여성들이 일본군 '위안부'로 끌려갔다.
② 일본 신사에 참배하여 강제로 절을 했다.
③ 학교에서 칼을 찬 교사에게 수업을 받았다.
④ 집회를 열거나 단체를 만들 자유를 빼앗겼다.
⑤ 일본에서 금속을 빼앗아 가 어려움을 겪었다.

21 국경일로 정한 '8월15일'의 의미를 바르게 설명한 것은 어느 것입니까? (　　　)

① 일제에 나라를 빼앗긴 날
② 일제로부터 광복을 맞은 날
③ 헌법을 만들어 널리 알린 날
④ 동학 농민 운동을 기념하는 날
⑤ 최초의 민주 선거가 이루어진 날

[22~23] 다음을 보고, 물음에 답하시오.

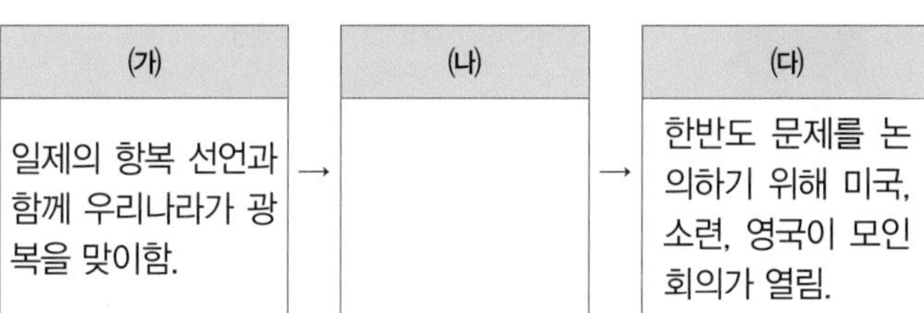

(가)		(나)		(다)
일제의 항복 선언과 함께 우리나라가 광복을 맞이함.	→		→	한반도 문제를 논의하기 위해 미국, 소련, 영국이 모인 회의가 열림.

22 (나)에 들어갈 사건으로 알맞은 것은 어느 것입니까? (　　　)

① 5·10 총선거가 실시됨.
② 대한민국 정부가 수립됨.
③ 미소 공동 위원회가 개최됨.
④ 모스크바 3국 외상 회의가 열림.
⑤ 남한과 북한에 각각 미군과 소련군이 주둔함.

23 (다)에서 결정한 내용으로 알맞은 것을 두 가지 고르시오. (　　　,　　　)

① 임시 민주 정부 수립
② 남한의 단독 선거 실시
③ 한반도에 있는 일본군의 무장 해제
④ 38도선에 따른 미군과 소련군 배치
⑤ 최고 5년간의 신탁 통치에 대한 방안 작성

24 6·25 전쟁이 다음과 같이 전개된 시기에 대한 설명으로 알맞은 것은 어느 것입니까? (　　　)

① 중국군이 북한 편에서 전쟁에 개입했다.
② 국제 연합이 남북한 총선거를 결정했다.
③ 소련의 지원을 받아 북한이 남한에 쳐들어왔다.
④ 국군과 국제 연합군의 인천 상륙 작전이 성공했다.
⑤ 국군과 국제 연합군이 평양과 압록강까지 진격했다.

25 다음 (　　) 안에 들어갈 말을 쓰시오.

> 전쟁이 계속되자 국제 연합, 중국군, 북한군이 모여 전쟁을 멈추기 위한 회담을 하였다. 그 결과 교전을 멈춘 그 지점을 경계로 휴전선을 설정한 (　　　　)이/가 체결되었다.

(　　　　　　　　　)

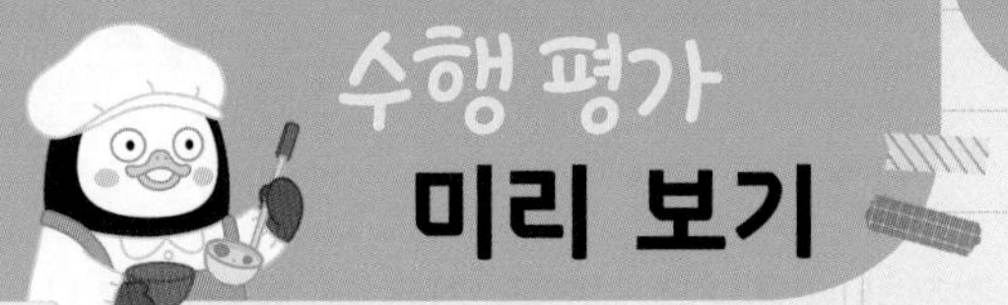

조선 후기 개항에 대한 의견 제시하기

선생님의 출제 의도

이 단원에서는 조선 후기부터 6·25 전쟁까지의 역사를 공부했습니다. 모든 역사적 사건에서는 그 일이 일어나게 된 상황과 배경을 파악해야 합니다. 그리고 그 일에 대한 당시 사람들의 다양한 입장을 알아보고 나는 어떻게 생각하는지를 고민해보는 것이 중요합니다.

이처럼 수행 평가에서는 역사적 사건이 일어나게 된 상황과 배경을 이해하고, 그에 대한 자신의 생각을 종합적으로 묻는 문제가 출제될 수 있어요.

수행 평가 문제

◑ 조선 후기 개항에 대한 나의 입장을 정해 모둠 친구들과 토론해 봅시다.

토론 주제: 조선은 항구를 열고 서양 세력과 통상해야 하는가?
1. 조선 후기 개항에 대해 다른 생각을 가진 두 가지 주장을 알아봅시다. 2. 개항에 대한 나의 입장을 정하고, 왜 그렇게 생각하는지 근거를 생각해 봅시다. 3. 모둠에서 찬성과 반대 입장을 가진 친구들이 번갈아가며 자신의 생각과 근거를 제시합니다. 4. 다른 친구들의 의견을 잘 듣고, 최종적으로 자신의 생각을 정리해 봅시다.

나라를 부강하게 만들기 위해 서양과 조약을 맺어 그들의 발전된 문물을 받아들여야 합니다. 만약 서양에서 무력으로 침략해오면 그때 적극적으로 싸워 물리치면 됩니다.

[찬성 입장]

[반대 입장]

개항을 하게 되면 우리나라의 전통과 풍속은 무너질 것입니다. 또한 저들과 교역을 하기 위해선 그들의 값비싼 사치품과 우리의 쌀과 같은 생필품을 바꾸어야 합니다. 그러면 조선의 경제는 망하게 될 것입니다.

1 조선 후기 개항에 대한 두 가지 입장 중 나의 입장을 정하고 왜 그렇게 생각하는지 써 봅시다.

(1) 나의 입장: ______________________

(2) 그렇게 생각한 까닭: ______________________

____

2 나의 입장을 반대하는 입장에서 할 수 있는 근거를 정리해 써 봅시다.

____

____

____

평가 기준

잘함	보통	노력 요함
조선 후기 개항에 대한 두 인물의 주장을 파악하고 자신의 생각에 대한 근거를 들 수 있다.	조선 후기 개항에 대한 두 인물의 주장을 이해하고 자신의 입장을 정해 까닭을 들어 설명할 수 있다.	조선 후기 개항에 대한 두 인물의 주장을 파악하지 못하고, 자신의 입장을 정해 근거를 정리하는 데 어려움이 있다.

수행 평가 예시 답안

1. (1) 예 개항을 해야 한다. 등 / (2) 예 서양의 발전된 문물을 받아들여서 경제를 발전시키고 나라의 힘을 키울 수 있기 때문이다. 등

2. 예 개항을 하면 안 된다. 왜냐하면 조선을 빼앗으려는 일본이나 힘센 서양 세력에 대항할 힘을 갖추지 못한 채 개항하면 백성들의 삶이 더 어려워질 수 있기 때문이다. 등

수행 평가 꿀팁

개항에 대한 나의 입장을 정하는 것이 어렵게 느껴진다면?

내가 만약 그 시대에 살고있는 백성이라면 어떨 것 같은지를 생각해보세요. 조선 후기 서양 세력의 침략과 계속된 개항 요구, 나라 밖의 발전된 문물과 새로운 변화 등 시대적 상황을 구체적으로 상상하며 나의 생각을 정리해 봅시다.

MEMO

BOOK 2
실전책
만점왕
사회
5-2

자기 주도 활용 방법

BOOK 2 실전책

시험 2주 전 공부

핵심을 복습하기

시험이 2주 남았네요. 이럴 땐 먼저 핵심을 복습해 보면 좋아요.
만점왕 북2 실전책을 펴 보면
각 단원별로 핵심 정리와 쪽지 시험이 있습니다.
정리된 핵심 복습을 읽고 쪽지 시험을 풀어 보세요.
문제가 어렵게 느껴지거나 자신 없는 부분이 있다면
북1 개념책을 찾아서 다시 읽어 보는 것도 도움이 돼요.

시험 1주 전 공부

시간을 정해 두고 연습하기

앗, 이제 시험이 일주일 밖에 남지 않았네요.
시험 직전에는 실제 시험처럼 시간을 정해 두고 문제를 푸는 연습을 하는 게 좋아요.
그러면 시험을 볼 때에 떨리는 마음이 줄어드니까요.
이때에는 **만점왕 북2의 중단원 확인 평가, 학교 시험 만점왕, 서술형 평가**를 풀어 보면 돼요.
시험 시간에 맞게 풀어 본 후 맞힌 개수를 세어 보면
자신의 실력을 알아볼 수 있답니다.

이 책의 **차례**

CONTENTS

BOOK 2 실전책

중단원 핵심 복습 1단원 (1)

1 고조선의 성립과 발전

(1) 고조선의 성립

- 청동기 문화가 널리 보급되면서 한반도와 그 주변 지역에 권력을 가진 여러 집단이 등장함.
- 강한 세력이 주변 세력을 정복하며 세력을 키움.
- 단군왕검이 우리 역사 속 최초의 나라인 고조선을 건국함.
- 비파형 동검, 탁자식 고인돌이 나온 지역을 통해 고조선의 문화 범위를 짐작할 수 있음.

▲ 비파형 동검

▲ 탁자식 고인돌

(2) 고조선의 건국 이야기에 담긴 의미

환웅이 바람, 비, 구름을 다스리는 신하들을 데리고 내려옴. → 하늘의 자손임을 내세우고, 농업을 중시함.

곰과 호랑이가 환웅을 찾아와 사람이 되게 해 달라고 함. → 곰과 호랑이를 섬기는 부족이 환웅 부족과 함께하고 싶어 함.

환웅과 웅녀(곰)가 혼인해 아들을 낳았는데 그가 고조선을 세운 단군왕검임. → 환웅 부족과 곰을 섬기는 부족이 연합해 고조선을 세움.

(3) 8조법을 통해 알 수 있는 고조선의 사회 모습

- 사람을 죽이면 사형에 처함. → 사회 질서가 엄격했음.
- 남을 다치게 하면 곡식으로 갚아야 함. → 개인의 재산이 있었음.
- 남의 물건을 훔친 사람은 노비로 삼되, 죄를 면하려면 50만 전을 내야 함. → 신분이 나뉘어 있었음.

2 삼국과 가야의 성립과 발전

(1) 여러 나라의 등장

- 철기 문화를 바탕으로 여러 나라가 등장함.
- 고구려, 백제, 신라가 큰 국가로 성장함.

(2) 삼국의 성립과 발전

나라	내용
백제 (4세기)	• 온조 세력이 한강 유역에 백제를 세움. • 근초고왕은 고구려를 공격해 황해도 일부와 남해안 지역까지 영토를 확장하고, 중국, 왜 등 주변 국가와 활발히 교류함.
고구려 (5세기)	• 주몽이 압록강 유역의 졸본 지역에 고구려를 세움. • 광개토 대왕은 요동 지역과 한강 북쪽 지역까지 영토를 확장함. • 장수왕은 평양으로 도읍을 옮기고 남쪽으로 영토를 확장하고, 광개토 대왕릉비를 세움.
신라 (6세기)	• 박혁거세가 금성(경주 지역)에 신라를 세움. • 진흥왕은 백제와 함께 고구려를 공격해 한강 유역을 빼앗고, 다시 백제와 전쟁을 벌여 한강 유역을 모두 차지했으며, 대가야를 정복해 가야 세력을 흡수함.

(3) 가야 연맹의 성장과 쇠퇴

- 삼국이 세워질 무렵 낙동강 유역에서 작은 나라들이 연맹을 이룸.
- 중국과 왜 등 주변 국가에 철을 수출하며 발전함.
- 금관가야와 대가야가 차례로 신라에 의해 멸망함.

3 신라의 삼국 통일

(1) 신라의 삼국 통일 과정

신라와 당의 동맹 → 백제 멸망(660년) → 고구려 멸망(668년) → 신라와 당의 전쟁 → 신라의 삼국 통일(676년)

(2) 삼국 통일의 의의와 한계

- 한반도에 있던 여러 국가를 처음으로 통일함.
- 당을 끌어들이고, 고구려의 북쪽 영토를 차지하지 못함.

4 발해의 성립과 발전

(1) 발해의 성립(698년): 고구려 출신 대조영이 당이 정치적으로 혼란한 틈을 타 고구려 유민과 일부 말갈족을 이끌고 동모산 근처에서 발해를 세움.

(2) 발해의 발전

- 고구려의 옛 땅을 되찾으며 점차 발전함.
- 당은 발해를 '바다 동쪽에서 일어나 크게 번성한 나라'라는 뜻의 '해동성국'으로 부름.

(3) 고구려를 계승한 발해

- 발해는 스스로 고구려를 계승한 국가임을 내세움.
- 발해 왕은 외교 문서에 자신을 고려(고구려) 왕이라고 함.
- 고구려와 발해의 문화유산에서 닮은점이 많음.

◀ 고구려(왼쪽)와 발해(오른쪽) 수막새

5 삼국과 가야의 문화

(1) 고구려의 문화유산

- 불교문화의 발달: 금동 연가 7년명 여래 입상
- 고분과 고분 벽화: 돌로 넓은 방을 만들고, 방의 벽과 천장에 벽화를 남김.
- 고분 벽화를 통해 당시 사람들의 생활 모습을 짐작할 수 있음.

▲ 무용총 접객도

(2) 백제의 문화유산

- 익산 미륵사지 석탑: 우리나라 석탑의 초기 모습을 보여 주는 탑으로, 목탑의 모양을 본떠 잘 다듬은 돌을 쌓아 만듦.
- 무령왕릉: 무령왕과 왕비의 무덤으로, 무덤에서 나온 유물들을 통해 백제가 중국, 일본과 교류했음을 알 수 있음.
- 백제 금동 대향로: 백제의 뛰어난 공예 기술과 예술 감각을 엿볼 수 있음.

▲ 백제 금동 대향로

(3) 신라의 문화유산

- 불교문화의 발달: 경주 분황사 모전 석탑, 황룡사 9층 목탑 등을 만듦.
- 경주 대릉원 일대: 금관총 금관, 천마총 천마도 등 다양한 유물이 발견됨.
- 경주 첨성대: 하늘의 해와 달, 별의 움직임을 관측하던 곳으로 알려져 있음.

▲ 경주 첨성대

(4) 가야의 문화유산

- 갑옷, 투구 등 철로 만든 문화유산이 많이 발견됨.
- 다양한 모양의 가야 토기는 가야의 우수한 토기 제작 기술을 보여 줌.

▲ 철제 판갑옷과 투구

▲ 도기 바퀴장식 뿔잔

6 통일 신라와 발해의 문화

(1) 통일 신라의 문화유산

- 불국사(유네스코 세계 유산)
  - 부처의 나라를 이루려는 마음을 담아 지었음.
  - 불국사 삼층 석탑에서는 현재 남아 있는 목판 인쇄본 중 가장 오래된 것으로 알려진 『무구정광대다라니경』이 발견됨.
- 석굴암(유네스코 세계 유산)
  - 화강암을 쌓아 올려서 동굴처럼 만든 절임.
  - 석굴 가운데 본존불이 있고, 벽면에는 불교와 관련된 신과 인물이 조각되어 있음.
  - 무거운 돌을 여러 방향에서 정교하게 쌓아 올려 무너지지 않게 둥근 천장을 만듦.
  - 석굴암 밑으로 차가운 물이 흐르게 하여 습도를 조절하도록 설계함.

▲ 불국사

▲ 석굴암 본존불

(2) 발해의 문화유산

- 발해는 고구려 문화를 바탕으로 당과 말갈 등 주변 문화를 받아들여 독자적인 문화를 발전시킴.
- 고구려와 발해의 문화유산이 닮은 점을 통해 발해가 고구려를 계승한 국가임을 알 수 있음.

중단원 쪽지 시험 1 (1) 나라의 등장과 발전

정답과 해설 28쪽

01 우리 역사 속 최초의 나라인 고조선을 건국한 인물은 누구입니까?

( )

02 고조선에서 사회 질서를 유지하기 위해 만들었던 여덟 개 조항의 법을 무엇이라고 합니까?

( )

03 다음 국가와 국가를 세운 인물을 바르게 연결하시오.

(1) 고구려 • • ㉠ 온조

(2) 백제 • • ㉡ 주몽

(3) 신라 • • ㉢ 박혁거세

[04~05] 다음 ( ) 안에 들어갈 알맞은 말을 쓰시오.

04

( )은/는 금성(경주 지역)에 세운 국가이다. 진흥왕 때 한강 유역을 차지하고, 가야 세력을 흡수하면서 삼국 간의 경쟁에서 주도권을 잡았다.

( )

05

일찍부터 한강 유역을 차지하고, 삼국 중에서 가장 먼저 전성기를 누린 국가는 ( )이다.

( )

06 삼국 통일을 이룬 뒤 죽어서도 동해의 용이 되어 나라를 지키겠다고 한 신라의 왕은 누구입니까?

( )

07 다음 지도의 ㈎ 국가를 세운 왕은 누구입니까?

( )

08 다음에서 설명하는 것은 무엇인지 쓰시오.

'바다 동쪽에서 일어나 크게 번성한 나라'라는 뜻으로, 당이 발해를 부르던 또 다른 이름이다.

( )

[09~10] 다음을 읽고, 알맞은 말에 ○표를 하시오.

09 백제의 문화유산인 (무용총 , 무령왕릉)은 무령왕과 왕비의 무덤입니다. 무덤에서 나온 여러 문화유산을 통해 백제가 중국, 일본과 교류했다는 사실을 알 수 있습니다.

10 통일 신라의 문화유산인 (불국사 , 석굴암)은/는 부처의 나라를 이루려는 신라 사람들의 마음을 담아 지은 절입니다. 이 절의 삼층 석탑에서 『무구정광대다라니경』이 발견되었습니다.

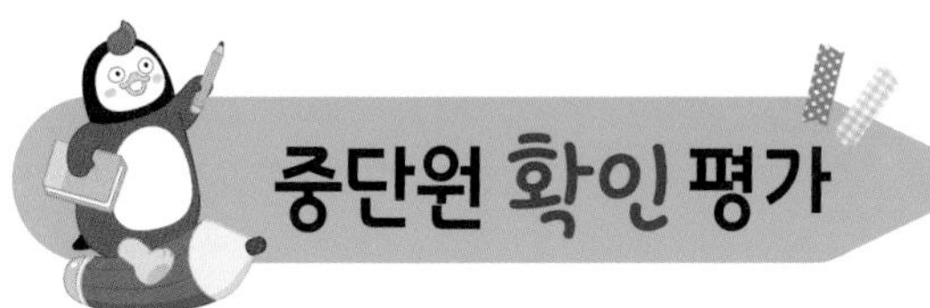

중단원 확인 평가

01 고조선의 문화 범위를 알 수 있는 문화유산으로 알맞은 것을 보기 에서 모두 고른 것은 어느 것입니까? (　　)

보기

㉠ ▲ 비파형 동검
㉡ ▲ 광개토 대왕릉비
㉢ ▲ 칠지도
㉣ ▲ 탁자식 고인돌

① ㉠, ㉡　② ㉠, ㉢
③ ㉠, ㉣　④ ㉡, ㉢
⑤ ㉡, ㉣

서술형 **02** 다음 고조선의 건국 이야기에 담긴 의미가 무엇인지 쓰시오.

환웅이 바람, 비, 구름을 다스리는 신하들을 데리고 내려와 인간 세상을 다스렸다.

____

____

03 다음 (　　) 안에 들어갈 왕의 이름을 쓰시오.

> 5세기에 고구려의 발전을 이끈 (　　　　)은/는 평양으로 도읍을 옮기고 남쪽으로 영토를 크게 넓혔다. 그리고 아버지인 광개토 대왕의 업적을 기리기 위해 광개토 대왕릉비를 세웠다.

(　　　　　　　　)

04 다음 장면에 해당하는 왕은 누구입니까? (　　)

드디어 한강 유역을 차지했구나.
곧 대가야도 신라에
무릎 꿇을 것이다.

① 온조　② 대조영
③ 김수로　④ 진흥왕
⑤ 근초고왕

05 다음 지도에 나타난 시기 백제 왕의 업적으로 알맞은 것을 두 가지 고르시오. (　　,　　)

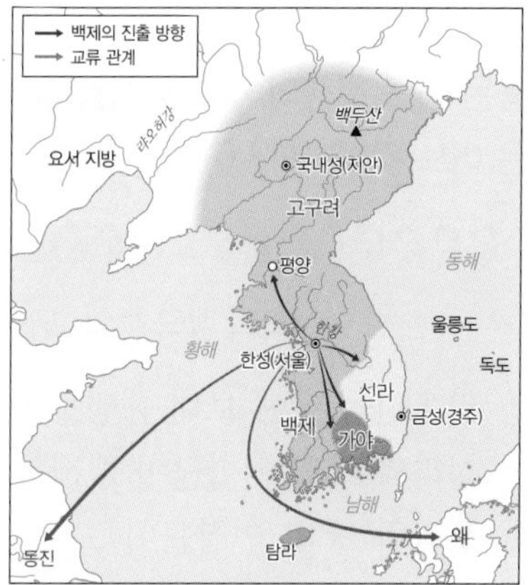

① 금관가야를 정복했다.
② 도읍을 국내성으로 옮겼다.
③ 요동 지역까지 영토의 범위를 넓혔다.
④ 중국, 왜 등 주변 국가와 활발히 교류했다.
⑤ 고구려를 공격해 황해도 일부 지역을 차지했다.

06 가야가 다음과 같은 문화유산을 많이 남길 수 있었던 까닭은 어느 것입니까? (   )

▲ 철제 판갑옷

▲ 덩이쇠

① 불교문화가 발달했기 때문에
② 청동기 문화가 발달했기 때문에
③ 질 좋은 철이 많이 생산되었기 때문에
④ 한강 유역을 차지하고 중국과 직접 교류했기 때문에
⑤ 여러 개의 작은 나라가 힘을 합쳐 연맹을 이루었기 때문에

07 다음은 어느 학생의 사회 공책입니다. 잘못 정리한 부분은 어느 것입니까? (   )

신라의 삼국 통일 과정

① 김유신을 당에 보내 동맹을 맺었다.
② 신라와 당의 연합군이 백제를 멸망시켰다.
③ 신라와 당의 연합군이 고구려를 멸망시켰다.
④ 당은 백제와 고구려를 무너뜨린 후 한반도 전체를 차지하려고 했다.
⑤ 신라가 당의 군대를 몰아내고 한반도에 있던 여러 국가를 처음으로 통일했다.

[08~09] 다음 자료를 보고, 물음에 답하시오.

> 그는 드디어 무리를 이끌고 동모산을 거점으로 하여 성을 쌓고 거주했다. 그는 용맹하고 병사를 잘 다루었으며, 말갈족과 고구려 유민들이 점차 그에게 모였다.
>
> -『구당서』

08 밑줄 친 '그'는 누구인지 쓰시오.

(   )

09 08번 답의 인물이 세운 국가에 대한 설명으로 알맞은 것은 어느 것입니까? (   )

① 고구려를 멸망시켰다.
② 해동성국이라고 불렸다.
③ 진흥왕에게 정복당했다.
④ 신라와 백제 사이에 위치해 간섭을 받았다.
⑤ 사회 질서를 유지하기 위해 8조법을 만들었다.

서술형 10 삼국에서 다음과 같은 문화유산을 만든 까닭은 무엇인지 쓰시오.

- 고구려: 금동 연가 7년명 여래 입상
- 백제: 미륵사, 익산 미륵사지 석탑
- 신라: 황룡사 9층 목탑, 경주 분황사 모전 석탑

11 다음에서 설명하는 문화유산을 골라 기호를 쓰시오.

고구려 사람들은 많은 고분 벽화를 남겼어요. 이 고분 벽화를 보면 신분에 따라 사람의 크기를 다르게 그린 것을 알 수 있어요.

㉠ 
▲ 천마총 천마도

㉡ 
▲ 무용총 무용도

㉢ 

▲ 무용총 접객도

㉣ 
▲ 무용총 수렵도

( )

12 다음 포스터의 ( ) 안에 들어갈 문화유산은 어느 것입니까? ( )

경주의 보물, ( )

하늘의 별, 해와 달의 모습 등을 관측하던 건축물로 알려진 신라 시대의 문화유산이다.

① 첨성대 ② 무용총
③ 다보탑 ④ 불국사
⑤ 무령왕릉

13 다음 문화유산으로 할 수 있는 전시회의 제목으로 가장 알맞은 것을 보기 에서 골라 기호를 쓰시오.

▲ 삼국의 금동 미륵보살 반가 사유상

▲ 일본의 목조 미륵보살 반가 사유상

보기
㉠ 삼국의 성립
㉡ 삼국의 영토 확장
㉢ 삼국과 일본의 문화 교류

( )

14 다음 ( ) 안에 들어갈 문화유산은 어느 것입니까? ( )

( )은/는 통일 신라의 불교문화를 알 수 있는 문화유산으로 경주에 있는 절이다. 이곳에는 삼층 석탑, 다보탑, 청운교, 백운교 등이 있다.

① 불국사 ② 석굴암 ③ 무용총
④ 대릉원 ⑤ 무령왕릉

서술형 15 다음은 발해와 고구려의 문화유산입니다. 이를 통해 알 수 있는 것은 무엇인지 쓰시오.

◀ 고구려(왼쪽)와 발해(오른쪽) 수막새

중단원 핵심 복습 1단원 (2)

1 고려의 건국과 후삼국 통일

(1) 신라 말의 상황

- 귀족들의 왕위 다툼으로 국가가 혼란스러웠음.
- 지방에서 군사력과 경제력을 갖춘 호족이 등장함.

(2) 고려의 후삼국 통일

- 후삼국의 성립: 후백제(견훤), 후고구려(궁예), 신라
- 고려 건국: 왕건이 신하들과 함께 궁예를 몰아내고 고려를 건국함.
- 후삼국 통일: 신라가 스스로 나라를 고려에 넘기고, 고려가 후백제를 물리치며 후삼국을 통일함.

(3) 나라의 기틀을 다지기 위한 노력

- 태조 왕건: 불교 장려, 세금을 줄여 백성들의 생활 안정, 호족에 대한 회유와 견제, 북쪽으로 영토 확장, 발해 유민 수용, 훈요 10조 남김.
- 광종: 노비안검법과 과거제 실시
- 성종: 유교를 통치 이념으로 삼고 여러 제도 마련

2 거란, 여진, 몽골의 침입과 고려의 대응

(1) 거란의 침입과 극복

1차 침입	서희의 담판으로 강동 6주 지역을 확보함.
2차 침입	양규의 활약으로 거란에 큰 타격을 줌.
3차 침입	강감찬이 귀주에서 거란을 크게 물리침.

(2) 여진의 침입과 극복

침입	여진이 세력을 키워 고려 국경을 자주 침입함.
고려의 대응	윤관이 별무반을 이끌고 여진을 정벌한 뒤 동북 지역에 9성을 쌓음. 후에 여진의 요청으로 돌려줌.

(3) 몽골의 침입과 고려의 대응

침입	몽골 사신이 몽골로 돌아가던 길에 죽은 것을 구실로 침입함.
고려의 대응	강화도로 도읍을 옮겨 맞서 싸웠으나 전쟁이 길어지고 피해가 커져 강화를 맺음.
삼별초의 항쟁	강화도에서 진도, 제주도로 근거지를 옮기며 끝까지 항쟁했으나 진압됨.
피해	오랜 전쟁으로 수많은 사람이 죽거나 다치고, 문화유산이 불타 없어짐.

3 팔만대장경과 금속 활자

(1) 팔만대장경

- 몽골의 침입을 부처의 힘을 빌어 물리치고자 팔만대장경을 제작함.
- 팔만대장경판은 글자 모양이 고르고, 틀린 글자가 거의 없으며, 내용도 정확함.
- 팔만대장경판은 고려의 뛰어난 목판 인쇄술로 인정받아 유네스코 세계 기록 유산에 등재됨.

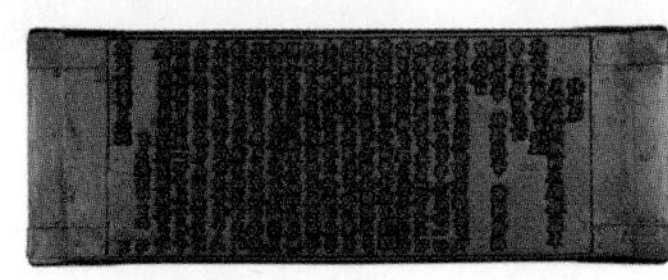
◀ 팔만대장경판

(2) 금속 활자

- 내용에 따라 필요한 활자를 조합해 여러 종류의 책을 인쇄할 수 있음.
- 목판에 비해 튼튼하고, 보관하기 쉬움.
- 『직지심체요절』은 오늘날 전하는 금속 활자 인쇄본 중 가장 오래된 것으로 유네스코 세계 기록 유산에 등재됨.

◀ 『직지심체요절』

  - 청주 흥덕사에서 인쇄되었으며, 본래 상·하권 두 권인데 현재는 하권만 전해짐.
  - 독일의 구텐베르크가 만든 금속 활자보다 70여 년이나 앞섰음.

4 고려청자

(1) 특징

- 고려 시대의 대표적인 예술품임.
- 병, 주전자, 의자, 베개 등 다양한 용도로 쓰임.
- 만들기 어렵고 가치가 높아 신분이 높은 사람들이 사용함.

(2) 상감 청자

- 고려만의 독창적인 상감 기법을 적용해 상감 청자를 만듦.
- 상감 기법은 청자 표면에 무늬를 파고, 그 자리에 다른 색의 흙을 메운 뒤 유약을 발라서 굽는 방법임.

중단원 쪽지 시험

1 (2) 독창적 문화를 발전시킨 고려

정답과 해설 29쪽

[01~04] 다음 (　) 안에 들어갈 알맞은 말을 쓰시오.

01 신라 말 귀족들의 왕위 다툼으로 정치가 혼란한 가운데 지방에서 새로운 정치 세력으로 (　　　　)이/가 등장했습니다. 이들은 군사력과 경제력을 바탕으로 독자적인 세력으로 성장했습니다.

02 (　　　　)이/가 후백제를 세우고, (　　　　)이/가 후고구려를 건국하면서 신라와 함께 세 나라로 나뉘어 서로 경쟁하던 시기를 (　　　　) 시대라고 합니다.

03 왕건은 신하들과 함께 궁예를 몰아내고 왕위에 오른 뒤 (　　　　)을/를 건국했습니다. 이 나라는 후에 후삼국을 통일했습니다.

04 거란의 1차 침입 때 서희는 거란의 침입 의도를 파악하고 거란 장수와 만나 외교 담판을 벌였습니다. 고려는 거란과 교류할 것을 약속하고, (　　　　) 지역을 확보했습니다.

[05~06] 다음을 읽고, 알맞은 말에 ○표를 하시오.

05 여진이 고려 국경을 자주 침입하자 (윤관 , 강감찬)은 별무반을 이끌고 여진을 정벌한 후 여진이 살던 곳에 9성을 쌓았습니다.

06 고려에 온 몽골의 사신이 돌아가는 길에 죽은 것을 구실로 몽골이 고려를 침입했습니다. 고려는 도읍을 개경에서 (한양 , 강화도)(으)로 옮기고 맞서 싸웠습니다.

07 고려 정부가 몽골과 강화하고 개경으로 도읍을 옮기는 것에 반대해 끝까지 항쟁한 고려의 특별 부대를 무엇이라고 합니까?

(　　　　　　　　)

08 고려가 부처의 힘으로 몽골의 침입을 이겨 내고자 만든 8만여 장의 대장경을 무엇이라고 합니까?

(　　　　　　　　)

09 다음에서 설명하는 고려의 문화유산은 무엇인지 쓰시오.

- 유네스코 세계 기록 유산이다.
- 오늘날 전해지는 금속 활자 인쇄본 중 가장 오래된 것으로, 본래 상·하권 두 권인데 현재는 하권만 전해진다.

(　　　　　　　　)

10 다음과 같은 고려 시대의 대표적인 문화유산을 무엇이라고 합니까?

(　　　　　　　　)

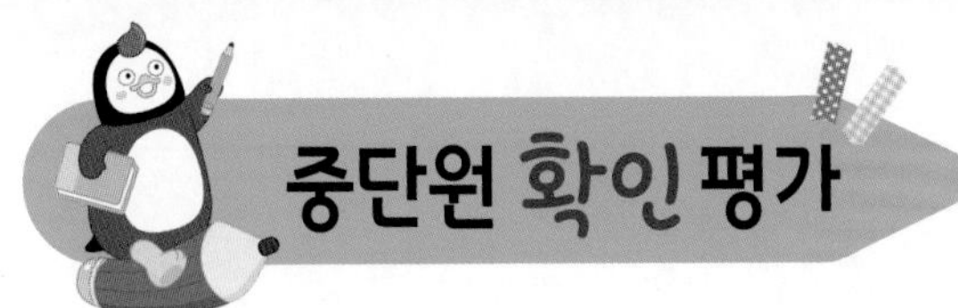

정답과 해설 29쪽

01 고려의 후삼국 통일 과정에 대한 설명으로 알맞지 않은 것은 어느 것입니까? ( )

① 당과 연합하여 백제를 무너뜨렸다.
② 왕건이 궁예를 몰아내고 고려를 세웠다.
③ 힘이 약해진 신라가 고려에 국가를 넘겼다.
④ 후백제에서 왕위 다툼이 발생해 견훤이 고려에 귀순했다.
⑤ 고려가 후백제와의 전투에서 승리하여 후삼국을 통일했다.

[02~03] 다음 자료를 보고, 물음에 답하시오.

(㉠)의 정책

한 일	까닭
세금을 줄여 줌.	(㉡)
호족의 딸들과 결혼함.	호족의 협조를 얻기 위해서
발해 유민을 수용함.	백성들의 믿음을 얻기 위해서
북쪽으로 영토를 확장함.	고구려의 옛 땅을 되찾기 위해서
훈요 10조를 남김.	후대 왕들이 국가를 잘 다스리도록 하기 위해서

02 위 자료의 ㉠에 들어갈 인물은 누구입니까? ( )

① 궁예 ② 견훤
③ 왕건 ④ 진흥왕
⑤ 광개토 대왕

서술형 03 위 자료의 ㉡에 들어갈 까닭을 간단히 쓰시오.

____

____

04 다음 대화에서 잘못 말한 사람은 누구입니까? ( )

거란의 침입과 고려의 대응

- 현빈: 거란의 1차 침입 때 고려의 서희는 거란 장수 소손녕과 외교 담판을 했어.
- 예진: 이 담판을 통해 고려는 강동 6주 지역을 확보했지.
- 건후: 또 부처의 힘으로 외세의 침입을 막기 위해 팔만대장경을 만들었어.
- 준기: 거란이 침입했을 때 큰 활약을 한 인물로 양규, 강감찬도 있어.
- 희재: 맞아. 강감찬이 이끈 고려군이 거란군을 크게 물리친 귀주 대첩을 기억하자.

① 현빈 ② 예진
③ 건후 ④ 준기
⑤ 희재

05 다음 역사 신문의 빈칸에 공통으로 들어갈 인물은 누구입니까? ( )

○○ 신문 1100년 ○○월 ○○일

[   ], 동북 지역에 9성을 쌓다

고려를 큰 나라로 섬기던 여진이 힘을 키워 고려 국경을 자주 침입했다. 이에 고려는 특수 부대인 별무반을 조직하고, 여진을 몰아냈다. 오늘은 여진을 정벌한 [   ]이/가 여진이 살던 곳에 9성을 쌓았다는 기쁜 소식을 전해 왔다.

① 온조 ② 윤관
③ 주몽 ④ 대조영
⑤ 김춘추

06 다음 자료에서 ㈎는 어느 지역입니까? (　　　)

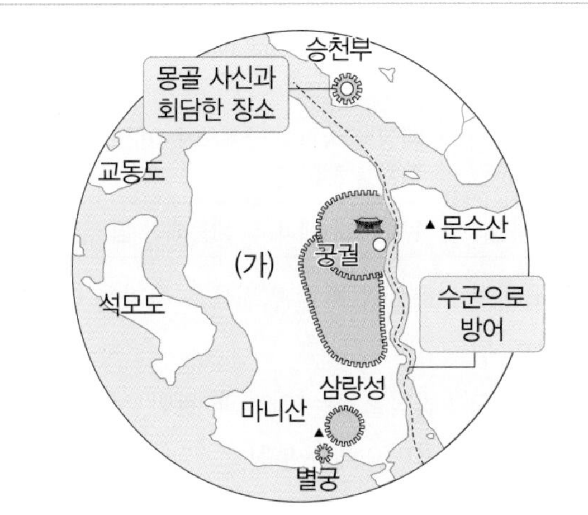

고려는 몽골의 침입에 대항하기 위해 ㈎ 지역으로 도읍을 옮기고 주위에 성을 쌓았습니다.

① 진도　　② 개경
③ 제주도　　④ 강화도
⑤ 동모산

서술형 07 다음 역사 뉴스 속 사건 이후 고려의 상황을 한 가지 쓰시오.

역사 뉴스
고려 정부, 몽골과 강화를 맺고 개경으로 돌아오다

____

____

[08~09] 다음 문화유산 팸플릿을 보고, 물음에 답하시오.

고려 문화유산 100선

이것은 몽골의 침입을 부처의 힘으로 이겨 내기 위해 만든 것이다. 8만여 장의 목판에 여러 사람이 글자를 새겼지만 글자 모양이 고르고 틀린 글자도 거의 없다. 이것은 현재 (　㉠　)에 보관되어 있으며, 보존 상태도 매우 뛰어나다.

08 밑줄 친 '이것'은 무엇인지 쓰시오.

(　　　　　　　　　　)

09 위의 ㉠에 들어갈 문화유산은 어느 것입니까? (　　　)

① 석굴암　　② 대릉원
③ 무령왕릉　　④ 미륵사지 석탑
⑤ 해인사 장경판전

10 다음 문화유산에 대한 설명으로 알맞은 것을 두 가지 고르시오. (　　,　　)

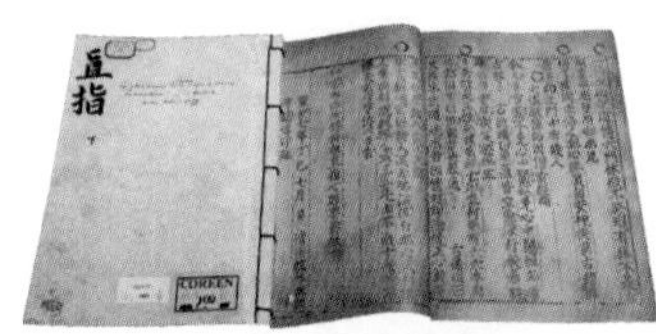

▲『직지심체요절』

① 전쟁으로 불에 타 소실되었다.
② 유네스코 세계 기록 유산에 등재되었다.
③ 거란의 침입을 물리치기 위해 제작되었다.
④ 경주 불국사 삼층 석탑에서 발견된 인쇄물이다.
⑤ 현재 전하는 세계에서 가장 오래된 금속 활자본이다.

중단원 핵심 복습 1단원 (3)

1 조선의 건국

(1) 고려 말의 상황
- 권문세족의 횡포가 심해지고, 홍건적과 왜구가 침입함.
- 신진 사대부와 신흥 무인 세력이 등장함.

(2) 위화도 회군(1388년): 이성계가 요동을 정벌하러 가던 도중 압록강의 위화도에서 군대를 돌려 개경으로 돌아와 권력을 잡음. → 신진 사대부와 함께 제도를 개혁함.

(3) 신진 사대부의 분열

정몽주 등	고려를 유지하며 개혁을 해야한다고 주장함.
정도전 등	새로운 국가를 세워 개혁을 해야한다고 주장함.

(4) 이성계의 조선 건국(1392년)
- 이성계의 아들인 이방원에 의해 정몽주 등 반대 세력이 제거됨.
- 새로운 국가를 세우고 조선이라고 함.
- 한양으로 도읍을 옮기고 유교를 바탕으로 국가의 기초를 세움.

2 세종 대에 이룬 발전

(1) 집현전: 세종 때 확대해 운영한 학문 연구 기관으로, 조선 전기 학문과 과학 기술 발전에 중요한 역할을 함.

(2) 훈민정음 창제: 백성들이 쉽게 글자를 배우고 쓸 수 있도록 하기 위해 만듦.

(3) 과학 기술의 발전
- 측우기: 비가 온 양을 측정함.
- 혼천의: 해와 달, 별의 움직임과 위치를 관측함.
- 앙부일구: 해그림자를 이용해 시각과 절기를 측정함.
- 자격루: 물의 흐름을 이용해 자동으로 종을 쳐 시각을 알려 줌.

▲ 측우기

▲ 혼천의(복원)

▲ 앙부일구(복원)

▲ 자격루(복원)

(4) 편찬 사업: 『농사직설』, 『삼강행실도』, 『향약집성방』, 『칠정산』 등을 편찬함.

(5) 국방력 강화: 4군과 6진 지역 개척, 쓰시마섬 정벌

3 유교 질서를 바탕으로 한 사회 모습

(1) 유교 질서

왕	백성을 국가의 근본으로 여기고 백성을 위한 정치를 해야 함.
백성	유교 질서에 따라 생활해야 함.

(2) 『경국대전』: 조선의 기본 법전으로 국가를 다스리는 데 기준이 됨.

(3) 신분 제도: 법적으로는 양인과 천인, 실제로는 양반, 중인, 상민, 천민으로 구분됨.

(4) 사회·문화: 조선 전기에는 여성의 지위가 비교적 높았으며, 양반 중심의 문화가 발달함.

4 임진왜란의 발발과 극복

(1) 발발: 일본이 명으로 가는 길을 내어 달라며 부산으로 쳐들어와 순식간에 한성(한양)으로 향함. → 선조는 의주로 피란하고, 명에 지원군을 요청함.

(2) 임진왜란을 극복하려는 노력

수군의 활약	이순신이 이끄는 수군이 한산도 대첩 등 여러 전투에서 일본군을 크게 물리침.
관군과 의병의 활약	• 곽재우 등 의병이 일어나 맞서 싸움. • 조선과 명 연합군이 평양성을 되찾음. • 권율, 행주 대첩에서 승리함.

(3) 정유재란: 일본이 강화 회담에 실패하자 다시 조선에 쳐들어옴. → 도요토미 히데요시의 사망으로 일본군이 철수함.

5 병자호란

(1) 광해군의 중립 외교: 명과 후금 사이에서 중립 외교를 펼치며 전쟁에 휘말리지 않음.

(2) 정묘호란: 인조가 후금을 멀리하고 명과 가까이 지내자 후금이 조선에 쳐들어옴. → 조선과 후금이 형제 관계를 맺는 조건으로 전쟁을 끝냄.

(3) 병자호란
- 후금이 국가 이름을 청으로 고치고, 조선에 임금과 신하 관계 요구했으나 조선이 거절하자 조선을 침입함.
- 인조는 남한산성으로 피란했지만 곧 청군에 포위되었고, 삼전도에 나가 청 태종에게 항복함.
- 조선은 청과 신하와 임금의 관계를 맺었고, 세자를 비롯한 많은 백성이 청에 인질로 잡혀감.

정답과 해설 30쪽

[01~02] 다음을 읽고, 알맞은 내용에 ○표를 하시오.

01 고려 말에 새롭게 등장한 정치 세력은 (호족 , 신진 사대부)입니다.

02 고려 사회를 개혁하는 방법을 두고 (정도전 , 정몽주)은/는 고려를 유지하면서 개혁하자고 주장했고, 결국 이성계 측 사람에 의해 죽임을 당했습니다.

03 다음에서 설명하는 사건을 무엇이라고 합니까?

> 1388년에 요동을 정벌하러 가던 이성계가 군사를 돌려 개경으로 돌아와 정권을 장악했다.

( )

04 이성계가 조선을 건국한 뒤 한양을 도읍으로 삼고, 국가의 기초를 세우는 이념으로 삼은 것은 무엇입니까?

( )

[05~06] 다음 ( ) 안에 들어갈 알맞은 말을 쓰시오.

05 세종은 학문 연구 기관인 ( )을/를 확대 운영하여 뛰어난 학자들을 길러 냈습니다. 이 기관은 조선 전기 학문과 과학 기술 발전에 중요한 역할을 했습니다.

06 세종이 만든 ( )은/는 '백성을 가르치는 바른 소리'라는 뜻입니다. 우리말을 소리 나는 대로 적을 수 있고, 일반 백성들도 쉽게 배울 수 있었습니다.

07 다음에서 설명하는 문화유산은 무엇인지 쓰시오.

> 조선 세종 때 과학자 장영실이 만든 과학 기구로, 스스로 종을 쳐 시각을 알려 주는 물시계이다.

( )

08 다음 자료에서 설명하는 문화유산을 쓰시오.

> 조선 시대에 통치의 기준이 되었던 기본 법전으로, 유교의 가르침에 따라 나라를 다스리기 위해 만든 것이다.

( )

09 1592년, 일본이 명으로 가는 길을 내어 달라며 조선에 쳐들어오면서 시작된 전쟁을 무엇이라고 합니까?

( )

10 다음에서 설명하는 전쟁을 무엇이라고 하는지 쓰시오.

> 인조 때 후금이 세력을 더욱 키워 국가 이름을 청으로 고치고 조선에 임금과 신하의 관계를 요구했다. 조선이 이를 거절하자 청이 군사를 이끌고 조선에 침략해 왔다. 인조는 남한산성에서 맞서 싸웠지만 결국 청에 항복했다.

( )

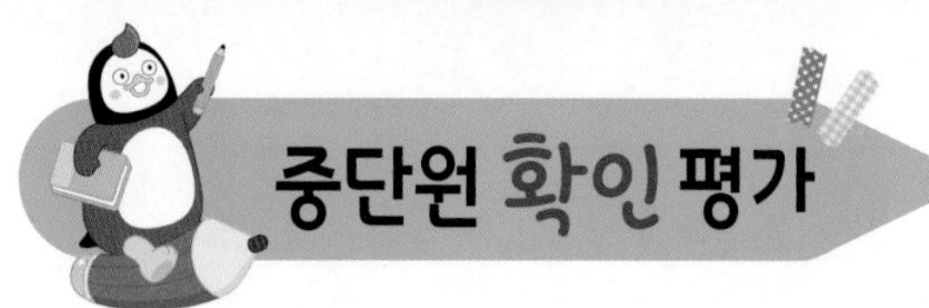

중단원 확인 평가

01 다음 주제에 대한 발표 내용으로 알맞은 것은 어느 것입니까? (　　)

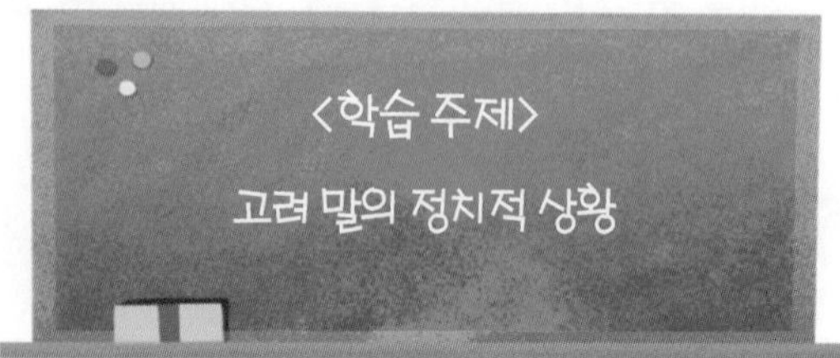

① 지방에서 호족이 등장했습니다.
② 멸망한 발해의 유민들을 받아들였습니다.
③ 후금이 국가 이름을 청으로 바꾸었습니다.
④ 왕건이 궁예를 몰아내고 왕이 되었습니다.
⑤ 신진 사대부와 신흥 무인 세력이 등장했습니다.

서술형 **02** 다음 가상 역사 토론을 보고 ㉠에 들어갈 주장을 쓰시오.

토론 주제: 고려 사회를 어떻게 개혁할 것인가?
㉠
나는 끝까지 고려의 신하로 남을 것이오. 개혁을 하더라도 고려는 그대로 유지해야 합니다.
정도전
정몽주

____

____

03 다음 인물 카드의 왕이 한 일로 알맞은 것을 두 가지 고르시오. (　　,　　)

● 업적 ●

집현전을 확대 운영해 젊고 유능한 학자들이 학문 연구에 힘쓸 수 있도록 했다.

① 훈민정음을 창제했다.
② 도읍을 한양으로 옮겼다.
③ 남쪽으로 쓰시마섬을 정벌했다.
④ 북쪽으로 강동 6주 지역을 확보했다.
⑤ 위화도에서 회군하고 조선을 건국했다.

[04~05] 다음 표를 보고, 물음에 답하시오.

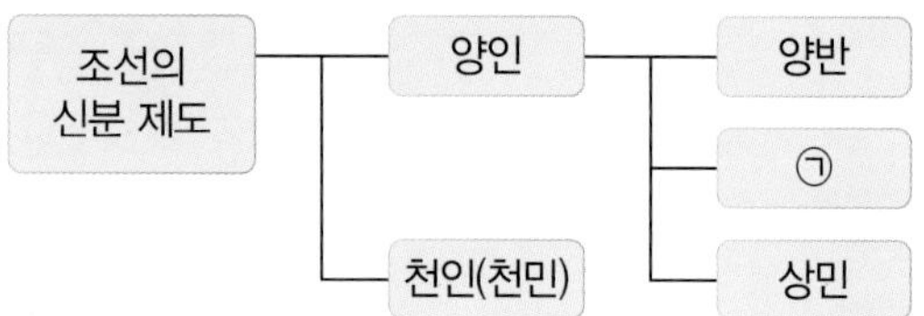

04 위 표의 ㉠에 들어갈 신분을 쓰시오.

(　　　　　　　　)

05 ㉠ 신분에 속한 사람들의 생활 모습으로 가장 알맞은 것은 어느 것입니까? (　　)

① 고위 관리가 되어 나랏일을 했다.
② 농사를 지으며 나라에 세금을 냈다.
③ 양반집이나 관공서에서 허드렛일을 했다.
④ 재산으로 여겨져 다른 사람에게 팔리기도 했다.
⑤ 통역을 담당하는 역관, 의술을 펼치는 의관이 되었다.

06 다음 신문 기사의 전쟁이 일어난 배경으로 알맞은 것은 어느 것입니까? (　　　)

○○ 신문 　　　　　　　　　　 15○○년 ○○월 ○○일

육지와 바다에서 활약한 조선의 영웅!

의령과 창녕에서는 붉은 옷을 주로 입어 '홍의 장군'이라고 불리는 의병장 곽재우가 의병을 이끌고 활약하고 있다. 의병들은 자기 고장의 익숙한 지형을 이용해 일본군에 큰 타격을 주었다.

한편 바다에서는 이순신이 이끄는 조선 수군이 한산도 대첩에서 큰 승리를 거두어 일본군의 사기를 꺾었다.

① 4군과 6진 지역을 개척했다.
② 여진이 국경 지역을 침략했다.
③ 조선과 후금이 형제의 관계를 맺었다.
④ 일본이 조선과 명을 정복하려고 했다.
⑤ 몽골의 사신이 돌아가는 길에 살해당했다.

07 다음에서 설명하는 장소는 어디인가요? (　　　)

임진왜란 때 권율이 이끌던 관군과 의병, 승병, 백성이 힘을 모아 일본군을 상대로 큰 승리를 거둔 곳이다.

① 삼전도　　② 강화도
③ 위화도　　④ 행주산성
⑤ 남한산성

08 다음 (　　) 안에 들어갈 알맞은 말을 쓰시오.

여진이 후금을 세워 명을 압박하자 명이 조선에 지원군을 요청했다. 하지만 광해군은 전쟁에 휩쓸리지 않기 위해 명과 후금 사이에서 (　　　　) 을/를 펼쳤다.

(　　　　　　　　　　)

[09~10] 다음 역사 드라마의 대본을 보고, 물음에 답하시오.

배경: 1637년
등장인물: 왕, 신하들
…

장면 6

신하1: 전하, 청의 어떠한 요구도 받아들이지 말고 죽음을 각오하고 싸워야 합니다.
신하2: 전하, 청에 무조건 항복하자는 것이 아니라 지금 상황이 좋지 않으니 잠시 물러나 있다가 힘을 길러 청을 물리치자는 것입니다.
왕: 아, 대체 어찌해야 한단 말인가!

09 위 드라마 대본과 관련된 전쟁에 대한 설명으로 알맞은 것은 어느 것입니까? (　　　)

① 강동 6주 지역을 확보했다.
② 명이 조선에 지원군을 보냈다.
③ 인조가 남한산성으로 피란했다.
④ 곽재우가 의병을 일으켜 활약했다.
⑤ 삼별초가 강화도에서 진도, 제주도로 근거지를 옮겨 가며 끝까지 항쟁했다.

10 위 전쟁의 결과 조선과 청은 어떤 관계를 맺었는지 쓰시오.

학교 시험 만점왕 ❶회

정답과 해설 31쪽

01 다음을 통해 알 수 있는 고조선의 사회 모습으로 알맞은 것을 보기 에서 모두 고른 것은 어느 것입니까? ( )

> • 남을 다치게 한 사람은 곡식으로 갚는다.
> • 남의 물건을 훔친 사람은 노비로 삼되, 죄를 면하려면 50만 전을 내야 한다.
>
> – 고조선의 8조법

보기

> ㉠ 평등한 사회였다.
> ㉡ 신분이 나뉘어 있었다.
> ㉢ 개인의 재산이 있었다.
> ㉣ 청동기를 만들어 사용했다.

① ㉠, ㉡　② ㉠, ㉢
③ ㉡, ㉢　④ ㉡, ㉣
⑤ ㉢, ㉣

02 다음 조사 보고서에서 ㉠에 들어갈 내용으로 알맞은 것은 어느 것입니까? ( )

> 역사 인물 조사 보고서
>
> • 국가: 백제
> • 조사한 왕: 근초고왕
> • 업적
>
> ㉠

① 대가야를 멸망시켰다.
② 요동 지역을 차지했다.
③ 광개토 대왕릉비를 세웠다.
④ 한강 유역에 백제를 세웠다.
⑤ 남쪽으로 전라도 지역을 차지했다.

03 삼국이 주도권을 가진 시기에 공통적으로 차지한 지역은 어디입니까? ( )

① 졸본 지역　② 한강 유역
③ 평양 지역　④ 경주 지역
⑤ 낙동강 유역

04 다음을 통해 알 수 있는 가야의 주요 생산품이자 수출품은 어느 것입니까? ( )

가야의 대표적인 문화유산

① 금　② 은
③ 철　④ 청동
⑤ 구리

05 고구려의 문화유산으로 알맞은 것을 골라 기호를 쓰시오.

㉠ ▲ 경주 첨성대
㉡ ▲ 청자 상감 운학무늬 매병
㉢ ▲ 익산 미륵사지 석탑
㉣ ▲ 무용총 접객도

( )

06 다음 자료를 통해 알 수 있는 사실로 알맞은 것은 어느 것입니까? (   )

- 무덤 주인: 무령왕과 왕비
- 출토된 문화유산: 일본의 소나무로 만든 관, 중국 도자기, 중국 화폐 등

무령왕릉 내부 ▶

① 신라가 서역과 교류했다.
② 발해가 고구려 문화를 계승했다.
③ 신라는 부처의 나라를 이루고자 했다.
④ 백제는 중국, 일본과 활발히 교류했다.
⑤ 백제는 삼국 중 가장 먼저 전성기를 맞이했다.

07 밑줄 친 '이 국가'에 대한 설명으로 알맞은 것은 어느 것입니까? (   )

고구려 출신 대조영은 고구려 유민과 일부 말갈족을 이끌고 만주 동부 지역인 동모산 근처에서 <u>이 국가</u>를 세웠다.

① 한강 유역을 차지했다.
② 몽골의 침입에 저항했다.
③ 평양으로 도읍을 옮겼다.
④ 호족을 존중하는 정책을 펼쳤다.
⑤ 스스로 고구려를 계승한 나라임을 강조했다.

[08~09] 다음을 보고, 물음에 답하시오.

삼국 통일 과정

신라와 (   )의 동맹 → 백제 멸망 → 고구려 멸망 → 신라와 (   )의 전쟁 → 신라의 삼국 통일

08 위의 (   ) 안에 공통으로 들어갈 국가는 어느 것입니까? (   )

① 당　　② 일본　　③ 발해
④ 고려　　⑤ 고조선

09 08번 답의 국가가 신라와의 동맹을 깬 까닭은 어느 것입니까? (   )

① 백제와 연합하기 위해서
② 일본을 침략하기 위해서
③ 한반도를 차지하기 위해서
④ 고구려와 힘을 합치기 위해서
⑤ 요동 지역을 정복하기 위해서

10 다음 전시회 포스터에서 소개하는 문화유산은 어느 것입니까? (   )

사진으로 만나는 유네스코 세계 유산

화강암을 쌓아 올려 과학적으로 만든 절이다. 둥글게 쌓아올린 천장과 습도 조절이 가능하게 설계한 점은 신라의 우수한 과학 기술 수준을 보여 준다.

① 불국사　　② 석굴암
③ 첨성대　　④ 무용총
⑤ 황룡사 9층 목탑

11 후삼국을 통일한 왕건이 펼친 정책으로 알맞지 않은 것은 어느 것입니까? (   )

① 세금을 줄였다.
② 불교를 장려했다.
③ 한양으로 도읍을 옮겼다.
④ 발해 유민들을 수용했다.
⑤ 북쪽으로 영토를 넓혔다.

12 다음 대화의 결과로 알맞은 것은 어느 것입니까? (   )

그대 나라는 신라 땅에서 일어났고, 고구려 땅은 원래 우리의 것이니 내놓으시오. 그리고 국경을 맞대고 있는 것은 우리인데 왜 송하고만 친하게 지내는 것이오?
우리는 고구려를 계승해 나라 이름도 고려라고 한 것이오. 그리고 거란과 고려 사이에 여진이 가로막고 있어서 우리가 거란과 교류할 수 없는 것이오.
소손녕
서희

① 삼별초가 항쟁했다.
② 강동 6주 지역을 확보했다.
③ 도읍을 개경에서 강화도로 옮겼다.
④ 오늘날의 국경선과 같은 국경선이 되었다.
⑤ 경복궁, 불국사 등 문화유산이 파괴되었다.

13 다음 상황에 대한 고려의 대응으로 알맞은 것은 어느 것입니까? (   )

> 고려를 큰 나라로 섬기던 여진이 세력을 키우고 고려를 위협했다.

① 황룡사 9층 목탑을 세웠다.
② 양규가 침입을 막기 위해 전투를 벌였다.
③ 강감찬이 군대를 이끌고 귀주에서 싸웠다.
④ 부처의 힘으로 물리치고자 팔만대장경을 만들었다.
⑤ 윤관이 별무반을 이끌고 싸워 동북 지역에 9성을 쌓았다.

14 다음 특강의 주제로 알맞지 않은 것은 어느 것입니까? (   )

> **박물관 특강: 고려 시대 문화유산**
>
> 우리 박물관은 고려 시대 문화유산을 주제로 시민들을 위한 수업을 준비했습니다. 많은 참여 바랍니다.

① 팔만대장경의 역사
② 농사직설과 농사법
③ 강화의 고려 궁궐 터
④ 고려청자와 상감 기법
⑤ 금속 활자와 직지심체요절

15 다음 퀴즈의 정답으로 알맞은 인물은 누구입니까? (   )

> 한국사 퀴즈
>
> 힌트 1: 신진 사대부 중 한 사람이다.
> 힌트 2: 고려를 무너뜨리고 조선을 건국하는 데 큰 활약을 했다.

① 정도전　② 정몽주
③ 이성계　④ 김춘추
⑤ 대조영

16 밑줄 친 '과학 기구'에 속하지 않는 것은 어느 것입니까? (　　)

> 세종 대에는 과학 기술이 크게 발달해 다양한 과학 기구들이 발명되었다.

①

②

③
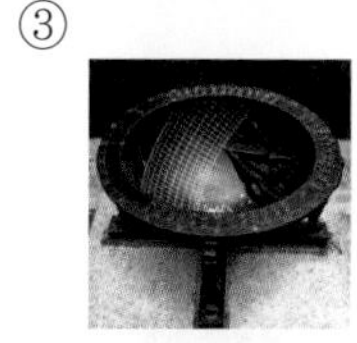
④

⑤

17 조선 전기 사회의 모습으로 알맞지 않은 것은 어느 것입니까? (　　)

① 신분 제도를 폐지했다.
② 백성을 국가의 근본으로 여겼다.
③ 아들과 딸에게 똑같이 재산을 물려주었다.
④ 혼인, 장례, 제사를 유교 예절에 따라 치렀다.
⑤ 경국대전을 나라를 다스리는 기준으로 삼았다.

18 다음과 같은 외교 정책을 펼친 사람은 누구입니까? (　　)

> 명과 후금 사이에서 조선은 중립적인 외교 정책으로 대처했다.

① 선조　② 세종
③ 인조　④ 광해군
⑤ 이성계

19 다음 일기의 주인공이 한 일로 알맞은 것은 어느 것입니까? (　　)

> 닻을 올리고 바다로 나가니 일본 수군의 배 133척이 우리의 배를 에워쌌다. 나는 군사들을 부드럽게 타이르면서 "일본군의 숫자가 아무리 많아도 감히 우리 배에는 곧바로 덤벼들지 못할 것이니, 조금도 동요하지 말고 힘을 다해 적을 공격하라."라고 말했다.
>
> – 1597년 9월 16일 『난중일기』

① 위화도에서 회군했다.
② 충주성 전투에서 승리했다.
③ 매소성 전투에서 적을 물리쳤다.
④ 명량 해협에서 큰 승리를 거뒀다.
⑤ 행주산성에서 일본군의 침입을 막았다.

20 다음 상황이 원인이 되어 발생한 전쟁의 과정과 결과로 알맞지 않은 것은 어느 것입니까? (　　)

> 세력이 더욱 커진 후금은 국가 이름을 청으로 바꿨다. 청은 조선에 임금과 신하의 관계를 요구했고 조선은 이를 거절했다.

① 인조가 남한산성으로 피란했다.
② 조선의 요청으로 명이 지원군을 보냈다.
③ 인조가 삼전도에서 청 태종에게 항복했다.
④ 조선은 청과 신하와 임금의 관계를 맺었다.
⑤ 세자를 비롯한 많은 백성이 청에 인질로 끌려갔다.

학교 시험 만점왕 ❷회

정답과 해설 33쪽

01 고조선의 건국 이야기에서 밑줄 친 ㉠~㉤에 대한 해석으로 알맞지 않은 것은 어느 것입니까? (　　　)

> 옛날에 ㉠ 하늘의 아들 환웅이 인간 세상을 다스리고자 했다. ㉡ 환웅은 바람, 비, 구름을 다스리는 신하를 거느리고 내려왔다. 이때 ㉢ 곰 한 마리와 호랑이 한 마리가 찾아와 사람이 되길 빌었다. 곰은 백 일 동안 햇빛을 보지 않으며 쑥과 마늘을 먹고 사람이 되었으나, 호랑이는 그러지 못했다. ㉣ 사람이 된 웅녀와 환웅이 결혼하여 아들을 낳아 이름을 단군왕검이라 했다. ㉤ 단군왕검은 나라를 세우고 조선(고조선)이라 했다.

① ㉠ – 하늘의 자손임을 내세웠다.
② ㉡ – 당시 사회는 농사를 중시했다.
③ ㉢ – 부족끼리 연맹을 맺고 싶어 했다.
④ ㉣ – 환웅 부족과 곰 부족이 힘을 합쳤다.
⑤ ㉤ – 신진 사대부와 함께 국가를 세웠다.

02 다음 지도와 같이 고구려의 발전을 이끈 왕은 누구입니까? (　　　)

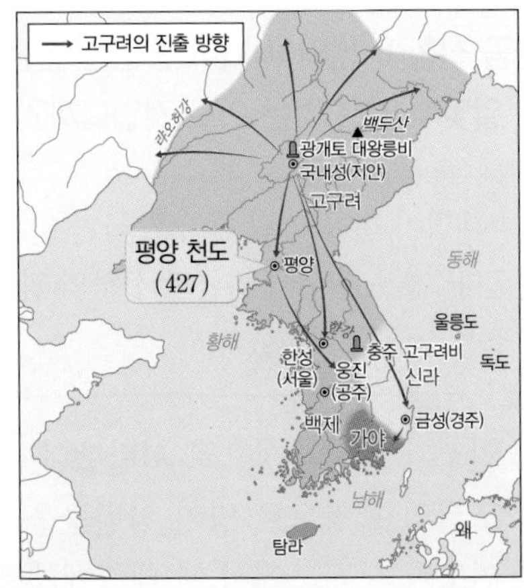

① 주몽　　② 진흥왕
③ 장수왕　　④ 근초고왕
⑤ 박혁거세

03 백제 근초고왕의 업적으로 알맞은 것은 어느 것입니까? (　　　)

① 대가야를 흡수했다.
② 개경으로 도읍을 옮겼다.
③ 중국, 일본 등과 교류했다.
④ 북한산에 순수비를 세웠다.
⑤ 요동 지역까지 영토를 넓혔다.

04 신라의 문화유산으로 알맞은 것을 골라 기호를 쓰시오.

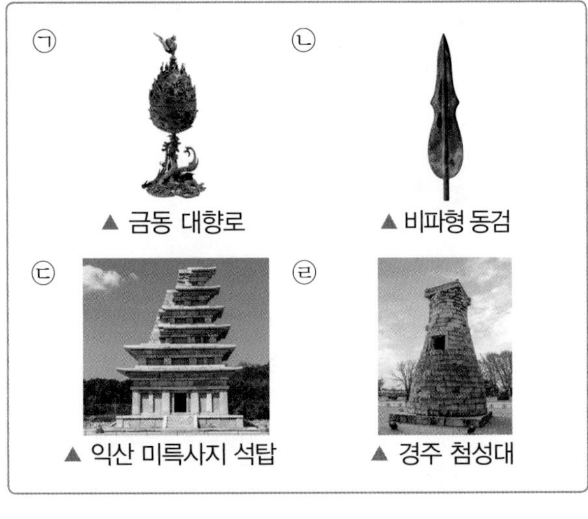

㉠ ▲ 금동 대향로
㉡ ▲ 비파형 동검
㉢ ▲ 익산 미륵사지 석탑
㉣ ▲ 경주 첨성대

(　　　　　　　　　)

05 다음 (　　) 안에 들어갈 말로 알맞은 것은 어느 것입니까? (　　　)

> (　　　　　)은/는 백제 무왕 때 지어진 절로, 백제에서 규모가 가장 큰 절이었다고 전해진다. 현재는 이 절이 있던 자리만 남아 있는데 절터에는 우리나라에 남아 있는 석탑 중 가장 크고 오래된 석탑이 있다.

① 무용총　　② 해인사
③ 석굴암　　④ 불국사
⑤ 미륵사

06 다음 행사 포스터와 관련 있는 국가에 대한 설명으로 알맞은 것은 어느 것입니까? (　　　)

김수로, 철의 왕국을 세우다!

기념 공연
- 제목: 알에서 태어난 김수로왕의 이야기
- 기간: 20○○.○○.○○~20○○.○○.○○

유적지 탐방
- 김해 박물관
- 고령 박물관

① 도읍이 경주였다.
② 신라에 의해 멸망했다.
③ 한강 유역을 차지했다.
④ 당과 동맹을 맺고 백제를 공격했다.
⑤ 한반도에 있던 여러 국가를 처음으로 통일했다.

07 다음 자료를 가장 알맞게 해석한 사람을 골라 이름을 쓰시오.

> 우리는 고려(고구려)의 옛 땅을 되찾았다.
> – 발해가 일본에 보낸 외교 문서

온유: 발해는 고구려를 계승한 국가라고 내세웠어.

시윤: 발해는 당으로부터 해동성국이라고 불렸어.

소현: 발해는 거란의 침입으로 멸망했어.

(　　　　　　　　　　)

08 다음 문화유산과 관련 있는 탑은 어느 것입니까? (　　　)

▲ 『무구정광대다라니경』

① 불국사 다보탑
② 황룡사 9층 목탑
③ 분황사 모전 석탑
④ 불국사 삼층 석탑
⑤ 익산 미륵사지 석탑

09 밑줄 친 '이 왕'은 누구입니까? (　　　)

> 삼국 통일을 완수한 <u>이 왕</u>은 죽어서도 용이 되어 국가를 지키겠다는 유언을 남겼다. 사람들은 왕의 유언에 따라 바다에 왕의 무덤을 만들고 대왕암이라고 불렀다는 이야기가 전해진다.

① 세종　　② 장수왕
③ 문무왕　　④ 선덕 여왕
⑤ 광개토 대왕

10 밑줄 친 '나'는 누구입니까? (　　　)

> <u>나</u>는 가야의 왕족 집안에서 태어났다. 가야가 정복되어 신라에 합쳐지고 난 후 신라의 귀족으로 인정받았다. <u>나</u>의 여동생은 김춘추와 결혼했다. <u>나</u>는 김춘추와 문무왕을 도와 황산벌 전투에서 승리하는 등 삼국 통일에 기여했다.

① 왕건　　② 김유신
③ 김춘추　　④ 이성계
⑤ 박혁거세

11 다음은 고려의 후삼국 통일 과정입니다. ㉠에 들어갈 내용으로 알맞은 것은 어느 것입니까? (　　)

> 지방에서 호족 세력이 등장함. → 궁예가 후고구려를 건국함. → 왕건이 궁예를 몰아내고 고려를 건국함. → (　㉠　) → 고려가 후삼국을 통일함.

① 신라가 고려에 국가를 넘김.
② 견훤이 등장해 후백제를 세움.
③ 신라와 당이 군사적 동맹을 맺음.
④ 신진 사대부와 신흥 무인 세력이 등장함.
⑤ 왕건이 후대 왕들을 위해 훈요 10조를 남김.

12 다음 (　) 안에 들어갈 인물은 누구입니까? (　　)

> 거란은 강동 6주 지역을 돌려 달라는 요구를 고려가 거절하자 또다시 침입했다(3차 침입). 이때 고려의 (　　　)은/는 일부러 거란군을 개경 부근까지 유인했다. 그리고 상황을 파악하고 돌아가는 거란군을 귀주에서 크게 물리쳤다.

① 온조　② 서희
③ 양규　④ 강감찬
⑤ 장영실

13 다음에서 설명하는 민족의 침입에 대한 고려의 대응으로 알맞지 <u>않은</u> 것은 어느 것입니까? (　　)

> • 칭기즈 칸이 부족을 통일하며 세력이 강해졌다.
> • 사신이 고려에 왔다가 돌아가는 길에 죽은 것을 구실로 고려를 침입한 이후 60여 년간 여러 차례 고려를 침입했다.

① 윤관이 별무반을 이끌고 대항했다.
② 도읍을 개경에서 강화도로 옮겨 싸웠다.
③ 처인성 전투와 충주성 전투에서 승리했다.
④ 부처의 힘으로 이겨 내고자 팔만대장경을 만들었다.
⑤ 삼별초는 강화도에서 진도, 제주도로 근거지를 옮기며 끝까지 항쟁했다.

[14~15] 다음은 고려 시대의 문화유산을 만드는 과정입니다. 보고 물음에 답하시오.

> ① 나무를 잘라 바닷물에 담가 둔다.
> ② 나무를 알맞은 크기로 자른 뒤 소금물에 삶는다.
> ③ 바람이 잘 드는 그늘에서 말린다.
> ④ 일정한 크기로 잘라 글자를 새긴다.
> ⑤ 한 장씩 찍어 내어 틀린 글자를 골라낸다.
> ⑥ 귀퉁이를 구리판으로 마감하고 옻칠해 보관한다.

14 위와 같은 과정을 거쳐 제작한 문화유산은 어느 것입니까? (　　)

① 고려청자
② 고분 벽화
③ 팔만대장경판
④ 직지심체요절
⑤ 미륵보살 반가 사유상

15 고려가 위의 문화유산을 만든 까닭으로 가장 알맞은 것은 어느 것입니까? (　　)

① 건축 기술을 후손들에게 물려주기 위해
② 부처의 힘으로 몽골의 침략을 막기 위해
③ 여러 종류의 책을 효율적으로 만들기 위해
④ 글을 모르는 백성들에게 글을 알려 주기 위해
⑤ 쉽게 마모되지 않고 보관하기 쉬운 인쇄 기술을 남기기 위해

16 다음 문화유산에 대한 설명으로 알맞지 않은 것은 어느 것입니까? (　　　)

① 상감 기법을 도자기에 적용했다.
② 신분이 높은 사람들이 주로 사용했다.
③ 만들기가 쉬워 대량 생산이 가능했다.
④ 주전자, 찻잔, 향로 등 다양한 용도로 쓰였다.
⑤ 가마 만드는 기술, 유약 만드는 기술이 사용되었다.

17 다음 (　　) 안에 공통으로 들어갈 학문을 쓰시오.

> 조선은 (　　　　　)을/를 정치 이념으로 내세우며 세운 국가이다. 이러한 생각을 담아 조선은 궁궐과 도성의 사대문의 이름에 (　　　　　)에서 강조하는 덕목을 넣었다.

(　　　　　　　　　　　　)

18 다음에서 설명하는 조선 시대의 신분으로 알맞은 것은 어느 것입니까? (　　　)

> 전문 지식이나 기술을 가진 관리로 통역을 담당하는 역관, 의술을 펼치는 의관, 그림을 그리는 화원 등이 있었다.

① 양반　　② 중인
③ 상민　　④ 천민
⑤ 권문 세족

19 다음과 같은 반대에도 불구하고 세종이 추진한 일로 가장 알맞은 것은 어느 것입니까? (　　　)

> **최만리의 상소문**
>
> 조선은 중국과 같은 글자(한자)를 사용하고 중국과 같은 법률 제도를 사용하고 있습니다. 몽골, 여진, 일본과 같이 글자를 따로 쓰는 나라도 있지만 이들은 오랑캐에 불과하옵니다. 어찌 옛날부터 쓰는 글자를 고쳐 이익이 없는 우리글을 새로 만드십니까?

① 집현전을 확대해 운영했다.
② 훈민정음을 백성들에게 널리 알렸다.
③ 혼천의 등 여러 과학 기구를 만들었다.
④ 장영실과 같이 신분이 낮은 사람을 관리로 뽑았다.
⑤ 중국의 달력 대신에 조선을 기준으로 한 달력을 만들도록 했다.

20 다음과 같은 사건이 발생한 전쟁은 어느 것입니까? (　　　)

> 인조가 남한산성에서 나와 청 태종에게 굴욕적인 항복을 했습니다.

① 임진왜란　　② 병자호란
③ 귀주 대첩　　④ 처인성 전투
⑤ 매소성 전투

서술형 평가 1단원

[01~02] 다음 건국 이야기를 읽고, 물음에 답하시오.

> (가) 하늘의 아들인 해모수와 물의 신 하백의 딸인 유화 사이에서 사내아이가 태어났다. 아이는 활을 잘 쏘아 주몽이라고 불렸다. 주몽은 동부여를 떠나 졸본 지역에 나라를 세웠다.
>
> (나) 하늘을 나는 말이 커다란 알이 놓고 갔다. 그 알에 금이 가기 시작하더니 한 사내아이가 태어났다. 알에서 태어났다고 하여 이 아이의 성을 '박'이라 하고 세상을 밝힐 인물이라고 하여 '혁거세'라고 이름을 지었다.
>
> (다) 하늘에서 내려온 여섯 개의 황금알 가운데에서 가장 먼저 태어난 김수로는 훗날 나라를 건국했다.

01 (가)~(다) 건국 이야기의 주인공이 세운 국가를 각각 쓰시오.

(가): ______________________

(나): ______________________

(다): ______________________

02 (가)~(다) 건국 이야기에 나타난 공통점이 무엇인지 쓰시오.

____

____

03 (가)~(라)를 삼국 통일 과정의 순서에 맞게 나열하시오.

(가)	(나)
신라와 당의 연합군이 고구려를 멸망시켰다.	당이 한반도 전체를 차지하려고 하자 신라와 당 사이에 전쟁이 일어났다.

(다)	(라)
신라가 당을 몰아내고 삼국을 통일했다.	신라와 당이 연합하여 백제를 멸망시켰다.

(　　→　　→　　→　　)

04 (가)~(다)는 삼국 통일과 관련된 인물에 대한 설명입니다. 각각 누구인지 쓰시오.

(가)	당으로 건너가 동맹을 맺고 돌아왔다. 훗날 왕위에 올라 태종 무열왕이 되었다.
(나)	신라에 흡수된 가야의 왕족 출신이다. 신라군을 이끌고 황산벌 전투에서 백제군을 물리치는 등 삼국 통일에 앞장섰다.
(다)	당과의 전쟁에서 승리한 후 삼국 통일을 완수했다.

(가): ______________________

(나): ______________________

(다): ______________________

05 신라 삼국 통일의 의의를 쓰시오.

____

____

[06~07] 다음은 후삼국 시대의 여러 인물에 대해 정리한 것입니다. 보고 물음에 답하시오.

(가)	(나)
• 후백제를 건국했다. • 자식들 사이의 왕위 다툼이 일어나 (㉠)에 귀순했다.	• 후고구려를 건국했다. • 난폭한 정치로 신하들의 신임을 잃었다. • 왕의 자리에서 쫓겨났다.
(다)	**경순왕**
• 후고구려를 건국하는 데 큰 공을 세웠다. • 고려를 건국했다.	• 신라의 마지막 왕이다. • 스스로 (㉠)에 국가를 넘겼다.

06 (가)~(다)에 들어갈 알맞은 인물을 쓰시오.

(가): ______________________

(나): ______________________

(다): ______________________

07 ㉠에 들어갈 국가를 쓰시오.

( )

08 태조 왕건이 후삼국을 통일한 후 호족 세력을 통합하기 위해 펼친 정책을 쓰시오.

____

____

[09~10] 다음 자료를 보고, 물음에 답하시오.

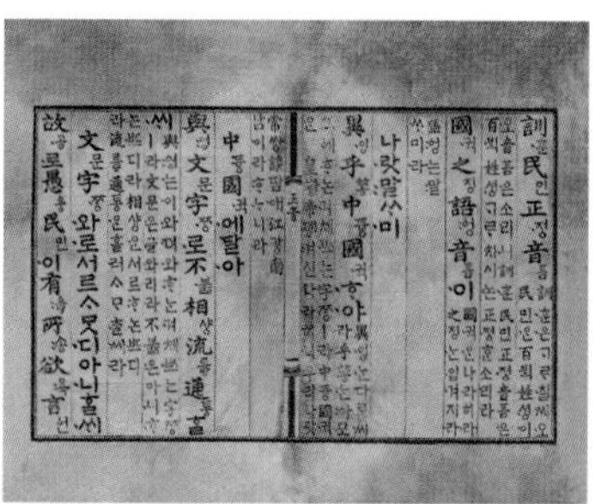

▲ 『훈민정음』「해례본」

우리나라의 말이 중국과 달라서 한자와는 서로 통하지 않으므로 백성들은 말하고자 하는 바가 있어도 뜻이 통하지 않았다. 그래서 내가 이를 가엾게 여겨 새로 스물여덟 자를 만들었으니, 백성들로 하여금 쉽게 익혀 나날이 쓰기 편하기를 바란다.

09 위의 자료의 밑줄 친 '스물여덟 자'를 가리키는 말을 쓰고, 이 글자를 만든 왕을 쓰시오.

(1) 글자 이름: ______________________

(2) 만든 왕: ______________________

10 위의 문자를 만든 왕의 국방 강화에 관한 업적입니다. ( ) 안에 들어갈 알맞은 말을 순서대로 쓰시오.

• 남쪽으로 ( )을/를 정벌하고 왜구의 침입을 막았다.
• 북쪽으로 ( ) 지역을 개척해 조선의 국경을 압록강과 두만강까지 확대했다.

(,)

▶ 가로 열쇠와 세로 열쇠를 읽고, 빈칸에 알맞은 답을 써서 낱말 퍼즐을 완성해 봅시다.

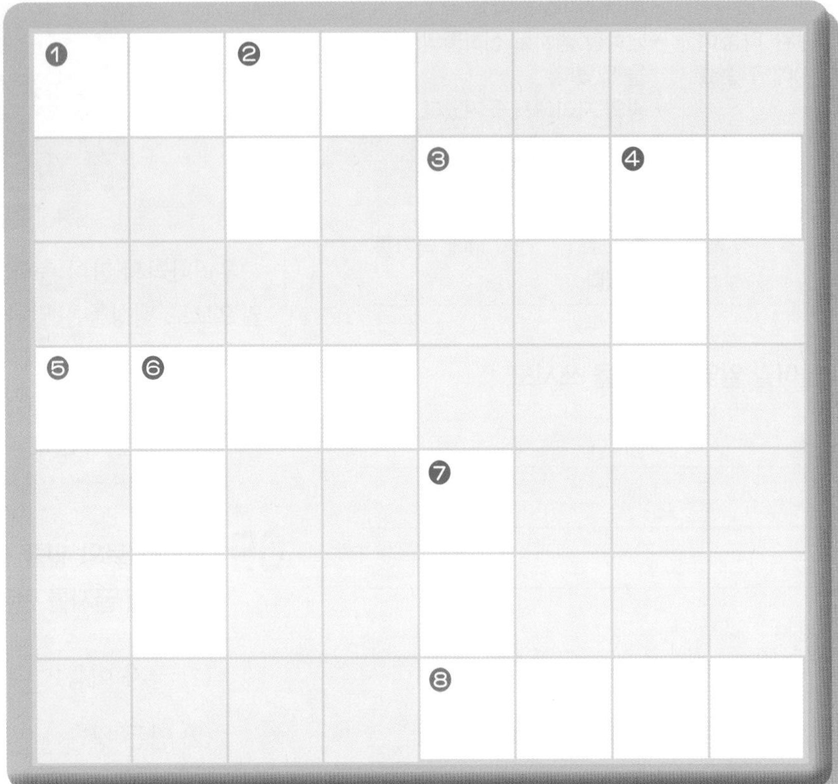

가로 열쇠

❶ 우리 역사상 처음으로 등장한 나라인 고조선은 ○○○○이/가 세웠습니다.

❸ 조선 성종 때 국가를 다스리는 데 기본이 되는 법전으로 ○○○○을/를 만들었습니다.

❺ 고구려, 백제, 신라는 한반도의 중심인 ○○ ○○을/를 차지하기 위해 전쟁을 벌였습니다.

❽ 조선의 여성 예술가인 ○○○○은/는 시와 글씨, 그림에 뛰어나 「초충도」 등을 남겼습니다.

세로 열쇠

❷ 후삼국을 통일한 ○○은/는 호족을 적절히 견제하되 존중하며 국가를 다스렸습니다.

❹ 옛 고구려 출신인 ○○○이/가 발해를 세웠습니다.

❻ 고려군을 이끈 ○○○은/는 귀주에서 거란군을 공격하여 크게 승리했습니다.

❼ 임진왜란 때 ○○○이/가 이끄는 수군은 한산도 대첩 등 여러 전투에서 승리했습니다.

▶ 사다리 타기 놀이를 통해 해당 문화유산을 확인하고, 빈칸에 알맞은 말을 써 봅시다.

목탑의 모양을 본떠 잘 다듬은 돌을 쌓아 만든 □□의 석탑

□□ 사람들이 부처의 나라를 이루려는 소망을 담아 도읍인 금성(경주 지역)에 만든 절

발해가 □□□을/를 계승했음을 알 수 있는 문화유산으로, 기와지붕에서 수키와의 끝을 막는 기와

유네스코 세계 기록 유산에 등재된 고려의 문화유산으로, □□의 침입을 부처의 힘으로 물리치고자 만든 것

장영실이 □□의 명을 받아 만든 자동으로 종을 쳐서 시각을 알려 주는 물시계

중단원 핵심 복습 2단원 (1)

1 영조와 정조의 개혁 정치

영조	• 탕평책을 실시함. • 백성들의 세금 부담을 줄임. • 큰 죄를 지은 사람이 세 번까지 재판을 받을 수 있도록 하고, 신문고를 부활함.
정조	• 탕평책을 이어받아 적극적으로 실시함. • 규장각을 육성해 개혁 정치에 필요한 인재를 길러 냄. • 계획도시인 수원 화성을 건설함.

2 조선 후기 사회 문제를 해결하기 위해 등장한 실학

(1) 실학의 등장 배경
- 임진왜란, 병자호란 이후 백성의 삶이 더욱 어려워짐.
- 백성들의 생활을 안정시키고, 현실 문제에 대한 해결책을 찾는 새로운 학문으로 실학이 등장함.

(2) 실학자들의 다양한 주장
- 농촌 사회 안정: 토지 제도를 개혁하고, 새로운 농사 기술을 보급해야 함.
- 상공업의 발달: 청의 발달된 문물을 받아들여 상공업을 발달시켜야 함.
- 고유 문화 중시: 우리 역사, 지리, 언어 등을 연구함.

3 서민 문화의 발달

(1) 서민 문화가 발달한 배경

농업과 상공업의 발달 등으로 경제적 여유가 생긴 서민들이 많아짐. ➡ 이들이 문화·예술에 관심 가지면서 서민 문화가 발달함.

(2) 서민 문화의 종류
- 한글 소설: 한글로 된 소설로, 돈을 받고 책을 읽어 주는 '전기수'라는 직업이 생김.
- 판소리: 소리꾼이 고수의 북장단에 맞추어 노래(창)와 몸동작, 이야기(사설)를 엮어 펼치는 공연임.
- 탈놀이(탈춤): 탈을 쓰고 하는 춤이나 연극으로, 사람이 많이 모이는 장터 등에서 주로 공연함.
- 풍속화: 서민들의 일상생활 모습이나 양반, 여인들의 모습을 표현한 그림임.
- 민화: 이름 없는 화가들이 그린 그림임.

4 흥선 대원군의 정책과 강화도 조약

(1) 흥선 대원군의 등장과 개혁 정치
- 세도 정치의 전개: 세도 정치로 나라의 질서가 어지러워짐.
- 흥선 대원군의 개혁 정책: 세도 정치의 잘못을 바로잡기 위해 인재를 고루 등용하고, 양반에게도 군포를 내게 했으며, 경복궁을 다시 지음.

(2) 서양 세력의 침입과 흥선 대원군의 대응
- 병인양요(1866년): 프랑스가 강화도를 침입함. → 외규장각의 책과 보물을 약탈해 감.
- 신미양요(1871년): 미국이 통상을 요구하며 강화도를 침입함. → 어재연 장군의 수(帥)자기를 빼앗아 감.
- 척화비 건립: 흥선 대원군은 전국에 척화비를 세우고 서양과 교류하지 않겠다는 뜻을 널리 알림.

(3) 강화도 조약과 개항
- 외국과의 통상을 주장하는 사람들이 많아짐.
- 강화도 조약(1876년): 일본이 통상을 요구하며 강화도를 침입함. → 최초의 근대적 조약이자 불평등 조약인 강화도 조약을 맺고, 개항함.

5 갑신정변과 동학 농민 운동

(1) 개항 이후 개화에 대한 서로 다른 생각
- 김홍집 등: 청과 관계를 유지하며 점진적 개화
- 김옥균 등: 청과 관계를 끊고 급진적 개화

(2) 갑신정변(1884년): 김옥균 등 급진 개화파 세력이 우정총국 개국 축하 잔치를 틈타 정변을 일으킴. → 새로운 정부를 구성하고 개혁안을 발표함. → 청 군대의 개입으로 3일 만에 실패함.

(3) 동학 농민 운동(1894년): 전라도 고부 군수의 횡포에 동학 지도자 전봉준이 농민군과 함께 봉기함. → 청이 조선에 군대를 보내자 일본도 군대를 보냄. → 동학 농민군이 조선 정부로부터 개혁안을 약속받고 물러남. → 일본이 경복궁을 점령하고 조선의 정치에 간섭함. → 동학 농민군이 다시 봉기함. → 공주 우금치 전투에서 패해 동학 농민군이 해산되고, 전봉준이 처형됨.

중단원 쪽지 시험

2 (1) 새로운 사회를 향한 움직임

정답과 해설 36쪽

01 탕평책을 이어받아 붕당과 관계없이 인재를 고루 뽑고, 정치·군사·경제적 기능을 갖춘 수원 화성을 건설한 왕은 누구입니까?

( )

02 조선 후기에 백성들의 생활을 안정시키고, 현실 문제에 대한 해결책을 찾으려고 새롭게 등장한 학문을 무엇이라고 합니까?

( )

03 다음 설명에 해당하는 인물의 이름을 쓰시오.

나는 농민들의 생활을 안정시키고자 토지 제도를 바꾸자고 주장한 실학자로, 지방 관리가 지켜야 할 덕목을 담은 『목민심서』를 썼소.

( )

04 다음에서 설명하는 것은 무엇인지 쓰시오.

> 조선 후기에 발달한 서민 문화의 하나로, 탈을 쓰고 하는 춤이나 연극이다.

( )

05 다음과 같이 서민들의 일상 모습을 표현한 그림을 무엇이라고 합니까?

( )

[06~07] 다음 ( ) 안에 들어갈 알맞은 말을 쓰시오.

06 정조의 뒤를 이어 나이 어린 왕들이 즉위하자 왕실과 혼인 관계를 맺은 몇몇 가문이 권력을 잡고 나랏일을 마음대로 하는 ( )이/가 나타나 정치가 어지러워졌습니다.

07 어린 고종을 대신해 아버지인 ( )이/가 정치적 실권을 차지한 후 양반에게도 군포를 걷고, 서원을 정리하는 등 여러 개혁 정책을 펼쳤습니다.

[08~09] 다음을 읽고, 알맞은 내용에 ○표를 하시오.

08 강화도 조약은 조선이 (청 , 일본)과 맺은 최초의 근대적 조약으로, 조선에 불리했던 불평등 조약입니다.

09 청의 간섭에서 벗어나 서양 기술과 더불어 제도와 사상까지 수용하여 빠른 속도로 개화할 것을 주장한 인물은 (김옥균 , 전봉준)입니다.

10 다음 설명에 해당하는 사건은 무엇인지 쓰시오.

> • 평등사상과 사회 개혁을 강조한 동학의 교도와 농민들이 함께 전라도 고부에서 봉기하면서 시작되었다.
> • 청일 전쟁 이후 일본을 몰아내려고 다시 봉기했지만 관군과 일본군에 패해 해산했다.

( )

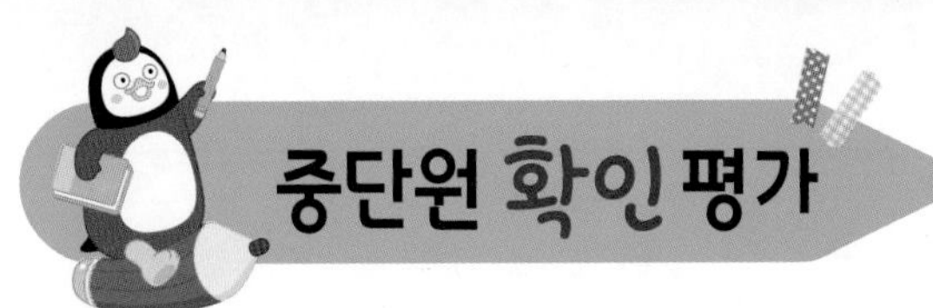

[01~02] 다음은 누리집에서 검색한 내용의 일부입니다. 물음에 답하시오.

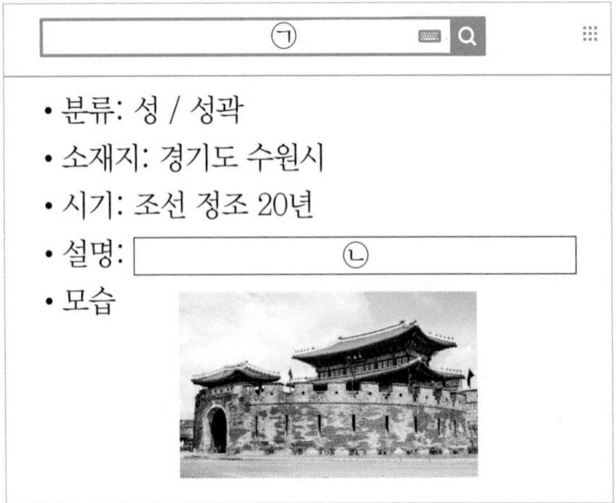

01 위 ㉠에 들어갈 문화유산은 어느 것입니까? (　　　)

① 동래성　② 평양성
③ 남한산성　④ 행주산성
⑤ 수원 화성

02 위 ㉡에 들어갈 내용을 한 가지 쓰시오.

____

____

03 다음 카드 속 인물이 한 일로 알맞은 것은 어느 것입니까? (　　　)

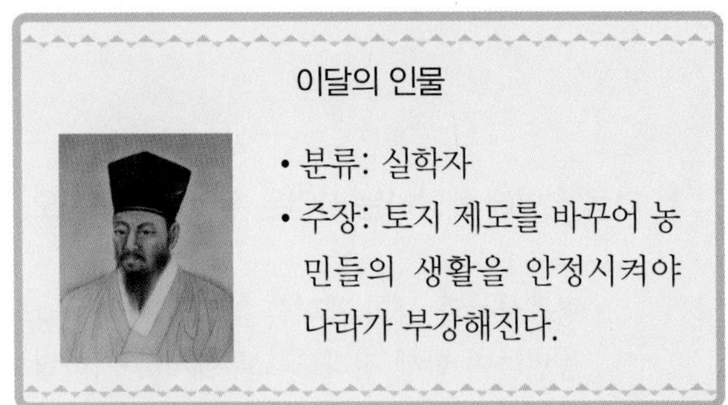

① 발해고를 썼다.
② 동사강목을 썼다.
③ 대동여지도를 만들었다.
④ 한글 소설 홍길동전을 지었다.
⑤ 제도 개혁을 다룬 경세유표를 썼다.

04 다음 실학자와 연구 분야를 잘못 짝지은 것은 어느 것입니까? (　　　)

실학자	연구 분야
① 박지원	상공업의 발전 방안
② 박제가	청의 문물 수용 방안
③ 유득공	불교문화 활성화 정책
④ 정약용	지방 관리의 덕목 교육
⑤ 김정호	우리나라 지도 제작 방법

05 다음 대화창의 ㉠에 들어갈 내용으로 알맞은 것을 두 가지 고르시오. (　　　,　　　)

이야기방 3
주영
조선 후기에 경제적으로 여유로워진 일부 백성들이 문화와 예술 활동에 많은 관심을 보였어.
오후 6:23
민지
어떤 문화 예술 활동에 관심을 가지게 되었을까?
오후 6:23
오후 6:24
(㉠) 등이 있지.

① 민화　② 천마도
③ 분청사기　④ 고려청자
⑤ 한글 소설

06 밑줄 친 그림의 종류에 해당하는 것은 어느 것입니까? (　　　)

> 조선 후기에는 서민들의 소망을 담아 그린 민화가 유행했다.

① 

② 

③ 

④ 

⑤ 

07 다음 ㉠에 들어갈 내용을 쓰시오.

> 흥선 대원군의 개혁 정치와 영향
>
> • 양반에게도 군포를 부과하고, 서원을 정리함.
> → 나라의 재정을 확보할 수 있었음.
> • 능력 있는 인물을 관리로 등용함.
> → 세도 정치 세력을 억제할 수 있었음.
> • (　　　　㉠　　　　)
> → 공사에 동원하고 공사에 필요한 돈을 강제로 걷어 백성들의 불만이 커짐.

____

____

08 다음에서 설명하는 문화유산은 무엇인지 쓰시오.

> • 흥선 대원군이 서양과 교류하지 않겠다는 의지를 널리 알리려고 세운 비석이다.
> • 비석에는 '서양 오랑캐가 침범했는데 싸우지 않는 것은 곧 나라를 파는 것이다.'라는 내용이 새겨져 있다.

(　　　　　　　　　　)

09 밑줄 친 '이 사건'은 아래 연표의 어느 부분에 해당하는지 알맞은 기호를 쓰시오.

> 김옥균을 중심으로 한 사람들은 청의 간섭에서 벗어나 적극적으로 개화 정책을 추진하려고 이 사건을 일으켜 새 정부를 구성했다.

1796		1866		1871		1876		1894
	㉠		㉡		㉢		㉣	
수원 화성 건설		병인양요		신미양요		강화도 조약 체결		동학 농민 운동

(　　　　　　　　　　)

10 다음 질문에 대한 답으로 가장 알맞은 것은 어느 것입니까? (　　　)

사진은 동학 농민 운동을 이끌었던 전봉준이 압송되어 가는 모습입니다. 전봉준을 비롯한 동학 농민군이 이루고자 한 세상의 모습은 어떤 것이었을까요?

① 서학 사상을 받아들이기를 원했어요.
② 러시아의 간섭에서 벗어나기를 원했어요.
③ 관리들이 백성들을 괴롭히지 않기를 원했어요.
④ 일본이나 서양 세력과 좀더 활발히 통상하기를 원했어요.
⑤ 청과 관계를 끊고 개화 정책을 적극적으로 펼치기를 원했어요.

중단원 핵심 복습 2단원 (2)

1 대한 제국 시기 자주독립과 근대화를 위한 노력

(1) 을미사변과 아관 파천

- 고종과 명성황후는 청일 전쟁에서 이긴 일본이 조선을 지배하려는 욕심을 보이자 러시아를 끌어들여 견제함.
- 을미사변: 위기를 느낀 일본이 명성황후를 시해함.
- 아관 파천: 고종이 일본의 영향력으로부터 벗어나고자 러시아 공사관으로 피신함. → 러시아를 비롯한 여러 나라의 간섭과 경제적 침략이 심해짐.

(2) 독립 협회의 설립과 활동

- 서재필은 조선 정부의 지원을 받아 『독립신문』을 펴냄.
- 서재필이 주도하여 조선 정부의 관리들과 개화 지식인들이 독립 협회를 만듦.
- 독립 협회는 자주독립 의지를 표현하고자 독립문을 세우고, 누구나 사회 문제에 대해 생각을 나누며 외세의 간섭을 비판할 수 있게 만민 공동회를 개최함.

▲ 만민 공동회 개최

(3) 대한 제국의 수립과 근대화를 위한 노력

- 고종이 러시아 공사관에서 경운궁(덕수궁)으로 돌아와 황제로 즉위하고, 대한 제국의 수립을 선포함.
- 대한 제국의 근대적 개혁 추진
  - 전기, 전차, 철도, 전화 등 근대적 시설을 설치함.
  - 공장, 회사, 은행 설립을 지원함.
  - 근대식 학교를 설립하고, 외국에 유학생을 보냄.
- 대한 제국의 개혁 정책은 근대적 국가로 발전하는 데 도움이 되었지만, 국민 권리 보장이 부족했고 다른 나라의 간섭으로 큰 성과를 거두지는 못함.

2 을사늑약과 항일 의병의 노력

(1) 을사늑약 강제 체결

- 러일 전쟁에서 우위를 점한 일본은 대한 제국 정치에 더욱 깊이 간섭함.
- 일제가 군대를 동원해 강제로 을사늑약을 체결하고 대한 제국의 외교권을 빼앗음.

(2) 을사늑약에 대한 대응

- 신문에 을사늑약의 부당함을 주장하는 글을 실음.
- 민영환 등은 스스로 목숨을 끊어 을사늑약에 반대함.
- 헤이그 특사 파견

> 고종이 헤이그에서 열리는 평화 회의에 특사를 파견해 을사늑약이 무효임을 국제 사회에 알리고자 함. → 일제의 방해로 실패함. → 일제는 고종을 황제 자리에서 물러나게 하고 대한 제국의 군대도 해산시킴.

(3) 항일 의병 운동의 확산

- 을사늑약에 반발해 전국에서 항일 의병 운동이 일어남.
- 평민(신돌석 등), 여성(윤희순 등) 출신의 의병장이 활약하고, 일제에 의해 강제 해산된 군인 중 일부도 동참함.
- 일제가 대규모 군대를 동원해 의병을 탄압하자, 만주나 연해주로 이동해 항일 투쟁을 이어 나감.

(4) 민족의 힘과 실력을 기르려는 노력

- 일제에 대항하려면 실력과 힘을 길러야 한다고 생각함.
- 민족을 계몽하려고 학교를 세움.
- 안창호 등은 신민회라는 비밀 단체를 조직함.
  - 학교(인재 양성), 민족 기업(산업 육성)을 세우고, 독립운동 기지(독립군 양성)를 만듦.
- 일제에 진 빚을 스스로 갚자는 국채 보상 운동이 전국적으로 퍼져 나감.

(5) 일제의 침략을 막기 위한 안중근 의사의 노력

- 을사늑약 체결 이후 학교를 세워 민족의 힘과 실력을 키우려는 계몽 운동을 벌임.
- 고종이 황제 자리에서 강제로 물러난 이후 의병을 모아 국내 진입 작전을 펼침.
- 중국 하얼빈역에서 일제의 침략에 앞장선 이토 히로부미를 처단함.
- 재판 과정에서 일제의 만행을 알리고, 이토 히로부미를 저격해 평화를 유지하고자 했던 까닭을 당당히 밝힘.

▲ 안중근

3 일제 식민 통치와 국외로 떠난 한국인들

(1) 강압적 일제 식민 통치

- 일제는 대한 제국의 국권을 강제로 빼앗음.
- 조선 총독부의 식민 통치
  - 헌병 경찰을 앞세워 한국인을 강압적으로 통치함.
  - 출판, 집회, 단체 운영의 자유를 빼앗음.

(2) 일제의 토지 조사 사업

- 일제가 식민 통치에 필요한 자금을 마련할 목적으로 토지 조사 사업을 실시함.
- 많은 농민이 농사지을 땅을 잃게 됨.

(3) 일제의 침탈로 국외로 떠난 한국인들

- 일제의 강압적인 통치와 경제적 수탈을 피해 만주, 연해주, 하와이, 멕시코 등으로 살 곳을 옮김.
- 독립운동가들은 일제의 탄압을 피해 만주, 연해주, 미국 등으로 옮겨 독립운동을 이어 나감.

4 3·1 운동과 대한민국 임시 정부 수립

(1) 3·1 운동

- 배경: 제1차 세계 대전에서 진 나라가 지배하던 식민지 국민들도 그들의 운명을 스스로 결정해야 한다는 주장이 제기되자, 독립에 대한 희망이 커짐.
- 전개 과정

> 종교계 지도자들과 학생들이 독립 선언서를 만들어 배포함. → 1919년 3월 1일, 민족 대표들이 독립 선언식을 함. → 많은 학생과 시민들이 탑골 공원에서 독립 선언서를 낭독하고 만세 시위를 벌임. → 만세 시위가 전국적으로 퍼져 나감. → 일제는 총칼로 잔인하게 진압함.

- 의의: 일제 강점기 최대 규모의 독립운동으로 우리 민족의 독립 의지를 세계에 널리 알림.

(2) 3·1 운동 이후 주요 독립운동

- 만주와 연해주 일대에서 독립군 부대를 조직해 일본군을 공격하고, 일제 통치 시설을 파괴함.
  - 봉오동 전투(홍범도 등), 청산리 대첩(김좌진·홍범도 등)
- 일제의 민족 차별에 맞서 광주 학생 항일 운동이 일어나 전국적인 항일 민족 운동으로 확산됨.

(3) 대한민국 임시 정부의 수립과 활동

수립 배경	3·1 운동 이후 독립운동을 체계적으로 이끌고자 하나의 통합 정부를 세워야 한다는 주장이 설득력을 얻음.
수립	여러 곳에 있던 임시 정부를 통합해 중국 상하이에 대한민국 임시 정부를 수립함(1919년).
주요 활동	• 비밀 연락망 조직, 독립운동 자금 모금, 독립의 의지를 세계에 알리는 외교 활동을 함. • 김구는 한인 애국단을 조직해 일제의 주요 인물을 처단하는 활동(윤봉길 의거 등)을 함. • 한국광복군을 창설해 일제와 전쟁을 치를 준비를 하며 독립할 계획을 세움.
의의	3·1 운동 정신을 토대로 국민이 주권을 갖는 정치 체제를 선언함.

5 일제에 맞서 민족정신을 지키기 위한 노력

(1) 일제가 한국인의 민족정신을 없애고자 벌인 일

- 우리 민족은 스스로 발전할 수 없다고 주장함.
- 우리 민족의 민족정신을 없애고자 함.
  - 황국 신민 서사와 신사 참배 강요
  - 학교에서 우리말 대신 일본어 사용
  - 일본식 이름과 성 사용

(2) 일제의 침략 전쟁 확대로 한국인이 겪은 피해

- 전쟁에 필요한 물자를 확보하기 위해 식량뿐만 아니라 금속(밥그릇, 수저 등)까지 빼앗아 감.
- 많은 한국인을 전쟁터에 군인으로 동원하고, 탄광, 공장으로 강제로 끌고 가 일을 시킴.
- 많은 여성이 일본군 '위안부'로 끌려가 고통당함.

(3) 한국인의 민족정신과 문화를 지키려는 노력

우리말 연구	조선어 학회를 중심으로 「한글 맞춤법 통일안」 발표, 우리말 『큰사전』 편찬을 준비함.
우리 역사서 편찬	신채호, 박은식 등은 우리 위인들의 전기, 역사서를 지어 우리 민족의 우수성과 자주독립 의지를 높임.
항일 문학 창작	한용운, 이육사 등은 일제에 대한 저항 정신을 담은 작품을 씀.
우리 문화유산 보존	전형필은 자신의 재산을 들여 일본으로 넘어갈 뻔한 우리 문화유산을 구입해 보존함.

중단원 쪽지 시험

2 (2) 일제의 침략과 광복을 위한 노력

정답과 해설 37쪽

01 다음 활동과 관련 있는 단체의 이름을 쓰시오.

- 독립문 건립
- 만민 공동회 개최

( )

[02~05] 다음 ( ) 안에 들어갈 알맞은 말을 쓰시오.

02 러시아 공사관에서 돌아온 고종은 환구단에서 황제로 즉위하고, 국가 이름을 ( )(으)로 선포했습니다.

03 러일 전쟁에서 우위를 점한 일제는 고종이 허락하지 않았으나 군대를 동원해 강제로 을사늑약을 체결하고, 대한 제국의 ( )을/를 빼앗았습니다.

04 다음과 같은 일을 한 인물은 누구입니까?

나는 하얼빈역에서 이토 히로부미를 처단하였소. 그리고 재판 과정에서 당당히 일제 침략 행위를 널리 알리고, 동양 평화를 지키려는 방안을 당당히 주장했소.

( )

05 다음에서 설명하는 것은 무엇인지 쓰시오.

일제가 식민 통치에 필요한 자금을 마련하고자 실시한 사업이다. 이 일로 많은 농민이 농사지을 땅을 잃게 되었다.

( )

06 다음에서 설명하는 사건의 이름을 쓰시오.

- 민족 대표들이 독립 선언식을 했다.
- 학생과 시민들이 탑골 공원에 모여 독립 선언서를 낭독하고, '독립 만세'를 외치며 만세 시위를 벌였다.

( )

[07~10] 다음을 읽고, 알맞은 내용에 ○표를 하시오.

07 3·1 운동을 계기로 힘을 모아 체계적으로 독립운동을 이끌 정부의 필요성이 커지자 여러 임시 정부를 통합해 (한성 , 상하이)에 대한민국 임시 정부를 세웠습니다.

08 (홍범도 , 김좌진)은/는 독립군 부대를 이끌고 봉오동 일대에서 일본군을 격파했습니다.

09 1930년대 후반 일제는 한국인의 민족정신을 없애려고 학교에서 (한국어 , 일본어) 사용을 금지했습니다.

10 (신채호 , 조선어 학회)는 우리말과 글을 지키고자 「한글 맞춤법 통일안」을 발표하고, 우리말 『큰사전』 편찬을 준비했습니다.

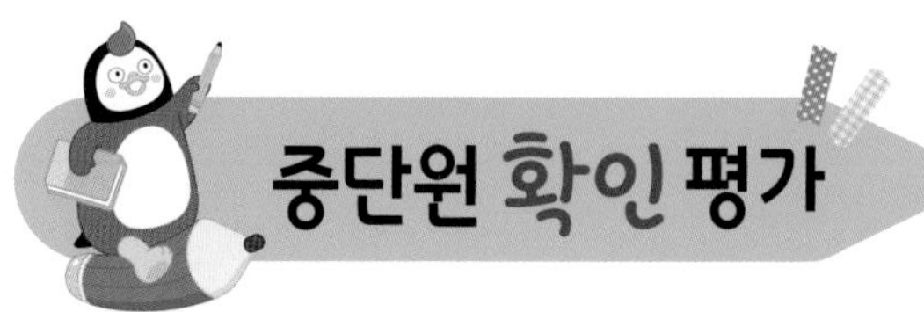

01 다음 사건이 일어난 이후 조선의 상황으로 알맞은 것은 어느 것입니까? (   )

사건 일지

청일 전쟁에서 승리한 일본이 조선에 대해 심하게 간섭하자 고종과 명성황후는 러시아를 끌어들여 일본을 견제하려고 했다. 위기를 느낀 일본은 경복궁에 자객을 보내 명성황후를 시해했다.

① 일본과 강화도 조약을 맺었다.
② 고부 군수의 횡포에 동학 농민 운동이 일어났다.
③ 빠른 개화를 추진하고자 갑신정변이 일어났다.
④ 서양 세력이 조선에 통상을 요구하며 강화도로 침입했다.
⑤ 고종은 일본의 영향력으로부터 벗어나고자 러시아 공사관으로 피신했다.

02 다음 문화유산과 관련 있는 단체에 대한 설명으로 알맞은 것은 어느 것입니까? (   )

▲ 서울 독립문

① 독립군을 양성했다.
② 한인 애국단을 조직했다.
③ 고종이 주도해 만들었다.
④ 의병 활동으로 독립 의지를 널리 알렸다.
⑤ 만민 공동회에서 외세의 침탈을 비판했다.

03 다음 모습과 관련 있는 대한 제국의 근대적 개혁 방안으로 알맞은 것은 어느 것입니까? (   )

▲ 전차

① 탕평책 실시
② 경복궁 중건
③ 한국광복군 창설
④ 민주 공화제 채택
⑤ 근대 시설·문물 도입

04 다음 을사늑약의 조항으로 대한 제국이 겪게 될 어려움은 무엇인지 쓰시오.

제1조 일본 정부는 대한 제국의 외교에 관한 모든 사무를 지휘하고 감독한다.
제2조 대한 제국은 일본 정부를 거치지 않고 외국과 조약을 맺지 않기로 약속한다.

____

____

05 다음 (   ) 안에 공통으로 들어갈 말을 쓰시오.

사진 속 인물들은 일제의 침탈에 맞서 양반뿐만 아니라 일반 백성들까지 참여해 자발적으로 만든 군대로 (   )(이)라고 불려요. 이들은 전국 각지에서 고종 강제 퇴위, 대한 제국 군대 해산 등에 반대하며 저항하고자 항일 (   ) 운동을 벌였지요.

(   )

06 다음은 역사 드라마의 한 장면입니다. 밑줄 친 인물에 대한 설명으로 옳은 것은 어느 것입니까? (   )

1909년, 안중근은 만주 하얼빈역에서 을사늑약을 주도한 인물을 기다리고 있었다. 곧이어 기차가 도착하고 사람들이 내리자 안중근은 숨겨 둔 권총을 꺼내 들었다.

① 독립 협회를 설립했다.
② 이토 히로부미를 처단했다.
③ 신민회라는 비밀 단체를 조직했다.
④ 스스로 목숨을 끊어 을사늑약에 반대했다.
⑤ 을사늑약의 부당함을 알리려고 헤이그에 특사로 파견되었다.

07 다음과 같은 모습을 볼 수 있는 시기의 일제 식민 통치 방식으로 알맞은 것은 어느 것입니까? (   )

선생님들이 제복을 입고 칼을 들고 있어 무서워요.

① 운요호 사건을 일으켰어요.
② 헌병 경찰을 앞세워 무력으로 통제했어요.
③ 권위를 세우고자 경복궁을 다시 지었어요.
④ 외교권을 빼앗으려 강제로 조약을 체결했어요.
⑤ 공주 우금치 전투에서 동학 농민군을 진압했어요.

08 다음 가상 인터뷰를 보고, ㉠에 들어갈 알맞은 내용을 쓰시오.

조선 총독부가 일부 땅에 대해 한국인 농민이 농사 지을 권리를 인정하지 않는다고 하던데요. 왜 이런 일이 발생하게 되었나요?

㉠

09 다음을 보고, 검색창에 어떤 인물을 검색했는지 쓰시오.

• 평양에서 대성 학교를 세워 인재를 양성함.
• 미국에서 흥사단을 세워 국권 회복에 기여할 인물을 양성함.

(   )

10 다음 학습 주제에 가장 알맞은 내용을 발표한 사람은 누구입니까? (   )

① 재준: 한글 연구와 보급에 힘썼어요.
② 아윤: 한·일 학생의 차별에 분노했어요.
③ 현진: 전국 각지에서 의병 활동이 일어났어요.
④ 지원: 민족 대표들의 독립 선언식이 있었어요.
⑤ 현우: 민족의 실력을 길러 나라를 지키려고 했어요.

11 다음 (   ) 안에 들어갈 인물은 누구입니까? (   )

이달의 독립운동가

이화 학당을 다니던 학생 (   )은/는 천안 아우내 장터에서 만세 시위를 주도하다 체포되었다. 감옥에 갇혀서도 독립 만세를 외치다 심한 고문을 받아 18세에 숨을 거두었다.

① 유관순 ② 윤희순
③ 신돌석 ④ 홍범도
⑤ 신사임당

12 다음 ㉠, ㉡에 들어갈 알맞은 말을 각각 쓰시오.

선생님: 만주에서 독립군이 일본군을 상대로 큰 승리를 거두었던 전투는 무엇일까요?
재준: 홍범도를 중심으로 한 부대가 일본군을 무찔렀던 (㉠) 전투와 김좌진과 홍범도가 중심이 된 연합 부대가 승리를 거두었던 (㉡) 전투예요.

㉠ (   ), ㉡ (   )

서술형 13 다음은 한인 애국단에 입단한 두 인물에 대한 인물 카드입니다. 각 ㉠, ㉡에 들어갈 알맞은 내용을 쓰시오.

이름	이봉창	윤봉길
사진		
활동	(㉠)	(㉡)

㉠	
㉡	

14 다음 일제의 식민 통치 방식이 실시된 시기에 일어난 일이 아닌 것은 어느 것입니까? (   )

일제는 중국을 침략하려고 전쟁을 일으킨 후 우리의 민족정신을 말살시키는 정책을 폈다.

① 신사 참배를 강요했다.
② 황국 신민 서사를 암기하게 했다.
③ 일본식 성과 이름을 쓰도록 강요했다.
④ 독립운동의 진압 과정에서 화성 제암리 사건을 일으켰다.
⑤ 식량과 금속 등 전쟁에 필요한 물자를 강제로 거두어 갔다.

15 다음 (가)~(다)에 들어갈 내용으로 알맞은 것은 어느 것입니까? (   )

수행 평가 보고서
• 주제: 민족정신과 문화를 지키려는 노력
• 내용: 일제의 식민 통치에 맞서 우리의 민족정신과 문화를 지키고 나라를 되찾고자 했던 저항 활동을 조사했다.

인 물	활 동
신채호	(가)
이육사	(나)
전형필	(다)

① (가) – 한글 연구와 보급
② (가) – 일본으로 넘어갈 뻔한 문화유산 구입
③ (나) – 독립 의지와 광복을 염원하는 작품 창작
④ (다) – 한글 맞춤법을 정리하고 한글 강습회 개최
⑤ (다) – 자주독립의 의지를 높이려고 우리 역사 소개

1 8·15 광복과 광복 이후의 상황

(1) 8·15 광복
- 배경: 독립을 위한 우리 민족의 끊임없는 노력과 제2차 세계 대전에서 연합군의 승리
- 전개: 일본의 항복 선언 → 8·15 광복

(2) 건국 준비
- 광복 후 국내에서는 건국 준비 단체를 만들어 치안과 질서를 유지하며 전국적으로 조직을 확대함.
- 국외 동포들의 귀국: 여러 나라에 머물던 동포들, 일제에 의해 강제로 끌려갔던 사람들, 독립운동가들(김구, 이승만 등)이 귀국함.

2 한반도 문제를 둘러싼 다양한 갈등

(1) 남북 분단: 일본군의 무장 해제를 이유로 북위 38도선을 경계로 남쪽에 미군, 북쪽에 소련군이 들어와 주둔함.

(2) 모스크바 3국 외상 회의: 미국·영국·소련 외무 장관이 한반도 문제의 해결 방안을 모색함.

- 민주주의 임시 정부 수립
- 미소 공동 위원회 구성
- 최대 5년간 신탁 통치에 관한 방안 논의 결정

(3) 신탁 통치 둘러싼 국내 갈등: 찬반 갈등이 커짐.

(4) 미소 공동 위원회: 미국과 소련의 의견 차이가 커서 미국은 한반도 문제를 국제 연합(UN)에 넘김.

3 대한민국 정부 수립 과정

(1) 남한만의 총선거 실시 결정

국제 연합은 남북한 총선거를 통한 통일 정부 수립을 결정함. → 소련과 북한이 거부함. → 선거가 가능한 남한에서만 총선거를 치르기로 함.

(2) 대한민국 정부 수립에 대한 서로 다른 주장

이승만		김구
통일 정부 수립이 어렵다면 남쪽만이라도 임시 정부를 세워야 함.	VS	남북한이 함께 총선거로 통일된 독립 국가를 수립해야 함.

(3) 5·10 총선거와 헌법 제정·공포
- 남한에서 국회 의원을 뽑는 민주적 총선거가 처음 실시되어 제헌 국회가 구성됨.
- 나라 이름을 '대한민국'으로 정하고, 제헌 헌법을 공포(1948. 7. 17.)해 국가의 주권이 국민에게 있음을 규정함.

(4) 대한민국 정부 수립(1948. 8. 15.)
- 제헌 국회에서 초대 대통령으로 이승만을 선출함.
- 이승만 대통령은 대한민국 정부 수립을 선포함.
- 북한에서도 조선 민주주의 인민 공화국이 수립됨.

4 6·25 전쟁의 과정과 피해

(1) 6·25 전쟁의 배경
- 남한과 북한에 서로 다른 정부가 수립된 후 한반도에 주둔하던 미군과 소련군이 철수함.
- 38도선 부근에서 남한군과 북한군이 종종 충돌함.

(2) 6·25 전쟁의 전개 과정

북한군의 남침	국군·국제 연합군의 반격
북한군이 기습적으로 38도선을 넘어 남한 침입 → 북한군이 3일 만에 서울 함락 → 국군은 낙동강 이남까지 후퇴	국제 연합군(16개국 구성)의 남한 파병 → 인천 상륙 작전에 성공해 압록강 부근까지 진격
중국군의 개입	**정전 협정 체결**
중국군이 북한 지원 → 국군과 국제 연합군은 다시 서울을 빼앗기고 한강 이남으로 후퇴	38도선 부근 치열한 전투 지속 → 2년여 간 정전 협상 후 정전 협정 체결(판문점) → 휴전선 설정

(3) 6·25 전쟁의 피해와 영향
- 많은 군인 및 민간인이 죽거나 다침.
- 전쟁고아와 이산가족이 발생함.
- 전 국토가 황폐해지고, 건물, 도로, 철도, 공장 등 주요 시설과 문화유산이 파괴됨.
- 시설 복구에 많은 시간과 비용 소요됨.
- 삶의 터전을 잃고 식량·생활필수품 부족으로 오랜 기간 어려움을 겪음.

중단원 쪽지 시험

정답과 해설 38쪽

[01~02] 다음을 읽고, 알맞은 내용에 ○표를 하시오.

01 1945년 8월 15일, 우리나라가 일제의 식민 통치에서 벗어나 주권을 되찾은 것을 (광복 , 국권 침탈)이라고 합니다.

02 제2차 세계 대전이 끝난 후 (38도선 , 휴전선)을 경계로 남쪽에는 미군이, 북쪽에는 소련군이 들어와 주둔했습니다.

03 다음 ( ) 안에 들어갈 알맞은 말을 쓰시오.

> 모스크바 3국 외상 회의에서 우리나라에 대해 최대 5년간 ( )에 관한 방안 논의를 결정했다. 이 결정이 알려지자 사람들 사이에 찬반 갈등이 커졌다.

( )

04 다음에서 밑줄 친 사건이 무엇인지 쓰시오.

> 국제 연합이 남북한 총선거를 통한 통일 정부 수립을 결정했으나 소련과 북한이 거부해 선거가 가능한 남한에서만 총선거를 치르기로 했다. 이에 <u>헌법을 만들 국회 의원을 국민이 뽑는 우리나라 역사상 최초의 민주 선거</u>가 치러졌다.

( )

05 다음에서 설명하는 인물의 이름을 쓰시오.

> 제헌 국회에서 초대 대통령으로 선출되었다.

( )

06 다음 ( ) 안에 들어갈 알맞은 말을 쓰시오.

> 1948년 8월 15일, 이승만은 대한민국 임시 정부의 전통을 계승한 ( )의 수립을 선포했다.

( )

[07~08] 다음 내용이 옳으면 ○표, 틀리면 ×표 하시오.

07 6·25 전쟁은 북한군이 기습적으로 38도선을 넘어 남한을 침입하면서 시작된 전쟁입니다.

( )

08 6·25 전쟁으로 많은 군인들이 다치거나 목숨을 잃었지만 민간인은 피해를 입지 않았습니다.

( )

09 6·25 전쟁 중 정전 협정이 맺어지면서 한반도의 가운데를 가로질러 설정한 군사 경계선을 무엇이라고 합니까?

( )

10 다음 ( ) 안에 들어갈 알맞은 말을 쓰시오.

> 6·25 전쟁 이후 남과 북으로 헤어져 서로 소식을 모른 채 살아가는 ( )이/가 생겼다.

( )

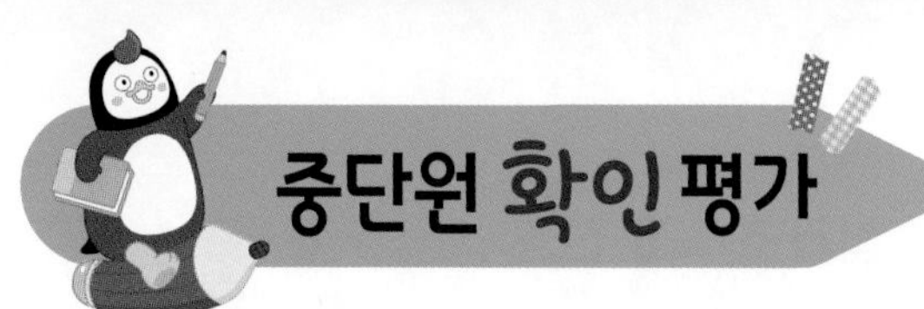

2 (3) 대한민국 정부의 수립과 6·25 전쟁

01 다음 ㉠에 들어갈 내용으로 알맞은 것은 어느 것입니까? (　　)

우리나라가 광복을 맞이하게 된 까닭을 설명해 볼까요?
(㉠) 때문이에요.
제2차 세계 대전에서 연합국이 승리했기 때문이에요.

① 38도선이 그어졌기
② 모스크바 3국 외상 회의가 열렸기
③ 우리 민족이 끊임없이 독립운동을 했기
④ 우리 민족이 남북 분단으로 전쟁을 했기
⑤ 일제에 강제로 끌려갔던 사람들이 돌아왔기

02 다음 답변에 들어갈 내용으로 알맞은 것은 어느 것입니까? (　　)

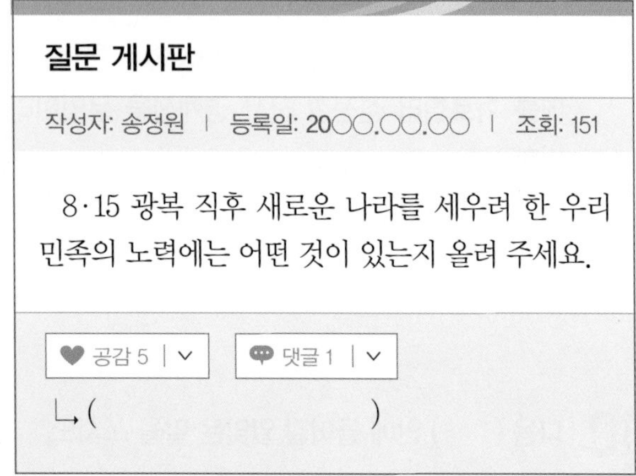

질문 게시판
작성자: 송정원 | 등록일: 20○○.○○.○○ | 조회: 151
8·15 광복 직후 새로운 나라를 세우려 한 우리 민족의 노력에는 어떤 것이 있는지 올려 주세요.

① 한국광복군을 창설했다.
② 만민 공동회를 개최했다.
③ 국채 보상 운동을 전개했다.
④ 건국 준비 단체를 만들어 치안 유지에 힘썼다.
⑤ 국민을 계몽하고자 평양에 대성 학교를 세웠다.

03 모스크바 3국 외상 회의에서 결정한 내용은 어느 것입니까? (　　)

① 남한만의 총선거 실시
② 대한민국 임시 정부의 계승
③ 한반도 신탁 통치에 관한 방안 논의
④ 38도선을 기준으로 남북한에 군정 실시
⑤ 국제 연합의 6·25 전쟁에 연합군 부대 파병

04 다음 인물들이 북한으로 가려는 까닭으로 알맞은 것은 어느 것입니까? (　　)

우리는 북한 지도자들을 만나 새로운 정부 수립 방안을 논의하고자 평양으로 향하는 중입니다.

◀ 김구와 일행들

① 남한만의 단독 정부를 수립하려고
② 북한만의 단독 정부를 수립하려고
③ 6·25 전쟁의 정전 협정을 체결하려고
④ 남북한 각각의 단독 정부 수립을 막으려고
⑤ 38도선 이북에서 소련이 물러나도록 하려고

05 다음은 우리나라 현대사의 대표 장면입니다. 사건이 일어난 순서대로 기호를 쓰시오.

(　→ 　→ 　→ 　)

[06~07] **다음 자료를 보고, 물음에 답하시오.**

(가) 대한민국 임시 헌법(1919년)

제1조 대한민국은 대한 인민으로 조직한다.

제2조 <u>대한민국의 주권은 대한 인민 전체에게 있다.</u>

(나) 제헌 헌법(1948년)

제1조 대한민국은 (㉠)이다.

제2조 <u>대한민국의 주권은 국민에게 있고 모든 권력은 국민으로부터 나온다.</u>

06 위 ㉠에 들어갈 알맞은 내용을 쓰시오.

( )

07 위 (가), (나)의 밑줄 친 부분에서 공통적으로 알 수 있는 사실을 쓰시오.

____

08 다음 자료의 ㉠에 들어갈 가장 알맞은 것은 어느 것입니까? ( )

[특집 다큐멘터리] 6·25 전쟁의 전개 과정	
북한군의 남침	국군과 국제 연합군의 반격
우리 정부가 낙동강 이남까지 후퇴함.	인천 상륙 작전으로 상황을 역전시켜 서울을 되찾음.
중국군의 개입	정전 협정 체결
(㉠)	정전 협정이 체결되어 휴전선이 그어지고, 남북으로 나뉨.

① 휴전 상태를 지속함.
② 국제 연합군을 남한에 보냄.
③ 북한군이 3일 만에 서울을 차지함.
④ 국군과 국제 연합군이 한강 이남으로 후퇴함.
⑤ 북한군이 기습적으로 38도선을 넘어 남한을 침입함.

09 다음 그래프로 알 수 있는 6·25 전쟁에 참여한 군인들의 피해 내용을 쓰시오.

6·25 전쟁 중 군인의 사상자 수

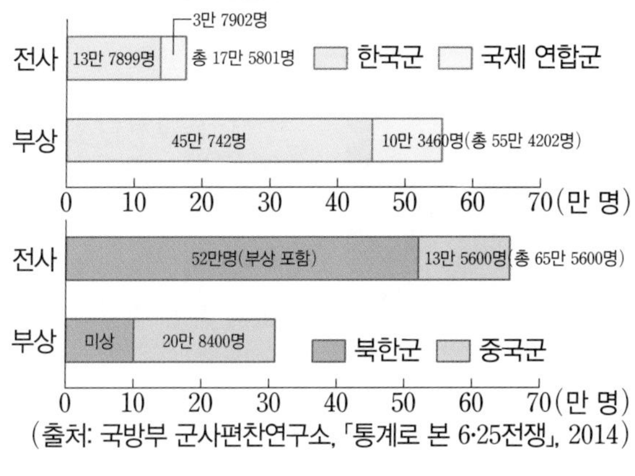

(출처: 국방부 군사편찬연구소, 「통계로 본 6·25전쟁」, 2014)

____

____

10 다음 주제의 전시회에 어울리지 <u>않는</u> 것은 어느 것입니까? ( )

주제: 6·25 전쟁의 피해

①

▲ 피난민 행렬

②

▲ 전쟁고아 발생

③

▲ 이산가족 찾기

④

▲ 문화유산 훼손

⑤

▲ 일본식 성과 이름 사용

학교 시험 만점왕 ❶회

01 다음 ㉠에 들어갈 인물의 업적으로 알맞은 것은 어느 것입니까? (　　　)

왼쪽의 비석은 (　㉠　) 이/가 즉위 초부터 붕당과 관계없이 인재를 고루 등용해 탕평의 정신을 널리 알리고자 성균관 앞에 세운 것입니다.

◀ 탕평비

① 규장각 육성
② 거중기 활용
③ 장용영 창설
④ 수원 화성 건설
⑤ 세금을 줄여 백성의 생활 안정

02 다음 가상 인터뷰의 주인공에 대한 설명으로 알맞은 것은 어느 것입니까? (　　　)

수원 화성 건설에 사용했던 거중기에 대해 설명해 주십시오.

내가 직접 개발한 거중기는 도르래 원리를 활용해 만든 것입니다. 이 기구의 사용으로 공사비를 절약할 수 있었고, 공사에 참여한 백성들의 어려움도 줄일 수 있었습니다.

① 신문고를 다시 설치했다.
② 세도 정치 가문의 한 사람이었다.
③ 인재를 고루 뽑아 쓰는 탕평책을 펼쳤다.
④ 서양 세력의 침입에 맞서 개항에 반대했다.
⑤ 목민심서를 지어 지방 관리가 지켜야 할 덕목과 실천 방법을 제시했다.

03 조선 후기 서민 문화의 사례에 해당하지 않는 것은 어느 것입니까? (　　　)

① 민화　　② 판소리
③ 풍속화　　④ 분청사기
⑤ 탈놀이(탈춤)

04 다음 대화에 등장하는 ㉠ 인물의 집권 시기에 일어난 일로 알맞은 것은 어느 것입니까? (　　　)

• 앵커: 고종의 아버지로서 병인양요와 신미양요를 겪으신 후 어떤 입장이었는지 말씀해 주십시오.
• (　㉠　): 우리나라 형편상 통상을 거부하고 서양 세력과 교류하지 않겠다는 다짐을 했습니다.

① 신분 제도를 폐지했다.
② 강화도 조약을 체결했다.
③ 러시아의 간섭이 심해졌다.
④ 동학 농민 운동이 일어났다.
⑤ 전국 각지에 척화비를 세웠다.

05 다음 검색창에 들어갈 내용으로 알맞은 것은 어느 것입니까? (　　　)

– 전라도의 고부 농민 봉기를 계기로 일어남.
– 평등사상과 사회 개혁을 강조한 운동임.
– 탐관오리를 처벌할 것, 세금을 거두어 갈 토지를 확대하지 말 것, 관직을 팔며 국권을 농간하는 무리를 쫓아낼 것 등을 요구함.

① 갑신정변　　② 갑오개혁
③ 을미사변　　④ 독립 협회
⑤ 동학 농민 운동

06 조선 후기 사회 문제를 해결하고자 다음과 같은 노력을 한 인물은 누구입니까? (　　)

> 동학 농민군을 이끌어 탐관오리를 처벌하고, 세금 문제를 해결할 것을 주장했다.

① 영조　② 고종
③ 박지원　④ 전봉준
⑤ 흥선 대원군

07 대한 제국 시기에 근대 문물 도입으로 달라진 생활 모습으로 알맞지 않은 것은 어느 것입니까? (　　)

① 근대식 학교에서 영어를 배웠다.
② 캄캄한 밤이 전등으로 밝아졌다.
③ 전차를 타다가 사고가 나기도 했다.
④ 비행기를 타고 해외로 여행을 다녔다.
⑤ 전화로 멀리 있는 사람과 대화하기 시작했다.

08 고종이 다음 인물들을 특사로 파견한 까닭으로 가장 알맞은 것은 어느 것입니까? (　　)

▲ 헤이그 특사

① 항일 의병 활동을 홍보하려고 했다.
② 서양의 통상 수교 요구에 응하려고 했다.
③ 청일 전쟁으로 입은 피해를 공지하려고 했다.
④ 을사늑약이 무효임을 국제 사회에 알리려고 했다.
⑤ 러시아 공사관으로 피신한 고종의 처지를 알리려고 했다.

09 다음 대화의 ㉠에 들어갈 말로 알맞은 것은 어느 것입니까? (　　)

이 사진은 1907년 전후로 영국 기자 매켄지가 찍은 의병 사진입니다. 이 사람들은 어떤 활동을 했을까요?
(㉠)

① 학교를 세워 인재를 양성했어요.
② 한인 애국단을 조직해 활동했어요.
③ '독립 만세'를 외치며 만세 시위를 했어요.
④ 강제로 군대를 해산한 일제에 맞서 저항했어요.
⑤ 강화도에서 통상을 요구하는 서양 세력을 물리쳤어요.

10 다음 보기 에서 일제가 토지 조사 사업을 실시한 결과로 알맞은 것을 모두 고른 것은 어느 것입니까? (　　)

보기
> ㉠ 조선 총독부 소유의 토지가 늘어났다.
> ㉡ 조선 총독부는 더 많은 세금을 거두었다.
> ㉢ 새로운 농사 기술을 보급해 생산량이 늘어났다.
> ㉣ 토지 제도를 개혁해 농민에게 골고루 땅을 나누어 주었다.

① ㉠, ㉡　② ㉠, ㉢
③ ㉡, ㉢　④ ㉡, ㉣
⑤ ㉢, ㉣

11 다음 일대기에 나타난 인물은 누구입니까? (　　　)

㈎ 조선 시대 명문가 자손으로, 손꼽히는 부자였다.

㈏ 형제들과 함께 전 재산을 팔아 만주로 갔다.

㈐ 전 재산으로 신흥 강습소를 세워 독립군을 길러 냈다.

㈑ 일본 경찰에 체포되어 고문으로 숨을 거두었다.

① 김구　　② 안중근
③ 안창호　　④ 서재필
⑤ 이회영

12 다음 역사 신문에 등장할 기사 제목으로 가장 알맞지 <u>않은</u> 것은 어느 것입니까? (　　　)

역사 신문　　19○○년 ○○월 ○○일

[3·1 운동 역사 신문 기획]

① 독립 선언서를 모두 함께 낭독하자!
② 전국적으로 '대한 독립 만세' 외치다
③ 일본 고위 관리 및 친일파 암살을 계획하다
④ 여기 미국에서도 3·1 운동에 함께 하고 있어요
⑤ 남녀노소, 다양한 계층이 모두 참여해서 깜짝 놀랐어요!

13 다음 ㉠의 주요 활동으로 알맞지 <u>않은</u> 것은 어느 것입니까? (　　　)

(　㉠　)은/는 3·1 운동을 계기로 독립운동의 힘을 하나로 모으고자 상하이에서 수립하여 다양한 활동을 전개했다.

① 외교 활동　　② 독립신문 발행
③ 만민 공동회 개최　　④ 비밀 연락망 조직
⑤ 독립운동 자금 모금

14 다음 설명에 해당하는 인물은 누구입니까? (　　　)

우리 민족의 우수성과 자주독립의 의지를 높이고자 『조선 상고사』 등을 써서 우리 역사를 소개했다.

① 신채호　　② 이육사　　③ 윤봉길
④ 전형필　　⑤ 김좌진

15 다음 자료의 ㉠에 들어갈 알맞은 말은 어느 것입니까? (　　　)

주제: 독립군을 양성하여 일제와 싸운 노력
주요 학습 내용: (　　　㉠　　　)

① 우리말 연구
② 무장 독립 투쟁
③ 항일 문학 창작
④ 우리 문화유산 지키기
⑤ 광주 학생 항일 운동

16 다음 인물 카드에 소개한 설명 중 바르지 않은 것은 어느 것입니까? (　　　)

역사 인물 카드

사진	주요 정보	
	① 이름	김구
	주요 활동	
	②	한인 애국단 조직
	③	한국광복군 창설
	④	대한민국 초대 대통령
	⑤	광복 이후 남한만의 단독 정부 수립 반대

17 다음 보기 중 제헌 국회에서 한 일로 알맞은 것을 모두 고른 것은 어느 것입니까? (　　　)

보기
- ㉠ 초대 대통령을 선출함.
- ㉡ 5·10 총선거를 관리함.
- ㉢ 제헌 헌법을 제정·공포함.
- ㉣ 미소 공동 위원회를 개최함.
- ㉤ 국가 이름을 '대한민국'으로 정함.

① ㉠, ㉡, ㉢　② ㉠, ㉡, ㉤
③ ㉠, ㉢, ㉣　④ ㉠, ㉢, ㉤
⑤ ㉢, ㉣, ㉤

18 다음 보기의 사건들을 일어난 순서에 맞게 나열한 것은 어느 것입니까? (　　　)

보기
- ㉠ 8·15 광복
- ㉡ 5·10 총선거
- ㉢ 제헌 헌법 제정
- ㉣ 대한민국 정부 수립
- ㉤ 모스크바 3국 외상 회의

① ㉠-㉡-㉢-㉣-㉤　② ㉠-㉡-㉢-㉤-㉣
③ ㉠-㉢-㉣-㉤-㉡　④ ㉠-㉣-㉤-㉡-㉢
⑤ ㉠-㉤-㉡-㉢-㉣

19 다음 가로세로 낱말 퍼즐에 들어갈 말을 바르게 짝지은 것은 어느 것입니까? (　　　)

㉠				㉤		
㉡	㉢					
			㉣			

[가로 열쇠]
- ㉠ 전쟁 초기 국군은 ○○강 이남까지 후퇴
- ㉡ 1950년 10월 ○○○의 개입으로 국군이 한강 이남으로 후퇴
- ㉣ 1953년 ○○ ○○이/가 체결되어 군사 분계선 설정

[세로 열쇠]
- ㉢ ○○ ○○은/는 16개국으로 구성한 군대를 파병
- ㉤ ○○○○○○으로 빼앗긴 서울을 3개월 만에 회복

① ㉠ 압록　② ㉡ 미국군
③ ㉢ 임시 정부　④ ㉣ 38도선
⑤ ㉤ 인천 상륙 작전

20 다음 누리집 게시판의 ㉠에 들어갈 알맞은 말은 어느 것입니까? (　　　)

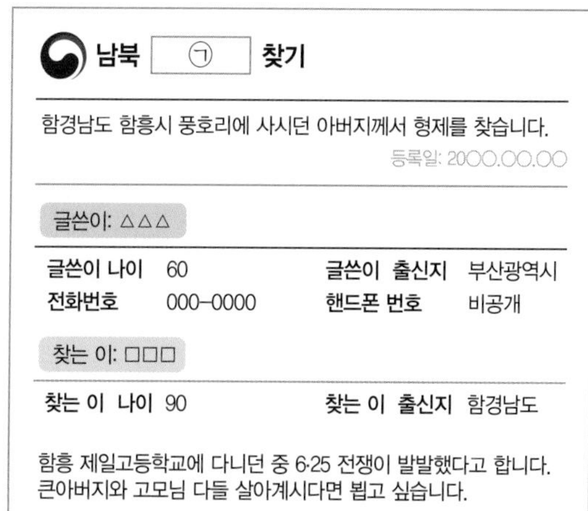
남북 ㉠ 찾기

함경남도 함흥시 풍호리에 사시던 아버지께서 형제를 찾습니다.
등록일: 20○○.○○.○○

글쓴이: △△△

글쓴이 나이	60	글쓴이 출신지	부산광역시
전화번호	000-0000	핸드폰 번호	비공개

찾는 이: □□□

찾는 이 나이	90	찾는 이 출신지	함경남도

함흥 제일고등학교에 다니던 중 6·25 전쟁이 발발했다고 합니다. 큰아버지와 고모님 다들 살아계시다면 뵙고 싶습니다.

① 일기　② 평화
③ 군인　④ 전쟁고아
⑤ 이산가족

학교 시험 만점왕 ②회

01 다음 가상 인터뷰의 (   ) 안에 들어갈 대답으로 알맞은 것은 어느 것입니까? (   )

(   ) 했습니다.
왕권을 강화하고자 어떤 노력을 했습니까?
정조

① 황제로 즉위
② 경복궁을 중건
③ 세도 정치를 실시
④ 공장과 회사의 설립을 지원
⑤ 국왕을 지키는 부대를 창설

02 다음을 통해 알 수 있는 당시 조선 사회의 문제점으로 가장 알맞은 것은 어느 것입니까? (   )

> 오늘날 백성을 다스리는 자들은 오직 세금을 거두어들이는 데만 신경 쓰고 백성을 돌보는 방법을 모르니 백성들이 병들고 굶어 죽어 간다.
>
> –『목민심서』

① 농업보다 상공업을 중시했다.
② 서민 중심의 문화가 발달했다.
③ 우리 역사와 지리를 연구했다.
④ 서양과 일본 세력이 개항을 요구했다.
⑤ 갖가지 수단으로 농민들에게 세금을 거두었다.

03 다음에서 설명하고 있는 한글 소설 작품은 어느 것입니까? (   )

> 신분 차별을 받던 주인공이 백성들을 괴롭히던 사람들을 혼내 주는 내용이 담겨 있습니다.

① 흥부전
② 춘향전
③ 심청전
④ 홍길동전
⑤ 장화홍련전

04 다음 평가표에서 상민들에게 가장 환영받지 못했던 흥선 대원군의 정책은 어느 것입니까? (   )

흥선 대원군의 정책 평가표

정책	찬성	반대
① 서원 정리		
② 경복궁 중건		
③ 인재 고루 등용		
④ 세도 정치 세력 억제		
⑤ 양반에게도 군포 부과		

05 개화 정책에 대한 다음과 같은 입장을 가진 사람들이 일으킨 사건은 어느 것입니까? (   )

▲ 왼쪽부터 박영효, 서광범, 서재필, 김옥균

> 우리는 청의 간섭에서 벗어나 서양 기술과 더불어 제도와 사상까지 받아들여 빠른 속도로 개화 정책을 추진해야 한다고 생각합니다.

① 갑신정변
② 병인양요
③ 을미사변
④ 아관 파천
⑤ 동학 농민 운동

06 다음 두 개혁안을 보고 공통적으로 알 수 있는 당시 조선의 사회 문제는 어느 것입니까? (　　　)

갑신정변의 개혁안(1884년)
- 문벌을 폐지하고, 백성이 평등한 권리를 갖는 제도를 마련한다.
- 세금 제도를 고쳐 국가 살림을 튼튼히 한다.
- 부정한 관리를 처벌하고, 백성이 빚진 쌀을 면제한다.

동학 농민군의 개혁안(1894년)
- 세금을 거두어 갈 토지를 확대하지 않을 것
- 탐관오리는 모두 쫓아낼 것
- 임금을 둘러싸고 관직을 팔며 국권을 농간하는 무리들은 모두 쫓아낼 것
- 백성을 공사 등에 동원하는 일은 줄일 것

① 여성 인권　② 군사 제도
③ 일제 침략　④ 세금 제도
⑤ 복지 제도

07 다음 카드 뉴스를 일어난 순서대로 나열한 것은 어느 것입니까? (　　　)

(가)	(나)	(다)
일본이 명성황후를 시해하다.	고종 황제가 자주독립국임을 선포하다.	고종이 러시아 공사관으로 피신하다.

① (가)-(나)-(다)　② (가)-(다)-(나)
③ (나)-(가)-(다)　④ (나)-(다)-(가)
⑤ (다)-(가)-(나)

08 을사늑약의 부당함에 맞서 저항한 모습으로 알맞지 않은 것은 어느 것입니까? (　　　)

① 헤이그 특사 파견
② 독립 협회의 만민 공동회 활동
③ 전국 각지에서 일어난 항일 의병
④ 스스로 목숨을 끊어 죽음으로써 저항한 민영환
⑤ 신문에 을사늑약이 무효라고 주장하는 글로 비판

09 을사늑약 이후 우리 민족의 힘과 실력을 기르고자 노력한 일로 알맞은 것은 어느 것입니까? (　　　)

① 양반에게도 군포를 내게 했다.
② 비밀리에 신민회를 조직하고 학교를 세웠다.
③ 청의 발달된 문물을 받아들이고자 노력했다.
④ 규장각을 통해 개혁을 추진할 관리를 양성했다.
⑤ 자주독립 의지를 드러내고자 독립문을 건립했다.

10 다음 그림에 나타난 정책의 영향으로 가장 알맞은 것은 어느 것입니까? (　　　)

① 집회 개최 및 단체 설립을 통제했다.
② 신문, 잡지 등 출판과 언론을 통제했다.
③ 헌병 경찰을 앞세워 무력으로 통제했다.
④ 농사짓기가 어려워진 농민이 국외로 이주했다.
⑤ 한국인이 죄를 지으면 정식 재판 없이 처벌했다.

11 일제 강점기에 우리 민족의 저항 모습으로 적절하지 않은 것은 어느 것입니까? (　　)

① 한인 애국단을 창설했다.
② 황국 신민 서사를 암송했다.
③ 김좌진이 청산리 전투에서 승리했다.
④ 한국과 일본 학생의 차별에 맞서 광주 학생 항일 운동이 일어났다.
⑤ 조선 상고사 등을 발간해 우리 역사가 자발적으로 발전했다는 것을 강조했다.

12 다음 지도를 통해 3·1 운동에 대해 알 수 있는 내용으로 가장 알맞은 것은 어느 것입니까? (　　)

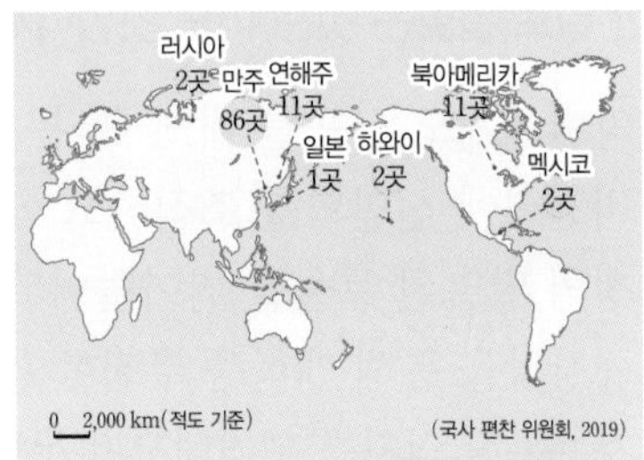

▲ 해외에서의 만세 시위 현황

① 3·1 운동에 참여한 사람 수가 적다.
② 다양한 계층이 만세 시위에 참여했다.
③ 탑골 공원에서 독립 선언서를 낭독했다.
④ 일제는 무력으로 잔인하게 만세 시위를 탄압했다.
⑤ 국내뿐만 아니라 해외에서도 만세 시위가 일어났다.

13 다음 퀴즈의 정답은 어느 것입니까? (　　)

오늘의 한국사 퀴즈

이것은 우리말 『큰사전』(조선말 『큰사전』)을 편찬하고자 만든 원고입니다. 이것을 작성한 단체는 무엇일까요?

① 신민회　② 흥사단　③ 독립 협회
④ 조선어 학회　⑤ 대한민국 임시 정부

14 다음 ㉠, ㉡에 들어갈 알맞은 말은 어느 것입니까? (　　)

대한 제국에는 황제가 1인밖에 없었지만 오늘은 2천만 국민이 모두 황제요. 여러분도 다 황제요. 황제란 무엇이오? 주권자를 뜻하는 이름이니, 과거의 주권자는 오직 한 사람이었으나, 지금은 여러분이 다 주권자외다.
– 대한민국 임시 정부 간행 『독립신문』, 1920. 1. 8. –

➡ 대한 제국의 주권자는 (　㉠　)(이)고, 대한민국 임시 정부의 주권자는 (　㉡　)(이)다.

	㉠	㉡		㉠	㉡
①	양반	국민	②	황제	국민
③	국민	양반	④	국민	황제
⑤	황제	양반			

15 다음 (가)에 들어갈 알맞은 말은 어느 것입니까? (　　)

파일(F) 편집(E) 보기(V) 즐겨찾기(A) 도구(T) 도움말(H)
한국사 묻고 답하기
질문 일제로부터 나라를 되찾고자 노력한 인물의 활동을 알려주세요.
답변 (가)

① 정약용이 거중기를 개발했어요.
② 전국 각지에 척화비를 세웠어요.
③ 김옥균이 갑신정변을 일으켰어요.
④ 흥선 대원군이 경복궁을 중건했어요.
⑤ 홍범도가 봉오동 전투에서 승리했어요.

16 **다음 3×3 빙고판에서 맞는 문장들만을 이어 만들어지는 자음 모양은 어느 것일까요? (   )**

우리 민족의 끊임없는 독립을 향한 노력으로 광복을 맞이하였다.	제2차 세계 대전에서 일본이 항복하여 연합국이 승리했다.	새로운 나라를 만들고자 대한민국 임시 정부는 건국의 원칙을 발표했다.
미소 공동 위원회에서 한반도 문제의 해결 방안을 원만하게 마련했다.	제헌 헌법에서는 나라의 주권자를 황제로 규정했다.	광복 이후, 38도선을 기준으로 미국과 소련이 남, 북에 각각 주둔했다.
5·10 총선거는 미국의 반대로 북한만 실시했다.	김구·김규식 등이 추진한 남북 협상으로 통일 정부가 수립되었다.	모스크바 3국 외상 회의에서 한반도의 신탁 통치에 대한 방안 논의를 결정했다.

① ㄱ ② ㄴ ③ ㄷ
④ ㅁ ⑤ ㅂ

17 **다음 교실에서 선생님의 질문에 대한 학생의 대답으로 알맞은 것은 어느 것입니까? (   )**

> 선생님: 모스크바 3국 외상 회의에서 신탁 통치에 대한 방안을 논의하기로 결정한 것에 대해 우리나라 사람들은 어떤 반응을 보였습니까?
> 학생: (   )

① 모두 찬성했어요.
② 모두 반대했어요.
③ 연합국의 전쟁 승리를 축하했어요.
④ 찬성, 반대 입장으로 나뉘어 갈등이 커졌어요.
⑤ 대한민국 임시 정부 요원들의 귀국을 환영했어요.

18 **다음 ㉠, ㉡에 들어갈 알맞은 말은 어느 것입니까? (   )**

> 대한민국 정부 수립은 (㉠)을/를 계승한 (㉡)의 법통을 이으며 우리 민족의 독립된 정부를 수립하였다는 역사적 의의가 있다.

	㉠	㉡
①	3·1 운동	제헌 국회
②	신탁 통치	제헌 국회
③	국제 연합	대한민국 임시 정부
④	3·1 운동	대한민국 임시 정부
⑤	모스크바 3국 외상 회의	대한민국 임시 정부

19 **다음 퀴즈의 정답으로 알맞은 말은 어느 것입니까? (   )**

> Q. 다음은 어떤 선을 설명하는 걸까요?
> - 힌트 1 유일한 분단 국가인 우리나라에만 있어요.
> - 힌트 2 약 250km의 선으로 한반도 가운데를 가로질러 남북으로 나누고 있는 군사 분계선이에요.
> - 힌트 3 6·25 전쟁에 대한 정전 협정으로 이 선이 생겼어요.

① 38도선 ② 해안선
③ 휴전선 ④ 국경선
⑤ 낙동강 방어선

20 **6·25 전쟁의 피해에 대해 잘못 이야기한 사람은 누구입니까? (   )**

① 정화: 전쟁고아가 많이 생겼어요.
② 인석: 전 국토가 황폐화되었어요.
③ 용덕: 도로, 건물, 문화유산이 파괴되었어요.
④ 재경: 이산가족의 슬픔이 오늘날에도 이어져요.
⑤ 찬제: 탄광, 공장 등으로 강제로 끌려가 일을 했어요.

서술형 평가 2단원

[01~02] 조선 후기 사회를 개혁하고자 했던 실학자들의 생각을 살펴보며, 물음에 답하시오.

조선 사회의 문제 해결을 위한 토론회

사회자: 조선의 사회 문제를 해결하려면 어떻게 해야 할까요?

(㉠): 농사짓는 백성이 땅의 주인이 아니라는 것이 문제입니다. 또한, 지방 관리들이 부정부패를 저지르는 것도 문제입니다. 그래서 저는 『경세유표』, 『목민심서』에서 (㉣)라고 주장했습니다.

(㉡): 저는 『북학의』에서 조선이 다른 나라와 교류가 적고 물건을 만들고 사고파는 것을 등한시하는 문제를 지적하고, 이를 해결할 필요가 있음을 주장했습니다.

(㉢): 저는 우리 땅과 지리를 좀더 연구하여 우리 땅의 모습을 정확히 표현하고자 「대동여지도」를 만들었습니다.

01 위 토론회에 등장하는 실학자 ㉠~㉢의 이름을 각각 쓰시오.

㉠: ____________

㉡: ____________

㉢: ____________

02 위 ㉣에 들어갈 조선 사회에서 발생하고 있는 문제에 대한 해결 방안을 두 가지 쓰시오.

____

____

____

[03~04] 개항 이후 새로운 조선을 만드는 방법에 대한 여러 주장을 살펴보며, 물음에 답하시오.

(가) 최익현	(나) 김홍집
서양과 일본은 조선의 유교 문화를 어지럽히는 세력이므로 외세를 몰아내야 한다.	조선의 법과 제도를 지키고 청과 관계를 유지하며 서양 기술을 수용해 천천히 개화해야 한다.

(다) 김옥균	(라) 전봉준
청의 간섭에서 벗어나 서양 기술과 더불어 제도와 사상까지 수용하여 빠르게 개화해야 한다.	백성이 살기 좋은 세상을 만들려면 백성을 힘들게 하는 관리를 벌주고, 평등한 세상을 만들어야 하며, 외세를 몰아내야 한다.

03 새로운 조선을 만드는 방법에 대한 여러 입장을 아래와 같이 쟁점에 따라 정리하였습니다. (   ) 안에 들어갈 주장을 위 자료에서 모두 찾아 기호로 쓰시오.

(1) 위의 주장 중 다른 나라와의 교류에 긍정적인 입장은 (,   )이고, 부정적인 입장은 (,   )입니다.

(2) 위 주장 중 기존 조선의 사회 질서를 유지하자는 입장은 (,   )이고, 변화를 주어야 한다는 입장은 (,   )입니다.

04 네 인물의 주장 중 내 생각은 누구의 주장과 비슷한지 근거를 들어 써 봅시다.

(1) 나의 의견: ____________

(2) 그렇게 생각한 근거: ____________

____

____

[05~06] 다음 삽화를 살펴보고, 물음에 답하시오.

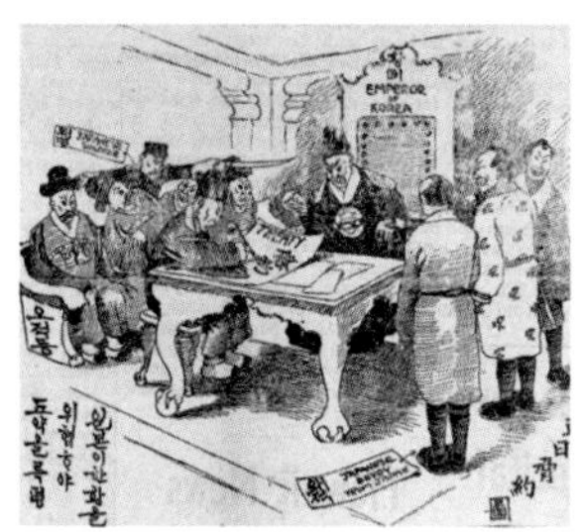

05 위 삽화를 묘사하며 역사적 사건을 정리한 내용입니다. (　　) 안에 들어갈 말을 보기 에서 골라 쓰시오.

보기

외교권, 명성황후, 을사늑약, 대한 제국, 고종 황제, 내정 간섭, 강화도 조약, 이토 히로부미

- 묘사: 위 삽화 안에서 '왜병'이라는 꼬리표를 달고 있는 일본 군인이 칼로 (㉠)을/를 위협하고 있고, 황제 앞에는 을사오적들이 조약에 서명하고 있는 모습입니다.
- 사건 전개 과정: 1905년 (㉡)은/는 조선의 (㉢) 박탈을 내용으로 하는 협약안을 일본군이 점령한 상태에서 체결하도록 강요합니다. (㉠)이/가 조약 체결을 거부하고 시간이 지나도 결론이 나지 않자 대신들을 압박하여 강제로 조약이 체결되는데, 이를 (㉣)(이)라고 합니다.

㉠ (　　　　　　　　), ㉡ (　　　　　　　　),

㉢ (　　　　　　　　), ㉣ (　　　　　　　　)

06 위 사건의 부당함에 맞서 어떤 저항 활동이 있었는지 두 가지 쓰시오.

____

____

____

[07~08] 대한민국 정부 수립 이전 한반도 문제를 논의했던 상황을 살펴보고, 물음에 답하시오.

(가) 모스크바 3국 외상 회의에서 한반도 문제를 결정한 이후 나타난 집회 모습

(나) 국제 연합에서 한반도 문제를 결정한 이후 실시한 선거 모습

07 위 자료를 살펴보며, 정부 수립 과정에서 입장 차이가 나타난 두 가지 쟁점이 무엇인지 정리하시오.

(1) 첫 번째 쟁점: 모스크바 3국 외상 회의에서 결정한 내용 중 (　　　　)에 대한 의견 차이로 찬성과 반대 집회가 있었습니다.

(2) 두 번째 쟁점: 국제 연합에서 남북한 총선거를 통해 정부를 수립하려 했으나, 소련과 북한이 총선거 실시에 반대하자, 남한 내에서 남한만의 (　　　　) 정부를 수립하자는 입장과 남북한 (　　　　) 정부를 수립하자는 입장으로 나뉘었습니다.

08 위 (나)에 나타난 정부 수립을 둘러싼 두 주장에 대한 내 생각은 어떠한지 써 봅시다.

(1) 나의 의견: ______________________________

(2) 그렇게 생각한 근거: ______________________________

____

____

활동하기

▶ 여행 가방을 열려면 세 자릿수의 비밀번호가 필요합니다. 다음 문제의 정답을 암호 판에 색칠해 비밀번호를 찾아봅시다.

비밀 번호는 □□□입니다.

암호판			문제
갑	군	포	• 영조와 정조는 붕당과 관계없이 인재를 고루 뽑아 쓰는 □□□을/를 실시했습니다. • 흥선 대원군은 양반에게도 군대에 가는 대신 내던 세금인 □□을/를 거두었습니다. • □□□ 조약은 조선이 체결한 최초의 근대적 조약이자 불평등 조약이었습니다. • 급진 개화파가 우정총국 개국 축하 잔치를 틈타 □□□□을/를 일으켰습니다.
신	광	강	
정	개	화	
변	토	도	
탕	평	책	

암호판			문제
상	의	병	• □□ □□은/는 독립 의지를 알리고자 독립문을 세우고 만민 공동회를 개최했습니다. • 을사늑약이 체결되자 전국 각지에서 자발적으로 조직한 군대인 □□이/가 일어났습니다. • 3·1 운동 이후 독립운동을 체계적으로 이끌고자 중국 □□□에 대한민국 임시 정부가 수립되었습니다.
하	근	독	
이	초	립	
가	고	협	
야	왕	회	

암호판			문제
헌	법	이	• 제헌 국회 의원들은 우리나라 최초의 □□을/를 만들었습니다. • 6·25 전쟁 당시 □□ 상륙 작전의 성공으로 국군과 국제 연합군은 전세를 역전시켰습니다. • 1953년 7월, 정전 협정이 체결되면서 □□□(군사 분계선)이/가 설정되었고, 가족이 서로 헤어져 만나지 못하는 □□ □□이/가 많이 생겨났습니다.
신	탁	산	
인	천	가	
서	울	족	
휴	전	선	

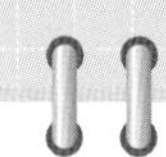

▶ 다음 인물과 인물에 대한 설명을 바르게 연결하시오.

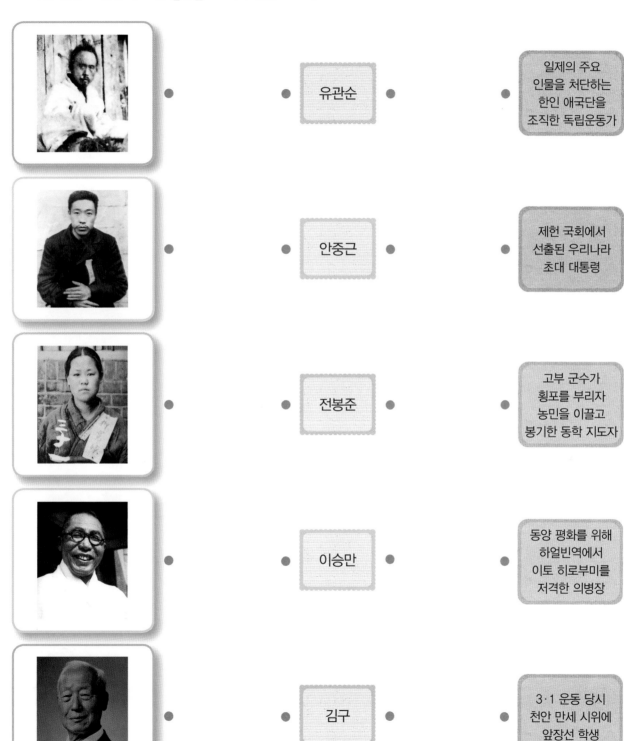

인물 사진	이름	설명
 ●	● 유관순 ●	● 일제의 주요 인물을 처단하는 한인 애국단을 조직한 독립운동가
 ●	● 안중근 ●	● 제헌 국회에서 선출된 우리나라 초대 대통령
 ●	● 전봉준 ●	● 고부 군수가 횡포를 부리자 농민을 이끌고 봉기한 동학 지도자
 ●	● 이승만 ●	● 동양 평화를 위해 하얼빈역에서 이토 히로부미를 저격한 의병장
 ●	● 김구 ●	● 3·1 운동 당시 천안 만세 시위에 앞장선 학생

MEMO

BOOK 3
해설책
만점왕
사회
5-2

Book 1 개념책

1 단원 옛사람들의 삶과 문화

(1) 나라의 등장과 발전 ①

핵심 개념 문제 12~13쪽

01 고조선 02 ④ 03 고구려 04 ③ 05 김춘추(태종 무열왕) 06 ② 07 대조영 08 ①

(1) 나라의 등장과 발전 ②

핵심 개념 문제 17~18쪽

01 고구려 02 ④ 03 ③ 04 백제 금동 대향로 05 신라 06 ① 07 ⑤ 08 ③

중단원 실전 문제 19~21쪽

01 ②, ③ 02 ② 03 광개토 대왕 04 ④ 05 ④ 06 ③ 07 ㉣, ㉠, ㉢, ㉡ 08 ② 09 ① 10 ⑤ 11 ⑤ 12 ② 13 ⑤ 14 석굴암 / 경주 석굴암 석굴 15 ②

서술형 평가 돋보기 22~23쪽

연습 문제

1 ㈎ 백제, 4세기 ㈏ 고구려, 5세기 ㈐ 신라, 6세기
2 근초고, 고구려, 장수, 진흥, 한강
3 (1) 한강 유역 (2) 예 중국과 직접 교류할 수 있게 되었다. / 한반도의 중심에 있는 넓은 평야를 차지할 수 있었다. 등

실전 문제

1 (1) 무용총 접객도 (2) 무용총 수렵도 (3) 고구려
2 (1) 예 신분의 차이 때문이다. 등 (2) 예 사냥을 즐겨 했음을 추측할 수 있다. 등
3 (1) 발해 (2) 통일 신라 (3) 고구려, 고구려 (4) 불교
4 예 돌을 쌓아 올려 무너지지 않게 둥근 천장을 만들었다. / 바닥으로 차가운 물이 흐르게 해 습도를 조절했다. 등

(2) 독창적 문화를 발전시킨 고려

핵심 개념 문제 28~29쪽

01 견훤, 후삼국 02 ① 03 ① 04 별무반 05 강화도 06 ① 07 팔만대장경 08 ④

중단원 실전 문제 30~31쪽

01 호족 02 ② 03 ①, ③ 04 ④ 05 ② 06 ②, ⑤ 07 ③ 08 ㉡, ㉣ 09 ③ 10 ㉡

서술형 평가 돋보기 32~33쪽

연습 문제

1 ㉠ 거란 ㉡ 여진 ㉢ 몽골
2 거란, 서희, 여진, 9성, 몽골, 강화도
3 예 국토가 황폐화되었다. / 백성들이 죽거나 다쳤다. / 문화유산이 불타 없어졌다. 등

실전 문제

1 (1) 불교(부처) (2) 금속 활자 (3) 목판 (4) 기록 유산
2 예 여러 종류의 책을 찍을 수 있다. / 목판보다 튼튼하다. 등
3 (1) 상감 청자 (2) 고려
4 (1) 신분이 높은 사람들(지배층) (2) 예 만들기 어렵고 가치가 높았기 때문이다. 등

(3) 민족 문화를 지켜 나간 조선

핵심 개념 문제 39~40쪽

01 신진 사대부 02 ④ 03 ⑤ 04 『농사직설』 05 성균관 06 ② 07 임진왜란 08 ⑤

중단원 실전 문제 41~43쪽

01 ③, ⑤ 02 ③ 03 경복궁 04 ⑤ 05 ③ 06 ③ 07 ④ 08 ③, ⑤ 09 ④ 10 신사임당 11 ⑤ 12 학익진 13 ④ 14 ③ 15 ②

서술형 평가 돋보기 44~45쪽

연습 문제

1 (가) 위화도, (나) 조선, (다) 한양

2 요동, 신진 사대부, 정몽주, 조선, 한양, 경복궁

3 예 국가의 중심에 있고, 교통이 편리해 어느 지역으로든 쉽게 갈 수 있다. / 적의 침입을 막기 좋고, 평야가 있어 농사짓고 살기 좋다. 등

실전 문제

1 (1) 『훈민정음』「해례본」/ 『훈민정음』 (2) 『농사직설』 (3) 비, 측우기, 농사 2 예 백성들의 생활이 편리해지고 농사에 도움이 되었다. 등

3 임진왜란, 행주 대첩, 이순신, 한산도

4 예 경복궁, 불국사 등이 불에 탔다. / 국토가 황폐해지고 많은 사람이 죽거나 다쳤다. 등

대단원 마무리 48~51쪽

01 ③ 02 ④ 03 예 신라가 진흥왕 때 한강 유역을 차지했다. 등 04 ④, ⑤ 05 서산 용현리 마애 여래 삼존상 06 ⑤ 07 ⑤ 08 ② 09 ④ 10 ⑤ 11 (다), (나), (가) 12 예 호족들과 좋은 관계를 유지하며 왕권을 강화하기 위해서이다. 등 13 ④ 14 ② 15 ① 16 금속 활자 인쇄본 / 금속 활자로 인쇄된 책 17 ④ 18 ⑤ 19 『삼강행실도』 20 ① 21 ④ 22 ②, ⑤ 23 예 자기 고장의 지리를 잘 알아 적절한 전술을 펼쳤기 때문이다. 등 24 ⑤ 25 ④

2 단원 사회의 새로운 변화와 오늘날의 우리

(1) 새로운 사회를 향한 움직임

핵심 개념 문제 60~61쪽

01 탕평책 02 ① 03 ① 04 판소리 05 척화비 06 ① 07 갑신정변 08 ①

중단원 실전 문제 62~63쪽

01 ⑤ 02 ⑤ 03 ⑤ 04 서민 문화 05 ① 06 ③ 07 ② 08 ㉢, ㉣, ㉡, ㉠ 09 ⑤ 10 ⑤

서술형 평가 돋보기 64~65쪽

연습 문제

1 실학

2 예 사회 문제 / 현실 문제 / 실생활의 문제, 실학, 예 현실 / 현실 생활 / 실생활

3 예 토지 제도를 개혁해야 한다. 청의 발달된 문물을 받아들여 상공업을 발달시켜야 한다. 우리 역사와 지리, 언어를 연구해야 한다. 등

실전 문제

1 강화도 조약

2 (1) 운요호 (2) 근대적, 불평등

3 예 조선의 해안을 일본이 마음대로 측량할 수 있고, 조선 땅에서 죄를 지은 일본인을 조선이 심판할 수 없도록 하였다. 등

4 전봉준

5 (1) 탐관오리 (2) 평등, 동학

6 예 조선 정부의 요청으로 청이 군대를 보내자 일본도 군대를 보냈다. 등

(2) 일제의 침략과 광복을 위한 노력 ①

핵심 개념 문제 68~69쪽

01 을미사변 02 ④ 03 대한 제국 04 ㉢, ㉣ 05 을사늑약 06 ④ 07 ② 08 ③

(2) 일제의 침략과 광복을 위한 노력 ②

핵심 개념 문제 73~74쪽

01 조선 총독부 02 ③ 03 3·1 운동 04 ④ 05 대한민국 임시 정부 06 ④ 07 ㉢, ㉣ 08 ②

중단원 실전 문제 75~77쪽

01 ④ 02 ⑤ 03 ①, ③ 04 ② 05 헤이그 특사 파견 06 ① 07 ④ 08 안중근 09 ③ 10 ⑤ 11 ③, ④ 12 ⑤ 13 ① 14 상하이 15 (1) ㉢ (2) ㉡ (3) ㉠

서술형 평가 돋보기 78~79쪽

연습 문제

1 예 3·1 운동

2 독립 선언문, 만세

3 예 조선의 독립과 자주 국가의 권리를 주장했다. 등

실전 문제

1 (1) 대한 제국 (2) 자주 (3) 근대

2 예 교통 통신 분야에서 전차, 철도, 전화와 같은 근대 시설을 설치했습니다. 새로운 학문과 기술을 가르치기 위한 학교를 세웠습니다. 외국에 유학생을 보내 새로운 기술을 배워 오게 했습니다. 등

3 (1) 신사 참배 (2) 일본식 (3) 일본어

4 예 우리의 민족정신을 없애기 위해서 등

(3) 대한민국 정부의 수립과 6·25 전쟁

핵심 개념 문제 82~83쪽

01 8·15 광복 02 ① 03 소련 / 소련군, 미국 / 미군 04 ② 05 ㉡, ㉠, ㉣, ㉢ 06 ① 07 6·25 전쟁 08 ④

중단원 실전 문제 84~85쪽

01 ③, ⑤ 02 ④ 03 38도선 04 ⑤ 05 ② 06 (가) 07 ② 08 ④ 09 ④ 10 ③

서술형 평가 돋보기 86~87쪽

연습 문제

1 (가), (라), (다), (나)

2 북한, 서울, 낙동강, 인천 상륙 작전, 중국군, 38도선, 정전 협정

3 예 정전 상태로 남북의 분단이 굳어져 지금까지 계속되고 있다. / 국토가 황폐화되고 많은 건물과 시설이 파괴되었다. / 많은 사람이 죽거나 다쳤다. / 전쟁고아와 이산가족이 생겨났다. 등

실전 문제

1 (1) 대한민국, 헌법 / 제헌 헌법 (2) 3·1, 국민

2 예 일제의 식민지에서 벗어난 독립 정부이다. / 민주 공화국을 수립했다. 등

3 (가) 이승만, (나) 김구

4 (1) 미소 공동 위원회 (2) 국제 연합 / 유엔 / UN, 북한

대단원 마무리 90~93쪽

01 ⑤ 02 ① 03 ④ 04 예 농업과 상공업 발달로 경제적 여유를 가진 서민들이 많아졌기 때문에 등 05 ① 06 ③ 07 ② 08 동학 농민 운동 09 ④ 10 예 근대적인 국가로 발전하기 위해서 등 11 ⑤ 12 ㉢, ㉠, ㉣, ㉡ 13 ① 14 예 국민에게 주권이 있음을 분명히 밝혔다. 등 15 ④ 16 ⑤ 17 ② 18 한인 애국단 19 예 일제가 우리 역사를 왜곡하고 민족정신을 말살하는 것에 맞서기 위해서입니다. / 우리 민족에 대한 자긍심과 애국심을 일깨우기 위해서입니다. 등 20 ① 21 ② 22 ⑤ 23 ①, ⑤ 24 ① 25 정전 협정

Book 2 실전책

1단원 (1) 중단원 쪽지 시험 6쪽

01 단군 / 단군왕검 02 8조법 03 (1) ㉡ (2) ㉠ (3) ㉢ 04 신라 05 백제 06 문무왕 07 대조영 08 해동성국 09 무령왕릉 10 불국사

중단원 확인 평가 1 (1) 나라의 등장과 발전 7~9쪽

01 ③ 02 농사를 중요하게 생각했다. / 하늘의 자손임을 강조했다. 등 03 장수왕 04 ④ 05 ④, ⑤ 06 ③ 07 ① 08 대조영 09 ② 10 예 백성들의 마음을 하나로 모으고 왕의 힘을 더 강하게 만들고자 불교를 장려했다. 등 11 ㉢ 12 ① 13 ㉢ 14 ① 15 예 발해는 고구려를 계승한 국가임을 알 수 있다. / 발해는 고구려 문화의 영향을 받았다. 등

1단원 (2) 중단원 쪽지 시험 11쪽

01 호족 02 견훤, 궁예, 후삼국 03 고려 04 강동 6주 05 윤관 06 강화도 07 삼별초 08 팔만대장경 / 팔만대장경판 09 『직지심체요절』 / 『직지』 10 고려청자

중단원 확인 평가 1 (2) 독창적 문화를 발전시킨 고려 12~13쪽

01 ① 02 ③ 03 예 백성들의 생활 안정을 위해서 등 04 ③ 05 ② 06 ④ 07 예 몽골(원)의 정치적 간섭과 영향을 받게 되었다. / 몽골(원)의 요구에 따라 많은 사람과 물자를 보내야 했다. 등 08 팔만대장경 / 팔만대장경판 09 ⑤ 10 ②, ⑤

1단원 (3) 중단원 쪽지 시험 15쪽

01 신진 사대부 02 정몽주 03 위화도 회군 04 유교 / 성리학 05 집현전 06 훈민정음 07 자격루 08 『경국대전』 09 임진왜란 10 병자호란

중단원 확인 평가 1 (3) 민족 문화를 지켜 나간 조선 16~17쪽

01 ⑤ 02 예 고려를 대신할 새로운 왕조를 세웁시다. / 새 국가를 세워서 개혁을 해야 합니다. 등 03 ①, ③ 04 중인 05 ⑤ 06 ④ 07 ④ 08 중립 외교 09 ③ 10 예 조선과 청은 신하와 임금의 관계를 맺었다. 등

학교 시험 만점왕 ❶회 1. 옛사람들의 삶과 문화 18~21쪽

01 ③ 02 ⑤ 03 ② 04 ③ 05 ㉣ 06 ④ 07 ⑤ 08 ① 09 ③ 10 ② 11 ③ 12 ② 13 ⑤ 14 ② 15 ① 16 ⑤ 17 ① 18 ④ 19 ④ 20 ②

학교 시험 만점왕 ❷회 1. 옛사람들의 삶과 문화 22~25쪽

01 ⑤ 02 ③ 03 ③ 04 ㉣ 05 ⑤ 06 ② 07 온유 08 ④ 09 ③ 10 ② 11 ① 12 ④ 13 ① 14 ③ 15 ② 16 ③ 17 유교 / 성리학 18 ② 19 ② 20 ②

1단원 서술형 평가 26~27쪽

01 (가) 고구려 (나) 신라 (다) 가야 / 금관가야
02 예 하늘에서 내려온 존재임을 강조했다. / 하늘의 자손이라는 것을 나타냈다. 등
03 (라), (가), (나), (다)
04 (가) 김춘추 (나) 김유신 (다) 문무왕
05 예 한반도에 있던 여러 국가를 처음으로 통일했다. 등
06 (가) 견훤 (나) 궁예 (다) 왕건
07 고려
08 예 호족의 딸들과 혼인을 했다. / 호족들을 적절히 견제하면서 존중하는 정책을 폈다. 등
09 (1) 훈민정음 (2) 세종
10 쓰시마섬(대마도), 4군 6진

2단원 (1) 중단원 쪽지 시험 31쪽

01 정조 02 실학 03 정약용 04 탈놀이(탈춤) 05 풍속화 06 세도 정치 07 흥선 대원군 08 일본 09 김옥균 10 동학 농민 운동

중단원 확인 평가 2 (1) 새로운 사회를 향한 움직임 32~33쪽

01 ⑤ 02 예 정치·군사·경제의 중심지로 삼으려던 계획 도시 등 03 ⑤ 04 ③ 05 ①, ⑤ 06 ② 07 경복궁을 다시 지음. / 경복궁 중건 08 척화비 09 ㉣ 10 ③

2단원 (2) 중단원 쪽지 시험

36쪽

01 독립 협회 02 대한 제국 03 외교권 04 안중근 05 토지 조사 사업 06 3·1 운동 07 상하이 08 홍범도 09 한국어 10 조선어 학회

중단원 확인 평가 2 (2) 일제의 침략과 광복을 위한 노력

37~39쪽

01 ⑤ 02 ⑤ 03 ⑤ 04 예 대한 제국의 외교권을 일본에게 빼앗겨 다른 국가와 어떤 외교 활동도 스스로 할 수 없게 되었다. 등 05 의병 06 ② 07 ② 08 예 일제가 식민 통치에 필요한 자금을 마련하고자 토지 조사 사업을 실시했어요. 등 09 안창호 10 ④ 11 ① 12 ㉠ 봉오동, ㉡ 청산리 13 예 ㉠ 일본 왕이 탄 마차에 수류탄을 던졌다. 등, ㉡ 상하이 훙커우 공원에서 폭탄을 던져 일본 관리와 군인을 처단했다. 등 14 ④ 15 ③

2단원 (3) 중단원 쪽지 시험

41쪽

01 광복 02 38도선 03 신탁 통치 04 5·10 총선거 05 이승만 06 대한민국 정부 07 ○ 08 × 09 휴전선 10 이산가족

중단원 확인 평가 2 (3) 대한민국 정부 수립과 6·25 전쟁

42~43쪽

01 ③ 02 ④ 03 ③ 04 ④ 05 ㉠, ㉢, ㉣, ㉡ 06 민주공화국 07 예 대한민국의 주권은 국민에게 있다. 등 08 ④ 09 예 전쟁으로 수많은 군인들이 다치거나 목숨을 잃었다. 등 10 ⑤

학교 시험 만점왕 ❶회 2. 사회의 새로운 변화와 오늘날의 우리

44~47쪽

01 ⑤ 02 ⑤ 03 ④ 04 ⑤ 05 ⑤ 06 ④ 07 ④ 08 ④ 09 ④ 10 ① 11 ⑤ 12 ③ 13 ③ 14 ① 15 ② 16 ④ 17 ④ 18 ⑤ 19 ⑤ 20 ⑤

학교 시험 만점왕 ❷회 2. 사회의 새로운 변화와 오늘날의 우리

48~51쪽

01 ⑤ 02 ⑤ 03 ④ 04 ② 05 ① 06 ④ 07 ② 08 ② 09 ② 10 ④ 11 ② 12 ⑤ 13 ④ 14 ② 15 ⑤ 16 ① 17 ④ 18 ④ 19 ③ 20 ⑤

2단원 서술형 평가

52~53쪽

01 ㉠ 정약용, ㉡ 박제가, ㉢ 김정호 2 예 농사짓는 백성이 농사지을 땅을 가질 수 있도록 토지 제도를 개혁해야 합니다. 지방 관리들은 세금을 함부로 거두지 말고, 백성을 돌봐야 합니다. 등 3 (1) (나), (다) / (가), (라) (2) (가), (나) / (다), (라) 4 (1) 예 김옥균 등 (2) 예 이전과 다른 조선을 만들려면 발달한 외국의 기술, 제도, 사상을 빨리 받아들여 조선을 발전시킬 필요가 있습니다. 등 5 ㉠ 고종 황제, ㉡ 이토 히로부미, ㉢ 외교권, ㉣ 을사늑약 6 예 을사늑약에 반발해 전국 각지에서 의병들이 일어났습니다. 을사늑약이 무효임을 국제 사회에 알리려고 헤이그 특사를 파견했습니다. 등 7 (1) 신탁 통치 (2) 단독, 통일 8 (1) 예 남북한 통일 정부 수립 (2) 예 남한만의 단독 정부가 수립되면 분단이 지속되어 통일하기 어렵기 때문입니다. 등

1 단원 옛사람들의 삶과 문화

(1) 나라의 등장과 발전 ①

핵심 개념 문제 12~13쪽

01 고조선 02 ④ 03 고구려 04 ③ 05 김춘추(태종 무열왕) 06 ② 07 대조영 08 ①

01 단군왕검이 세운 우리 역사 속 최초의 나라는 고조선으로, 기원전 2333년경 세워졌다고 전합니다.

02 고조선의 문화 범위를 짐작할 수 있는 문화유산은 비파형 동검과 탁자식 고인돌입니다.

03 주몽이 세운 국가는 고구려입니다. 주몽은 활을 잘 쏘아 붙여진 이름입니다.

04 화랑도를 국가 조직으로 정비해 인재를 길러 내고 영토을 크게 넓혀 신라가 삼국 간의 경쟁에서 우위를 차지하게 한 왕은 진흥왕입니다.

05 신라에서 당으로 건너가 당과 동맹을 체결하고 돌아온 사람은 김춘추입니다. 그는 훗날 태종 무열왕이 되었습니다.

06 제시된 무덤의 주인공은 문무왕입니다. 문무왕은 삼국 통일을 완성했습니다.

오답 피하기

①은 고구려의 광개토 대왕, ③은 고구려의 장수왕, ④와 ⑤는 신라의 진흥왕이 한 일입니다.

07 고구려 유민, 말갈족 일부와 함께 동모산 근처에서 발해를 세운 인물은 대조영입니다.

08 발해는 고구려를 계승한 국가로 다양한 기록과 문화유산을 통해 이 사실을 알 수 있습니다.

오답 피하기

② 여러 나라가 연맹을 이룬 국가는 가야, ③ 장수왕 때 영토를 크게 넓혀 발전을 이룬 국가는 고구려, ④ 당과 기벌포에서 전투를 벌인 국가는 신라, ⑤ 8조법으로 사회 질서를 유지한 나라는 고조선입니다.

(1) 나라의 등장과 발전 ②

핵심 개념 문제 17~18쪽

01 고구려 02 ④ 03 ③ 04 백제 금동 대향로 05 신라 06 ① 07 ⑤ 08 ③

01 금동 연가 7년명 여래 입상은 고구려의 불상으로 불상 뒷면에 불상을 만든 까닭과 시기가 기록되어 있습니다.

02 제시된 문화유산의 이름은 무용총 수렵도입니다. 고구려 사람들이 사냥하는 것을 그린 고분 벽화입니다.

03 무령왕릉에서 발견된 중국 화폐와 일본 소나무로 만든 관을 통해 백제가 중국, 일본(왜) 등 주변 국가와 교류했다는 것을 알 수 있습니다.

04 백제의 뛰어난 금속 공예 기술을 보여 주는 문화유산은 백제 금동 대향로입니다.

05 경주는 신라의 도읍이었던 곳으로, 대릉원에 있는 금관총에서 발굴된 금관은 신라의 문화유산입니다.

06 가야의 문화유산은 철제 투구와 판갑옷입니다.

오답 피하기

②는 신라, ③, ⑤는 백제, ④는 고구려의 문화유산입니다.

07 통일 신라의 대표적인 문화유산은 불국사와 석굴암입니다. 불국사와 석굴암은 유네스코 세계 유산에 등재되어 있습니다.

08 발해와 고구려의 수막새, 치미의 모양이 서로 닮았다는 것을 통해 발해가 고구려를 계승했음을 알 수 있습니다.

중단원 실전 문제 19~21쪽

01 ②, ③ 02 ② 03 광개토 대왕 04 ④ 05 ④
06 ③ 07 ㉣, ㉠, ㉢, ㉡ 08 ② 09 ① 10 ⑤ 11 ⑤
12 ② 13 ⑤ 14 석굴암 / 경주 석굴암 석굴 15 ②

01 고조선의 8조법 중에서 현재까지 전해지는 세 개의 조항을 통해 사회 질서가 엄격했고, 개인의 재산이 있었음을 알 수 있습니다.

02 백제의 전성기를 이끈 근초고왕은 고구려를 공격해 황해도 일부 지역을 차지했고, 남해안 지역까지 진출했습니다.

오답 피하기
① 온조, ③ 신라의 문무왕, ④ 고구려의 장수왕, ⑤ 신라의 김춘추가 한 일입니다.

03 장수왕의 아버지로 요동 지역으로 영토를 넓힌 왕은 광개토 대왕입니다.

04 삼국 중 가장 먼저 전성기를 맞이한 국가는 백제입니다.

05 제시된 자료는 금관가야의 건국 이야기입니다. 가야는 주변 국가에 철을 수출하며 발전했습니다.

오답 피하기
① 고구려를 멸망시킨 것은 신라입니다.
② 한강 유역을 차지한 것은 백제, 고구려, 신라 등 삼국입니다.
③ 졸본 지역에서 세워진 국가는 고구려입니다.
⑤ 중국의 영향을 받은 벽돌 무덤을 남긴 것은 백제입니다.

06 북한산에 순수비를 세운 인물은 신라 진흥왕으로 한강 유역을 모두 차지하고, 대가야를 정복해 가야 연맹을 멸망시켰습니다.

07 신라는 김춘추를 보내 당과 동맹을 맺은 뒤 660년에 백제를 멸망시키고, 668년에 고구려를 멸망시켰습니다. 이후 당이 한반도 전체를 차지하려고 하자 신라는 당과 전쟁을 벌여 676년 기벌포 전투에서 당군을 몰아내고 삼국 통일을 이루었습니다.

08 동모산 근처에서 세워진 국가는 발해입니다. ② 백제와 신라의 압력을 받은 국가는 가야입니다.

09 박물관의 고구려실에서 볼 수 있는 문화유산은 금동 연가 7년명 여래 입상입니다.

오답 피하기
②, ④는 신라, ③은 고조선, ⑤는 통일 신라의 문화유산입니다.

10 익산 미륵사지 석탑은 백제의 문화유산으로 현재 남아 있는 석탑 중 규모가 가장 큰 것입니다.

11 신라의 문화유산으로 선덕 여왕 때 불교의 힘으로 외적을 물리치려고 만든 것은 황룡사 9층 목탑입니다.

12 가야의 문화유산은 철제 판갑옷입니다.

오답 피하기
①은 백제, ③, ⑤는 신라, ④는 고구려의 문화유산입니다.

13 천마총, 불국사, 첨성대를 볼 수 있는 지역은 경주입니다. 경주는 신라의 도읍이었던 곳으로 경주 역사 유적 지구는 유네스코 세계 유산에 등재되었습니다.

오답 피하기
① 경주는 경상도 지역에 위치해 있습니다.
② 백제는 한강 유역에 세워졌습니다.
③ 금관가야는 김해 지역에서 발전했습니다.
④ 고구려의 장수왕은 국내성에서 평양으로 도읍을 옮겼습니다.

14 화강암을 쌓아 올려 만든 인공 석굴로 뛰어난 건축 기술을 알 수 있는 통일 신라의 문화유산은 석굴암입니다.

15 발해 문화유산 사진 전시회에서 볼 수 있는 문화유산은 상경성 절터의 발해 석등입니다.

서술형 평가 돋보기 22~23쪽

연습 문제

1 ㈎ 백제, 4세기 ㈏ 고구려, 5세기 ㈐ 신라, 6세기

2 근초고, 고구려, 장수, 진흥, 한강

3 (1) 한강 유역 (2) ㉠ 중국과 직접 교류할 수 있게 되었다. / 한반도의 중심에 있는 넓은 평야를 차지할 수 있었다. 등

실전 문제

1 (1) 무용총 접객도 (2) 무용총 수렵도 (3) 고구려

2 (1) ㉠ 신분의 차이 때문이다. 등 (2) ㉠ 사냥을 즐겨 했음을 추측할 수 있다. 등

3 (1) 발해 (2) 통일 신라 (3) 고구려, 고구려 (4) 불교

4 ㉠ 돌을 쌓아 올려 무너지지 않게 둥근 천장을 만들었다. / 바닥으로 차가운 물이 흐르게 해 습도를 조절했다. 등

연습 문제

1 각각의 지도는 삼국이 영토를 크게 넓히고 발전한 시기를 나타냅니다. ㈎는 4세기 백제, ㈏는 5세기 고구려, ㈐는 6세기 신라의 발전 모습을 나타낸 지도입니다.

2 백제는 근초고왕, 고구려는 광개토 대왕과 장수왕, 신라는 진흥왕 때 영토를 크게 넓히거나 삼국 간의 경쟁에서 주도권을 잡았습니다.

3 삼국은 한강 유역을 놓고 다투었습니다. 신라가 한강 유역을 차지하면서 바다 건너 중국과 직접 교류할 수 있었습니다.

채점 기준

중국과 직접 교류하게 되었다는 의미로 썼으면 정답으로 합니다.

실전 문제

1 ㈎는 무용총 접객도, ㈏는 무용총 수렵도입니다. 모두 고구려의 고분 벽화입니다.

2 (1) 무용총 접객도에서는 신분에 따라 사람의 크기를 다르게 그렸습니다.

채점 기준

신분의 차이라는 내용이 들어갔으면 정답으로 합니다.

(2) 무용총 수렵도는 사냥하는 모습을 그린 그림으로 고구려 사람들이 사냥을 즐겨 했음을 알 수 있습니다.

채점 기준

사냥을 즐겨 했다는 의미로 썼으면 정답으로 합니다.

3 지도에서 남쪽은 통일 신라, 북쪽은 발해입니다. 발해는 고구려를 계승한 국가로 문화유산도 비슷한 것이 많습니다. 통일 신라는 불교가 발달한 국가로 도읍이었던 경주 지역에는 불교 문화유산이 많이 남아 있습니다.

4 석굴암의 둥글게 쌓아 올린 천장, 바닥으로 차가운 물이 흐르게 해 습도를 조절한 것 등을 통해 통일 신라의 우수한 과학 기술을 알 수 있습니다.

채점 기준

천장 구조, 습도 조절 등의 내용이 들어갔으면 정답으로 합니다.

(2) 독창적 문화를 발전시킨 고려

핵심 개념 문제 28~29쪽

01 견훤, 후삼국 02 ① 03 ① 04 별무반 05 강화도
06 ① 07 팔만대장경 08 ④

01 후백제를 세운 사람은 견훤입니다. 후고구려, 후백제, 신라 세 국가가 서로 겨루던 시대를 후삼국 시대라고 합니다.

02 호족 출신으로 궁예의 부하가 되어 세력을 키운 후 고려를 건국한 사람은 왕건입니다. 왕건은 후삼국을 통일했습니다.

오답 피하기

② 발해를 멸망시킨 것은 거란입니다.
③ 불국사를 건립한 것은 통일 신라 때입니다.
④, ⑤ 과거제를 도입하고, 노비안검법을 실시한 것은 고려의 광종입니다.

03 강감찬이 고려에 침입해 온 거란을 물리친 전투는 귀주 대첩입니다.

04 윤관이 이끌고 가 여진을 물리치는 데 큰 공을 세운 부대는 별무반입니다.

05 고려는 몽골의 1차 침입 이후 강화도로 도읍을 옮기고 몽골과의 전쟁에 대비했습니다.

06 삼별초는 고려 정부가 몽골과 강화를 맺고 개경으로 다시 도읍을 옮기는 것에 반대해 저항했습니다. 이들은 강화도에서 진도, 제주도로 근거지를 옮겨 가며 항쟁했습니다.

07 몽골의 침입을 받은 고려가 부처의 힘을 빌어 몽골을 물리치고자 만든 것은 팔만대장경입니다.

08 제시된 문화유산은 고려 시대의 대표적인 예술품인 청자 상감 운학무늬 매병입니다.

중단원 실전 문제 30~31쪽

01 호족 02 ② 03 ①, ③ 04 ④ 05 ② 06 ②, ⑤
07 ③ 08 ㉡, ㉣ 09 ③ 10 ㉡

01 신라 말에 각 지방에서 독자적인 세력을 형성했으며, 군사력과 경제력을 갖추고 있던 세력을 호족이라고 합니다.

02 호족 출신으로 후백제를 세운 사람은 견훤입니다.

03 태조 왕건이 남긴 '훈요 10조'에는 '불교를 장려하라, 서경(평양)을 중시하라, 백성들의 세금을 가볍게 하라' 등의 내용이 들어 있습니다. ⑤ 노비안검법을 실시한 것은 광종입니다.

04 거란의 1차 침입 때 서희와 거란 장수 소손녕이 만나 담판을 벌인 것을 서희의 외교 담판이라고 합니다.

오답 피하기

① 귀주 대첩은 강감찬이 이끈 고려군이 거란을 크게 물리친 전투입니다.
② 충주성 전투는 김윤후가 이끄는 군대가 몽골에 맞서 싸운 전투입니다.
③ 별무반은 여진을 물리치기 위해 조직된 특수 부대입니다.
⑤ 신라와 당의 동맹은 신라가 백제와 고구려를 무너뜨리기 위해 당과 맺은 군사적 동맹입니다.

05 서희의 외교 담판으로 고려는 강동 6주 지역을 확보하게 되었습니다.

06 윤관은 별무반을 이끌고 여진을 물리친 후 여진이 살던 동북 지역에 9성을 쌓았습니다.

07 몽골과의 항쟁과 관련한 내용으로 알맞지 않은 것은 과거제를 실시한 까닭입니다. 과거제는 고려 초기 광종 때부터 실시된 제도로 왕권을 강화하기 위해서 도입되었습니다.

08 팔만대장경판은 ㉡ 합천 해인사 장경판전에 보관되어 있는 문화유산으로, ㉣ 부처의 힘을 빌어 몽골의 침입을 이겨 내려고 만든 것입니다.

09 청주 흥덕사에서 제작된 금속 활자 인쇄본으로, 현재 전하는 금속 활자 인쇄본 중에서 가장 오래되었으며, 박병선 박사의 노력에 의해 알려진 문화유산은 『직지심체요절』입니다.

10 청자의 표면을 파서 무늬를 새기고, 다른 색의 흙으로 메운 후 긁은 다음 유약을 발라 구운 것은 상감 청자입니다. 보기에서 이에 해당하는 것은 ㉡ 청자 상감 모란 당초문 표형 주전자입니다.

오답 피하기

㉠은 신석기 시대의 대표적인 문화유산인 빗살무늬 토기입니다.
㉢은 가야의 문화유산인 오리 모양 토기입니다.

서술형 평가 돋보기 32~33쪽

연습 문제

1 ㉠ 거란 ㉡ 여진 ㉢ 몽골
2 거란, 서희, 여진, 9성, 몽골, 강화도
3 예 국토가 황폐화되었다. / 백성들이 죽거나 다쳤다. / 문화유산이 불타 없어졌다. 등

실전 문제

1 (1) 불교(부처) (2) 금속 활자 (3) 목판 (4) 기록 유산
2 예 여러 종류의 책을 찍을 수 있다. / 목판보다 튼튼하다. 등
3 (1) 상감 청자 (2) 고려
4 (1) 신분이 높은 사람들(지배층) (2) 예 만들기 어렵고 가치가 높았기 때문이다. 등

연습 문제

1 귀주 대첩은 강감찬이 이끄는 고려군이 거란과 벌인 전투이며, 별무반은 여진을 물리치기 위해 만든 부대입니다. 처인성 전투는 김윤후와 백성들이 힘을 합쳐 몽골군을 물리친 전투입니다.

2 거란의 1차 침입 때 서희는 거란 장수와 외교 담판을 벌였고, 윤관은 별무반을 이끌고 여진을 정벌하고 그들이 살던 동북 지역에 9성을 쌓았습니다. 몽골의 침입을 받은 고려는 강화도로 도읍을 옮겼습니다.

3 고려가 북방 민족과 전쟁을 치르는 동안 국토가 황폐해졌고, 많은 백성들이 죽거나 다쳤으며, 문화유산이 불타 없어졌습니다.

채점 기준

전쟁으로 인한 고려의 피해가 들어갔으면 정답으로 합니다.

실전 문제

1 (1) 팔만대장경을 만든 까닭은 몽골의 침입을 불교(부처)의 힘을 빌어 물리치려고 한 것입니다.
(2) 『직지심체요절』은 오늘날 전해지는 금속 활자 인쇄본 중 가장 오래된 것입니다.
(3) 팔만대장경판은 목판입니다.
(4) 『직지심체요절』은 유네스코 세계 기록 유산으로 등재되어 있습니다.

2 목판은 한 종류의 책을 찍을 수 있지만, 금속 활자는 필요한 활자를 조합해 여러 종류의 책을 찍어 낼 수 있습니다. 또 나무로 만든 목판보다 금속 활자가 더 보관하기 쉽습니다.

채점 기준

여러 종류의 책을 찍어 낼 수 있다는 내용이 들어갔으면 정답으로 합니다.

3 제시된 제작 방법은 상감 청자를 만드는 방법입니다. 청자를 만드는 기술은 중국에서 들어왔지만 고려는 상감이라는 독자적인 방법으로 청자를 만들었습니다.

4 (1) 상감 청자 등 고려청자는 주로 신분이 높은 사람들이 사용했습니다.
(2) 상감 청자 등 고려청자는 만들기 어렵고 가치가 높아 일반 백성들은 사용하기 어려웠습니다.

채점 기준

만들기 어렵고 가치가 높다는 내용이 들어갔으면 정답으로 합니다.

(3) 민족 문화를 지켜 나간 조선

핵심 개념 문제 39~40쪽

01 신진 사대부 02 ④ 03 ⑤ 04 『농사직설』 05 성균관 06 ② 07 임진왜란 08 ⑤

01 고려 말 성리학을 공부하고 과거를 통해 관리가 된 사람들을 신진 사대부라고 합니다. 정도전은 대표적인 신진 사대부로 이성계와 손잡고 조선을 건국했습니다.

02 이성계가 요동 정벌을 하러 가던 중 군대를 돌려 개경으로 돌아간 사건을 위화도 회군이라고 합니다.

03 세종 대에 확대 운영되었던 학문 연구 기관은 집현전입니다. 집현전에서는 젊은 학자들이 학문과 과학 기술을 연구했습니다.

04 세종 대에 편찬된 책으로 조선의 기후와 환경에 맞는 농사법을 소개한 것은 『농사직설』입니다.

05 조선 시대에 인재 양성을 위해 한성(한양)에 세운 최고 교육 기관은 성균관입니다.

06 도화서에 소속되어 그림을 그리는 관리인 화원은 중인 신분에 해당합니다. 사신을 통역하는 역관, 병을 고치는 의원, 법률을 다루는 관리 등도 중인에 속했습니다.

07 1592년 일본이 조선에 쳐들어오면서 일어난 전쟁은 임진왜란입니다. 당시 이순신이 이끄는 수군이 한산도 대첩 등에서 큰 활약을 했습니다.

08 명과 후금 사이에서 중립 외교를 펼친 조선의 왕은 광해군입니다.

중단원 실전 문제 41~43쪽

01 ③, ⑤ 02 ③ 03 경복궁 04 ⑤ 05 ③ 06 ③ 07 ④ 08 ③, ⑤ 09 ④ 10 신사임당 11 ⑤ 12 학익진 13 ④ 14 ③ 15 ②

01 고려 말에는 정도전과 같은 신진 사대부가 새로운 정치 세력으로 등장했고, 이성계 등의 무인 세력이 고려에 침입한 홍건적과 왜구를 물리치며 세력을 키웠습니다.

02 이성계는 위화도 회군으로 정권을 잡았습니다. 정몽주 등 새로운 국가의 건국을 반대하는 세력이 제거된 뒤 1392년에 조선을 건국했고, 1394년에는 한양으로 도읍을 옮겼습니다.

오답 피하기

③ 왕건은 궁예가 난폭한 정치를 펴자 신하들과 함께 그를 몰아내고 고려를 세웠습니다.

03 조선을 건국하고 조선에 처음 지은 궁궐은 경복궁입니다. 조선은 유교를 바탕으로 나라의 기틀을 세우고 한양의 주요 건물 이름을 정했습니다. 경복궁을 중심으로 동쪽에는 종묘, 서쪽에는 사직단을 세웠습니다.

04 우리글을 만든 원리와 사용법을 설명한 책은 『훈민정음』 「해례본」입니다. 『훈민정음』 「해례본」은 유네스코 세계 기록 유산입니다.

05 제시된 과학 기구는 자격루로, 이 기구 덕분에 흐린 날에도 시각을 알 수 있었습니다.

오답 피하기

① 천문 관측기구는 혼천의, ②, ⑤ 앙부일구, ④ 측우기에 대한 설명입니다.

06 세종은 국방을 강화하기 위해 압록강 상류 지역에 4군을, 두만강 유역에 6진을 설치했습니다.

07 세종은 백성들이 유교의 가르침을 알고 실천할 수 있도록 하기 위해 중국과 우리나라 책에 나온 충신과 효자 등의 이야기를 모아 『삼강행실도』를 편찬했습니다.

08 조선은 『경국대전』에 따라 사회 질서를 유지했으며, 혼인과 장례 등의 집안 행사를 유교 예절에 따르도록 했습니다.

09 조선 시대 천민 중 노비는 재산으로 여겨져 사고팔렸습니다.

오답 피하기

① 과거 시험은 양인만 볼 수 있었습니다.
②, ③은 상민에 대한 설명입니다.
⑤ 외국 사신의 통역을 담당한 관리의 신분은 중인입니다.

10 풀, 곤충 등의 모습을 그린 「초충도」는 신사임당이 그린 그림입니다. 신사임당은 조선의 여성 예술가입니다.

11 조선 전기에는 아들과 딸이 똑같이 재산을 나누어 가졌습니다.

오답 피하기

조선 전기에는 ① 여성도 부모의 제사를 지낼 수 있었고, ② 결혼하면 친정집에서 살 수 있었습니다. 하지만 ③ 여성은 성균관에 입학할 수 없었으며, ⑤ 과거 시험을 볼 수 없었습니다.

12 임진왜란 때 이순신이 이끄는 수군이 학이 날개를 펼치듯이 적을 에워싸는 전술인 학익진 전법을 펼쳐 한산도 대첩에서 큰 승리를 거두었습니다.

13 제시된 인물은 임진왜란 때 의병장으로 활약한 곽재우입니다. 그는 자신의 재산을 들여 의병들을 모아 일본군에 맞섰습니다.

14 세력이 강해지는 후금과 세력이 약해지는 명 사이에서 광해군은 중립 외교를 펼쳤습니다.

15 김상헌과 최명길이 서로 반대되는 입장을 밝히며 대립한 것은 병자호란 때의 일입니다. 당시 인조는 ② 남한산성으로 피란해 청에 맞섰습니다.

오답 피하기

①, ④는 임진왜란 때의 일입니다.
③, ⑤는 고려 시대 몽골 침입 때의 일입니다.

서술형 평가 돋보기 44~45쪽

연습 문제

1 (가) 위화도, (나) 조선, (다) 한양
2 요동, 신진 사대부, 정몽주, 조선, 한양, 경복궁
3 ⓔ 국가의 중심에 있고, 교통이 편리해 어느 지역으로든 쉽게 갈 수 있다. / 적의 침입을 막기 좋고, 평야가 있어 농사짓고 살기 좋다. 등

실전 문제

1 (1) 『훈민정음』 「해례본」 / 『훈민정음』 (2) 『농사직설』 (3) 비, 측우기, 농사 2 ⓔ 백성들의 생활이 편리해지고 농사에 도움이 되었다. 등
3 임진왜란, 행주 대첩, 이순신, 한산도
4 ⓔ 경복궁, 불국사 등이 불에 탔다. / 국토가 황폐해지고 많은 사람이 죽거나 다쳤다. 등

연습 문제

1 조선의 건국 과정은 위화도 회군, 조선 건국, 한양 도읍 건설 순으로 이루어졌습니다.

2 이성계는 위화도 회군으로 정권을 잡았고, 정도전 등 신진 사대부와 손을 잡고 조선을 건국했습니다. 그리고 한양으로 도읍을 옮기고, 첫 궁궐의 이름을 경복궁으로 정했습니다.

3 한양은 국가의 중심에 있고, 교통이 편리해 어느 지역으로든 쉽게 갈 수 있었습니다. 또 적의 침입을 막기 좋고, 평야가 있어 농사짓고 살기 좋았습니다.

채점 기준

한양이 도읍으로서 적절한 까닭을 썼으면 정답으로 합니다.

실전 문제

1 (1) 우리글을 만든 원리와 사용법을 설명한 것은 『훈민정음』 「해례본」입니다.
(2) 세종 대에 우리 기후와 환경에 맞는 농사법을 소개한 『농사직설』이 편찬되었습니다.
(3) 측우기는 비의 양을 재는 기구입니다. 이 기구의 발명으로 농사를 짓는 데 도움이 되었습니다.

2 세종 시기 문화와 과학 기술이 발전하면서 백성들의 생활이 편리해지고 농사에 도움이 되었습니다.

채점 기준

백성들의 생활과 농사에 준 도움이 드러나게 썼으면 정답으로 합니다.

3 (1) 지도에는 임진왜란 당시의 상황이 나타나 있습니다.
(2) 권율은 행주 대첩에서 관군과 승병, 의병, 일반 백성들을 이끌고 일본군에게 큰 승리를 거두었습니다.
(3) 임진왜란 당시 바다에서는 이순신이 이끄는 수군이 한산도 대첩에서 학익진 전법으로 큰 승리를 거두었습니다.

4 임진왜란으로 조선의 국토가 황폐해지고, 많은 사람이 죽거나 다쳤으며 기술자들이 일본으로 끌려갔습니다. 또 경복궁, 불국사 등 많은 문화유산이 불에 탔습니다.

채점 기준

임진왜란으로 조선이 입은 피해를 두 가지 썼으면 정답으로 합니다.

대단원 마무리

48~51쪽

01 ③ 02 ④ 03 예 신라가 진흥왕 때 한강 유역을 차지했다. 등 04 ④, ⑤ 05 서산 용현리 마애 여래 삼존상 06 ⑤ 07 ⑤ 08 ② 09 ④ 10 ⑤ 11 (다), (나), (가) 12 예 호족들과 좋은 관계를 유지하며 왕권을 강화하기 위해서이다. 등 13 ④ 14 ② 15 ① 16 금속 활자 인쇄본 / 금속 활자로 인쇄된 책 17 ④ 18 ⑤ 19 『삼강행실도』 20 ① 21 ④ 22 ②, ⑤ 23 예 자기 고장의 지리를 잘 알아 적절한 전술을 펼쳤기 때문이다. 등 24 ⑤ 25 ④

01 8조법은 고조선의 법입니다. ③ 근초고왕 때 크게 발전한 국가는 백제입니다.

02 광개토 대왕의 아들로 고구려의 발전을 이끈 왕은 장수왕입니다. 장수왕은 도읍을 평양으로 옮겼습니다.

오답 피하기

① 대가야를 멸망시킨 것은 신라의 진흥왕입니다.
② 왜에 칠지도를 전한 것은 백제입니다.
③ 요동 지역을 정벌한 것은 고구려의 광개토 대왕입니다.
⑤ 당을 몰아내기 위해 전쟁을 벌인 것은 신라 문무왕입니다.

03 서울 북한산 신라 진흥왕 순수비를 통해 신라가 한강 유역을 차지했다는 사실을 알 수 있습니다.

채점 기준

신라가 한강 유역을 차지했다는 내용이 들어가면 정답으로 합니다.

04 제시된 문화유산은 가야의 것으로 가야는 중국, 왜에 질 좋은 철을 수출하며 성장했고, 여러 작은 나라로 이루어진 연맹 국가였습니다.

05 제시된 백제의 문화유산은 서산 용현리 마애 여래 삼존상입니다.

06 삼국과 일본의 문화 교류를 보여 주는 것은 금동 미륵보살 반가 사유상입니다. 이 불상은 일본의 목조 미륵보살 반가 사유상과 쌍둥이처럼 닮았습니다.

07 대조영이 고구려 유민과 말갈족 일부를 이끌고 당을 탈출한 것은 삼국 통일 이후의 일입니다.

08 『무구정광대다라니경』이 나온 탑은 불국사 삼층 석탑입니다.

09 대조영이 고려(고구려)의 별종이라는 기록을 통해 발해가 고구려를 계승한 국가임을 알 수 있습니다. 고려는 고구려가 사용했던 국가 이름입니다.

10 제시된 자료는 상경성 절터의 발해 석등입니다. 발해는 당이 '동쪽에서 일어나 크게 번성한 나라'라는 뜻의 해동성국으로 부를 정도로 번성했습니다.

11 왕건이 신하들과 함께 궁예를 몰아내고 고려를 건국한 것은 918년이고, 신라가 고려에 항복한 것은 935년이며, 후백제가 고려에 의해 멸망한 것은 936년입니다.

12 왕건이 호족의 딸들과 혼인하고, 호족들에게 왕실의 성씨인 '왕'씨를 내려 주기도 한 까닭은 호족들과 좋은 관계를 유지하며 왕권을 강화하기 위해서입니다.

채점 기준

호족과의 관계에 관한 내용과 왕권 강화 내용이 들어가 있으면 정답으로 합니다.

13 고려의 대외 관계와 관련된 것은 '㉠ 별무반을 조직해 여진을 물리쳤다. ㉡ 벽란도는 고려의 국제 무역항이었다. ㉣ 서희는 외교 담판으로 거란을 물리쳤다.'입니다.

오답 피하기

㉢ 4군 6진 지역을 개척해 영토를 넓힌 것은 조선 세종 때입니다.

14 몽골의 침입과 고려의 대응이라는 주제에 알맞지 않은 것은 행주 대첩 진행 과정입니다. 행주 대첩은 조선 시대 임진왜란 때 권율이 이끄는 관군과 의병이 백성과 힘을 합쳐 일본군을 크게 물리친 전투입니다.

15 몽골과 강화를 맺은 이후 고려에서는 권문세족이 성장했습니다.

오답 피하기

② 초조대장경을 제작한 것은 거란의 침입을 물리치기 위해서입니다.
③ 과거제가 처음 실시된 것은 고려 광종 때의 일입니다.
④ 강동 6주 지역을 확보한 것은 거란의 1차 침입 때 서희의 외교 담판 결과입니다.
⑤ 고려 정부가 강화도로 도읍을 옮긴 것은 몽골의 1차 침입 후의 일입니다.

16 『직지심체요절』은 세계에서 가장 오래된 금속 활자 인쇄본으로 청주 흥덕사에서 만들어졌습니다. 원래는 상·하권 두 권이었으나 현재는 하권만 전합니다.

17 상감 청자는 주로 고려 시대에 만들어졌습니다.

18 ㈎ 정도전은 개혁을 위해 새 국가의 건설에 찬성한 인물로 조선 건국에 중요한 역할을 했습니다.
㈏ 정몽주는 고려를 유지하면서 개혁해야 한다고 주장하며 새 국가의 건국을 반대하다 이방원의 부하에게 죽임을 당했습니다.

19 세종 대에 백성들이 유교의 가르침을 실천하도록 하기 위해 만든 책은 『삼강행실도』입니다. 이 책에는 우리나라와 중국의 책에 나온 모범이 될 만한 충신, 효자, 열녀 등의 이야기가 실려 있습니다.

20 혼천의는 천문 관측기구로 조선 세종 때 장영실이 제작한 것입니다.

21 '남자는 15세, 여자는 14세에 혼인할 수 있다.'는 등의 내용이 담긴 조선의 기본 법전은 『경국대전』입니다. 이 법전은 성종 때 완성되었습니다.

22 조선 전기와 관련된 문화유산은 「초충도」, 백자 끈 무늬 병입니다.

오답 피하기

① 천마도는 신라, ③ 무용총 수렵도는 고구려, ④ 철제 판갑옷은 가야의 문화유산입니다.

23 임진왜란 때 곽재우와 같은 의병들이 일본군을 상대로 활약할 수 있었던 까닭은 자기 고장의 지리를 잘 알아 적절한 전술을 펼쳤기 때문입니다.

채점 기준

고장의 지리를 잘 알아 이를 전투에 이용했다는 내용이 들어갔으면 정답으로 합니다.

24 중립 외교를 펼치던 광해군이 쫓겨나고 인조가 새 왕이 되면서 조선이 명과 가까이 지내고 후금을 멀리했습니다. 그러자 후금이 조선을 침입해 정묘호란이 일어났습니다.

25 조선과 후금이 형제의 관계를 맺을 것을 약속하고 끝낸 전쟁은 정묘호란입니다.

단원

사회의 새로운 변화와 오늘날의 우리

(1) 새로운 사회를 향한 움직임

핵심 개념 문제 60~61쪽

01 탕평책 02 ① 03 ① 04 판소리 05 척화비 06 ① 07 갑신정변 08 ①

01 영조와 정조는 어느 한 붕당에 치우치지 않고 능력에 따라 인물을 고루 뽑는 탕평책을 통해 왕권을 강화하고 정치를 안정시키고자 했습니다.

02 조선 후기 실학자들은 백성의 삶을 안정시키고 국가의 힘을 기를 수 있는 방법을 연구했습니다. 토지 제도의 개혁, 새로운 기술과 상업 장려, 청의 문물과 기술 적극 수용, 우리 역사·지리·언어 연구 등 다양한 분야에 관심을 가졌습니다.

03 조선 후기에 경제적 여유가 있는 서민들이 문화와 예술에 관심을 가지면서 서민 문화가 발달했습니다. 서민 문화에는 한글 소설, 판소리와 탈놀이, 풍속화, 민화 등이 있습니다.

오답 피하기

① 고려 시대에 몽골(원)과 교류가 늘어나면서 몽골식 옷차림이 유행했습니다.

04 소리꾼이 고수의 북장단에 맞춰 노래와 창을 하고 이야기를 엮어 만든 공연을 판소리라고 합니다.

05 서양의 여러 국가가 접근해 통상을 요구했으나 흥선 대원군은 이를 거부하고 전국에 척화비를 세웠습니다. 척화비에는 서양과 교류하지 않겠다는 내용이 담겨 있습니다.

06 강화도 조약은 일본이 운요호 사건을 구실로 조선을 위협하며 통상을 강요해 맺어진 조약입니다. 조선이 외국과 맺은 최초의 근대적 조약이자, 조선에게 불리한 내용이 담긴 불평등 조약입니다.

오답 피하기

③ 병인양요는 조선 정부가 프랑스 신부와 천주교 신자를 처벌한 것을 구실로 프랑스가 1866년에 강화도에 쳐들어온 사건입니다.

07 김옥균, 박영효, 서재필 등 급진 개화파가 청에 의지하는 세력을 몰아내고 새로운 조선을 만들고자 일으킨 사건을 갑신정변이라고 합니다.

08 동학 농민 운동은 전라도 고부 군수의 가혹한 수탈에 맞서 당시 동학 지도자였던 전봉준이 농민들과 봉기를 일으키면서 시작되었습니다. 개항 이후 더욱 어려움을 겪던 농민들 사이에 동학의 평등과 개혁 사상이 퍼져 있었고 부정한 관리들에 대한 저항이 일어났습니다.

오답 피하기

① 동학 농민 운동은 고부 군수의 횡포에 맞서 일어났으며, 전봉준이 체포되어 처형되면서 끝이 났습니다.

중단원 실전 문제 62~63쪽

01 ⑤ 02 ⑤ 03 ⑤ 04 서민 문화 05 ① 06 ③ 07 ② 08 ㉢, ㉣, ㉡, ㉠ 09 ⑤ 10 ⑤

01 영조는 탕평비를 세우고, 여러 붕당의 인재를 골고루 뽑아 쓰는 탕평책을 펼쳤습니다. 이는 붕당으로 인한 폐해를 막아 왕권을 강화하기 위한 정책이었습니다.

오답 피하기

①은 정조, ②는 성종, ③은 서재필, ④는 세종이 추진한 일입니다.

02 정조는 영조의 탕평책을 이어받아 여러 개혁 정책을 실시했습니다. 규장각을 키워 개혁 정치에 필요한 관리를 길러 내고, 자유롭게 장사를 할 수 있도록 제도를 개혁했으며, 정치·군사·경제적 기능을 갖춘 수원 화성을 건설했습니다.

03 제시된 자료는 실학에 대한 설명입니다. 조선 후기 실학자들은 임진왜란, 병자호란 이후 백성들의 삶이 더욱 어려워진 상황에서 백성이 처한 현실적 문제를 해결함으로써 삶을 더 나아지게 할 수 있는 방법을 연구했습니다.

04 조선 후기에는 경제력을 가진 서민들이 등장하면서 이들을 대상으로 하는 서민 문화가 발달했습니다.

05 제시된 그림은 조선 후기의 민화로 해와 달, 동식물, 문자 등에 장수, 복, 효도와 같은 서민들의 소망을 담아 그린 그림입니다. 서민들은 이러한 그림을 벽에 걸거나 병풍으로 만들어 생활 공간을 꾸몄습니다.

오답 피하기

① 상감 기법으로 도자기에 무늬를 새긴 것은 고려 시대의 문화유산인 고려청자에 대한 설명입니다.

06 흥선 대원군은 세도 정치의 문제점을 바로잡고 왕권을 강화하기 위한 정책을 펼쳤습니다. 양반에게도 세금을 부과하고 서원을 정리했으며, 경복궁을 다시 지어 왕권을 강화하고자 했습니다.

07 흥선 대원군은 병인양요와 신미양요를 거치며 서양 세력을 물리친 이후 서양 세력들과 교류하지 않겠다는 뜻을 담은 척화비를 전국에 세웠습니다.

08 프랑스와 미국이 통상을 요구하며 강화도를 침략한 병인양요(1866년), 신미양요(1871년) 이후 흥선 대원군은 척화비를 세우고 서양과의 통상을 거부했습니다. 이후 일본 군함이 강화도에 접근해 조선군과 전투를 벌였고 이 사건을 빌미로 일본이 조선에 통상을 요구했습니다. 일본의 위협 속에서 조선은 강화도 조약(1876년)을 맺고 개항을 했습니다.

09 갑신정변을 일으킨 급진 개화파는 청의 간섭에서 벗어나 조선의 개화 정책을 적극적으로 추진해야 한다고 주장했습니다.

10 제시된 자료는 동학 농민군이 정부와 타협하면서 제시한 개혁안 내용 중 일부입니다. 동학 농민 운동은 부패한 탐관오리들의 수탈에 대한 저항과 조선을 침탈하려는 일본에 대한 반발로 일어났습니다.

서술형 평가 돋보기

64~65쪽

연습 문제

1 실학

2 ㉮ 사회 문제 / 현실 문제 / 실생활의 문제, 실학, ㉮ 현실 / 현실 생활 / 실생활

3 ㉮ 토지 제도를 개혁해야 한다. 청의 발달된 문물을 받아들여 상공업을 발달시켜야 한다. 우리 역사와 지리, 언어를 연구해야 한다. 등

실전 문제

1 강화도 조약

2 (1) 운요호 (2) 근대적, 불평등

3 ㉮ 조선의 해안을 일본이 마음대로 측량할 수 있고, 조선 땅에서 죄를 지은 일본인을 조선이 심판할 수 없도록 하였다. 등

4 전봉준

5 (1) 탐관오리 (2) 평등, 동학

6 ㉮ 조선 정부의 요청으로 청이 군대를 보내자 일본도 군대를 보냈다. 등

연습 문제

1 실학은 조선 후기에 백성들의 삶을 나아지게 할 수 있는 실제적인 방법을 연구한 학문입니다.

2 실학은 기존의 학문이 백성들의 실생활의 문제를 해결하지 못하는 것을 비판하고 백성들이 처한 현실적 문제를 해결하여 삶을 안정시키고, 국가를 부강하게 하기 위한 방법을 연구했습니다.

3 실학자들은 다양한 분야에서 현실적 문제 해결을 위한 방안을 제시했습니다. 토지 제도의 개혁을 통해 농촌 사회를 안정시켜야 한다는 주장, 청의 발달된 문물을 받아들여 상공업을 발전시켜 백성의 삶을 풍요롭게 만들자는 주장, 우리 역사, 언어, 지리 등을 연구하여 우리 고유의 것을 지키자는 주장 등이 있습니다.

채점 기준

농촌 사회의 안정, 상공업 발전, 우리의 것 연구 등과 관련된 내용을 두 가지 제시하면 정답으로 합니다.

실전 문제

1 조선은 일본과 강화도 조약을 맺고 항구를 개방해 일본과의 통상을 허가했습니다.

2 강화도에 침입한 일본군과의 전투 이후 일본은 이를 빌미로 조선에 통상을 요구했습니다. 이에 조선과 일본이 맺은 강화도 조약은 조선이 다른 국가와 맺은 최초의 근대적 조약이자 조선에는 불리한 내용으로 이루어진 불평등 조약이었습니다.

3 자료에 제시된 조항을 살펴보면 일본이 조선의 해안을 마음대로 측량을 할 수 있고, 우리 항구에서 일본인이 잘못을 저질러도 처벌할 수 없는 등 일본에만 유리한 내용이 담겨 있다는 것을 알 수 있습니다.

채점 기준

일본에만 유리한 조항 또는 조선에는 불리한 조항이라는 사실을 제시된 자료의 예시를 들어 설명하면 정답으로 합니다.

4 전봉준은 동학 지도자로, 전라도 고부 군수 조병갑의 횡포에 맞서 봉기를 일으켰습니다.

5 조선이 개항한 이후 곡식 가격이 폭등하고, 부패한 탐관오리들로 인해 백성들은 큰 고통을 받았습니다. 이 시기 사람은 누구나 평등하다는 사상을 바탕으로 사회를 개혁해야 한다는 동학 사상이 백성들 사이에 널리 퍼졌습니다.

6 고부 군수 조병갑의 횡포에 맞서 일어난 동학 농민군이 전라도 일대를 점령하자, 조선 정부의 요청으로 청이 군대를 보냈습니다. 이에 일본도 군대를 조선 땅으로 보내자 동학 농민군은 외세의 침략을 막기 위해 조선 정부와 개혁안을 약속하고 스스로 물러났습니다.

채점 기준

조선 정부가 청에 군대를 요청하고, 청과 일본군이 조선 땅에 들어왔다는 내용이 들어가면 정답으로 합니다.

(2) 일제의 침략과 광복을 위한 노력 ①

핵심 개념 문제 68~69쪽

01 을미사변 02 ④ 03 대한 제국 04 ㉢, ㉣ 05 을사늑약 06 ④ 07 ② 08 ③

01 러시아를 끌어들여 자신들을 견제하려는 명성황후의 움직임에 위기감을 느낀 일본은 경복궁에 무단으로 침입하여 명성황후를 시해하는 을미사변을 일으켰습니다.

02 갑신정변이 실패한 이후 미국에 건너갔던 서재필은 조선 정부의 부름으로 조선으로 돌아왔습니다. 이후 조선 정부의 지원을 받아 『독립신문』을 펴냈습니다. 또 독립협회를 만들어 독립문을 세우는 등의 일을 했습니다.

03 러시아 공사관에서 경운궁(덕수궁)으로 돌아온 고종은 환구단에서 황제로 즉위하고, 대한 제국 수립을 선포해 자주독립국임을 널리 알렸습니다.

04 대한 제국을 선포한 고종은 근대적인 국가로 발돋움하기 위한 여러 가지 개혁 정책을 펼쳤습니다. 전차와 철도, 전화 등 교통·통신 시설을 설치하고, 공장과 회사 설립을 지원했습니다. 또 인재를 기르기 위해 근대적인 학교를 세우고 외국에 유학생을 보내 새로운 기술을 배워 오게 했습니다.

05 일제는 러시아와의 전쟁이 끝난 이후 고종의 거부에도 불구하고 을사늑약을 체결해 대한 제국의 외교권을 빼앗았습니다.

06 을사늑약이 체결되자 이에 반발하는 의병 운동이 전국적으로 펼쳐졌습니다. 전국 각지에서 양반뿐만 아니라 여성, 평민 출신 의병장도 활약했습니다.

오답 피하기

① 교육을 통해 민족의 힘과 실력을 키워 일제로부터 벗어나고자 하는 애국 계몽 운동입니다.
② 독립협회가 한 일에 대한 설명입니다.
③ 갑신정변에 대한 설명입니다.
⑤ 병인양요와 신미양요에 대한 설명입니다.

07 안창호, 이승훈 등은 비밀리에 신민회를 만들어 교육과 산업을 발전시키고자 했습니다. 또 신민회는 일제와 전투할 수 있는 독립군을 길러 냈습니다.

08 안중근은 을사늑약 이후 민족의 실력을 키우기 위한 학교를 세우는 노력을 했습니다. 고종의 강제 퇴위 후에는 연해주에서 의병을 모아 활동했고, 우리나라를 침략하는 데 앞장선 이토 히로부미를 하얼빈역에서 처단했습니다.

오답 피하기

① 급진 개화파의 활동입니다.
② 서재필과 독립 협회의 활동입니다.
④ 동학 농민 운동을 이끈 것은 전봉준입니다.
⑤ 헤이그 특사는 이준, 이상설, 이위종입니다.

(2) 일제의 침략과 광복을 위한 노력 ②

핵심 개념 문제 73~74쪽

01 조선 총독부 02 ③ 03 3·1 운동 04 ④ 05 대한민국 임시 정부 06 ④ 07 ㉢, ㉣ 08 ②

01 일제는 강제로 국권을 빼앗은 후 우리 민족을 통치하기 위해 조선 총독부를 세우고, 조선 총독을 파견했습니다.

02 일제는 우리 민족을 지배하기 위해 강압적인 통치를 했습니다. 헌병 경찰제를 실시하고 집회와 단체를 만들 권리, 출판의 권리를 빼앗고 학교에서도 칼을 찬 교사가 가르치도록 했습니다.

오답 피하기

③ 일제의 식민 통치 시기 이전인 강화도 조약과 관련된 사건입니다.

03 제시된 자료는 유관순 열사에 대한 설명입니다. 유관순 열사는 3·1 운동에 참여해 만세 시위를 하다가 체포되어 감옥에서 모진 고문을 받아 순국했습니다.

04 일제는 우리 민족의 평화적인 만세 시위를 총과 칼로 잔인하게 제압했습니다. 이로 인해 많은 사람이 죽거나 다쳤고, 감옥에 갇히게 되었습니다.

05 3·1 운동 이후 많은 사람은 독립운동의 힘을 하나로 모으고, 독립운동을 이끌 지도부의 필요성을 느꼈습니다. 중국 상하이에 여러 곳의 임시 정부를 통합한 대한민국 임시 정부를 수립했습니다.

06 대한민국 임시 정부는 비밀 연락망을 만들어 독립운동에 필요한 자금을 만들고, 국내외 독립운동 정보를 주고받는 활동을 했습니다.

오답 피하기

① 이회영의 활동입니다.
② 3·1 운동에 대한 설명입니다. 3·1 운동 이후 대한민국 임시 정부가 세워졌습니다.
③ 안창호의 활동입니다.
⑤ 독립 협회의 활동입니다.

07 일제는 우리 민족의 민족정신을 없애기 위해 신사 참배 강요, 일본식 성과 이름 강요, 한국어 사용 금지, 우리 역사 왜곡 등의 일을 했습니다.

08 조선어 학회는 일제가 우리 민족의 민족정신을 말살시키려는 정책에 맞서 우리말과 글을 지키기 위한 사전을 펴내기 위해 노력했습니다. 또한 한글 맞춤법을 정리했습니다.

중단원 실전 문제 75~77쪽

01 ④ 02 ⑤ 03 ①, ③ 04 ② 05 헤이그 특사 파견 06 ① 07 ④ 08 안중근 09 ③ 10 ⑤ 11 ③, ④ 12 ⑤ 13 ① 14 상하이 15 (1) ㉢ (2) ㉡ (3) ㉠

01 청일 전쟁의 승리로 조선에 대한 일본의 간섭이 커지자 이를 견제하려던 명성황후를 일본이 시해했습니다(을미사변, 1895). 이후 일본의 위협을 피해 고종은 러시아 공사관으로 거처를 옮겼습니다(아관 파천, 1896).

02 제시된 자료는 『독립신문』으로 서재필이 창간했습니다. 『독립신문』은 정부의 개화 정책과 세계 정세를 백성들에게 알렸습니다.

오답 피하기

⑤ 『삼강행실도』에 대한 설명입니다.

03 고종은 황제로 즉위하면서 대한 제국을 선포하여 조선을 근대적인 자주 국가로 자리매김하기 위해 노력했습니다.

오답 피하기

② 고종은 러시아 공사관에서 경운궁(덕수궁)으로 돌아온 후 대한 제국을 선포했습니다.
④ 수원 화성을 건설한 것은 정조가 한 일입니다.
⑤ 서양과의 통상을 거부해 통상 수교 거부 정책을 편 인물은 흥선 대원군입니다.

04 대한 제국은 근대적인 교통·통신 시설 설치, 공장과 회사 설립 지원, 근대적인 학교 설립과 유학생 파견 등의 개혁 정책을 펼쳤습니다.

05 고종은 을사늑약의 부당함을 알리기 위해 네덜란드 헤이그에서 열린 국제회의에 이준, 이상설, 이위종을 특사로 파견했습니다. 하지만 일제의 방해로 회의장에는 들어가지 못했습니다.

06 고종의 노력에도 불구하고 일제의 방해로 헤이그 특사는 성과를 거두지 못했습니다. 이후 일제는 고종을 황제 자리에서 강제로 물러나게 하고 대한 제국의 군대도 해산했습니다.

07 신돌석은 평민 출신의 의병장입니다. 그는 강원·경상도 일대에서 일본군을 무찔렀습니다.

08 을사늑약 이후 일제의 침략에 맞서 학교 설립, 의병 조직, 이토 히로부미 처단 등의 활동을 한 사람은 안중근입니다.

09 제시된 자료는 3·1 운동과 관련된 기사입니다. 3·1 운동은 전국적으로 전개된 만세 시위로 해외 동포들도 참여했으며, 수개월 동안 계속되었습니다. 일제는 3·1 운동을 진압하기 위해 무력으로 탄압했습니다.

오답 피하기

③ 군대를 양성해 일제와 전쟁을 통해 독립운동에 앞장선 것은 독립군 부대의 활동입니다.

10 일본과 한국 학생의 차별에 반발해 광주의 학생들이 일으킨 항일 운동은 광주 학생 항일 운동입니다.

11 대한민국 임시 정부는 독립운동의 힘을 하나로 모으기 위해 중국 상하이에 세워져 국내외 독립운동을 지휘했습니다. 비밀 연락망을 만들어 독립운동 자금을 모으고, 한국광복군을 창설했습니다.

오답 피하기

① 대한민국 임시 정부는 3·1 운동 이후 세워진 통합 정부입니다.

② 삼원보에서 군사 교육을 실시한 기관은 신흥 무관 학교입니다.

⑤ 백성들의 성금을 모아 독립문을 세운 것은 독립 협회입니다.

12 김구는 대한민국 임시 정부에서 활동했으며, 한인 애국단을 만들어 일제의 주요 인물들을 처단하는 활동을 주도했습니다.

13 일제는 우리나라를 식민지로 삼아 자신들의 침략 전쟁에 필요한 자원을 강제로 빼앗고 사람들을 전쟁에 강제 동원했습니다. 또 민족정신을 말살하기 위해 신사 참배와 일본식 이름을 강요하고, 우리 역사를 왜곡해 교육했습니다.

오답 피하기

① 조선은 병자호란으로 굴욕적인 강화를 맺고 청에 세자를 볼모로 보냈습니다.

14 대한민국 임시 정부는 당시 일제의 탄압을 피해 중국 상하이에 거점을 마련했습니다.

15 신채호는 『조선 상고사』와 위인에 대한 전기를 써 일제의 역사 왜곡에 맞섰습니다. 전형필은 자신의 재산으로 일본으로 넘어갈 뻔한 우리 문화유산을 구입해 보존했습니다. 이육사는 일제에 대한 저항 의식과 독립의 의지를 담은 시를 썼습니다.

서술형 평가 돋보기

78~79쪽

연습 문제

1 예 3·1 운동

2 독립 선언문, 만세

3 예 조선의 독립과 자주 국가의 권리를 주장했다. 등

실전 문제

1 (1) 대한 제국 (2) 자주 (3) 근대

2 예 교통 통신 분야에서 전차, 철도, 전화와 같은 근대 시설을 설치했습니다. 새로운 학문과 기술을 가르치기 위한 학교를 세웠습니다. 외국에 유학생을 보내 새로운 기술을 배워 오게 했습니다. 등

3 (1) 신사 참배 (2) 일본식 (3) 일본어

4 예 우리의 민족정신을 없애기 위해서 등

연습 문제

1 일제에 저항하여 우리나라의 독립 의지를 외친 만세 시위는 3·1 운동입니다.

2 3·1 운동은 민족 대표들의 독립 선언 이후, 탑골 공원에서 독립 선언서를 낭독하고 만세를 외치면서 시작했습니다. 이후 만세 시위는 전국적으로 퍼져 나갔고 해외 동포들도 참여했습니다.

3 3·1 운동은 우리나라가 독립된 국가이며, 한국인이 주인인 자주 국가라는 사실을 주장한 항일 운동입니다.

채점 기준

우리나라의 독립, 자주 국가에 대한 내용이 들어가면 정답으로 합니다.

실전 문제

1 고종은 국가 이름을 '대한 제국'으로 고쳐 자주독립 국가라는 것을 널리 알렸습니다. 또 근대적 개혁을 추진해 근대 국가로 나아가려고 했습니다.

2 대한 제국은 근대 국가로 나아가기 위해 전차, 철도, 전화와 같은 교통과 통신과 분야의 근대 시설을 설치했습니다. 그리고 공장과 회사, 은행 설립을 지원했습니다. 또 새로운 학문과 기술을 가르치기 위한 학교를 세우고 외국에 유학생을 보내 새로운 기술을 배워 오게 했습니다.

채점 기준

근대 시설 설치, 근대적 학교와 기관 설립 등과 관련된 내용을 썼으면 정답으로 합니다.

3 일제는 우리의 민족정신을 말살시키기 위해 신사 참배를 강요하고, 일본식 성과 이름, 일본 말을 쓰게 했으며, 일본어로 된 교과서로 공부하게 했습니다.

4 1930년대 후반 이후 일제는 우리 민족의 전통과 문화를 비롯한 민족정신을 말살하기 위해 여러 가지 정책을 시행했습니다.

채점 기준

민족정신을 없애기 위해서라는 내용이 포함되면 정답으로 합니다.

(3) 대한민국 정부의 수립과 6·25 전쟁

핵심 개념 문제 82~83쪽

01 8·15 광복 02 ① 03 소련 / 소련군, 미국 / 미군
04 ② 05 ㉡, ㉠, ㉣, ㉢ 06 ① 07 6·25 전쟁 08 ④

01 우리나라가 일제의 식민 통치에서 벗어난 사건은 8·15 광복입니다.

02 광복이 되자, 국내에서는 건국을 준비하는 단체가 만들어져 질서를 유지하기 위해 노력했습니다. 또 해외의 독립운동가들과 일제에 의해 강제로 끌려갔던 동포들이 귀국했습니다. 학교에서는 한글로 된 교과서로 우리말과 우리 역사를 배웠습니다.

03 광복을 맞이했지만 미국과 소련은 한반도에 자신들에게 유리한 정부를 세우기 위해 38도선을 기준으로 북쪽은 소련군이, 남쪽은 미군이 주둔했습니다.

04 미국, 영국, 소련의 외무 장관이 모스크바에 모여 한반도 문제에 대해 회의한 결과 임시 정부 수립과 정부 수립 전 신탁 통치에 관한 방안 논의가 결정되었습니다.

오답 피하기
① 을사늑약으로 대한 제국의 외교권이 박탈되었습니다.
③ 강화도 조약으로 개항과 통상이 시작됐습니다.
④ 미군과 소련군이 한반도의 남쪽과 북쪽에 각각 주둔한 것은 광복 직후 군정 실시 때의 일입니다.
⑤ 제헌 국회에서 이승만을 대한민국 초대 대통령으로 선출했습니다.

05 국제 연합의 결정에 따라 남한만 5·10 총선거를 통해 국회 의원을 선출했습니다. 선출된 국회 의원들은 제헌 헌법을 공포하고, 이승만을 초대 대통령으로 선출했습니다. 이후 대한민국 정부가 수립되었습니다.

06 김구는 통일 정부 수립을 주장하며, 북한 지도자들을 만나 남북 협상을 하는 등의 노력을 했습니다.

07 남북에 각각의 정부가 들어선 후 북한의 남침으로 시작된 전쟁은 6·25 전쟁입니다.

08 6·25 전쟁으로 한반도는 건물, 도로, 철도 등이 파괴되고 국토가 황폐화되었습니다. 또 이산가족과 전쟁고아가 생겨나고, 굶주림 등에 고통받았습니다.

중단원 실전 문제 84~85쪽

01 ③, ⑤ 02 ④ 03 38도선 04 ⑤ 05 ② 06 ㈎
07 ② 08 ④ 09 ④ 10 ③

01 제2차 세계 대전에서 일본과 싸우던 연합국은 우리 민족의 끊임없는 독립운동의 노력을 인정하여 독립을 약속했습니다. 그리고 일본이 연합국에 패해 항복함으로써 우리 민족은 독립을 맞이할 수 있었습니다.

02 제시된 자료는 광복 이후 우리말로 쓰인 교과서입니다. 이를 통해 우리말과 역사를 배울 수 있게 되었다는 것을 알 수 있습니다.

03 광복 이후 일본군의 무장 해제를 이유로 38도선의 남쪽과 북쪽에 각각 미군과 소련군이 주둔했습니다.

04 ⑤는 6·25 전쟁의 진행 과정을 나타낸 사진으로 남과 북에 각각의 정부가 수립된 이후 벌어진 사건입니다.

05 모스크바 3국 외상 회의에서 완전한 독립 국가가 되기 전까지 미국, 영국, 소련, 중국이 최대 5년 동안 우리나라를 함께 다스리는 신탁 통치에 관한 방안 논의가 결정되었습니다.

06 이승만은 ㈎와 같이 통일 정부 수립이 어렵다면 남한만이라도 정부를 세우자고 주장했습니다. 이에 반해 김구는 ㈏와 같이 남한만의 단독 선거를 막으려 했고 통일 정부를 수립하기 위해 노력했습니다.

07 5·10 총선거는 우리나라 최초의 민주주의 선거로 선거에서 선출된 국회 의원들이 제헌 국회를 구성했습니다.

오답 피하기

① 5·10 총선거에서 선출된 국회 의원들이 우리나라 최초의 헌법을 제정했습니다.
③ 5·10 총선거로 뽑힌 제헌 국회 의원들이 이승만을 초대 대통령으로 선출했습니다.
④ 5·10 총선거는 국제 연합의 결정에 따른 선거입니다.
⑤ 6·25 전쟁의 정전 협정에 대한 설명입니다.

08 6·25 전쟁은 북한의 남침으로 시작되었습니다. 남한이 낙동강까지 밀려났다가 국군과 국제 연합군이 인천 상륙 작전에 성공하며 서울을 되찾았습니다. 그러나 중국군의 개입으로 다시 후퇴하였다가 정전 협정을 체결했습니다.

09 첫 번째 지도는 북한군의 남침으로 6·25 전쟁이 시작되어 남한이 낙동강 이남까지 후퇴한 모습을 보여 줍니다. 두 번째 지도는 국군과 국제 연합군의 반격으로 인천 상륙 작전이 성공해 국군과 국제 연합군이 서울을 되찾고 압록강 유역까지 진격한 상황을 보여 줍니다.

10 6·25 전쟁으로 많은 사람이 죽거나 다치면서 부모를 잃은 전쟁고아들이 생겨났다는 것을 알 수 있습니다.

서술형 평가 돋보기

86~87쪽

연습 문제

1 (가), (라), (다), (나)
2 북한, 서울, 낙동강, 인천 상륙 작전, 중국군, 38도선, 정전 협정
3 예 정전 상태로 남북의 분단이 굳어져 지금까지 계속되고 있다. / 국토가 황폐화되고 많은 건물과 시설이 파괴되었다. / 많은 사람이 죽거나 다쳤다. / 전쟁고아와 이산가족이 생겨났다. 등

실전 문제

1 (1) 대한민국, 헌법 / 제헌 헌법 (2) 3·1, 국민
2 예 일제의 식민지에서 벗어난 독립 정부이다. / 민주 공화국을 수립했다. 등
3 (가) 이승만, (나) 김구
4 (1) 미소 공동 위원회 (2) 국제 연합 / 유엔 / UN, 북한

연습 문제

1 6·25 전쟁은 '북한군의 남침 → 국군과 국제 연합군의 반격 → 중국군의 개입으로 인한 후퇴 → 정전 협정 체결' 순으로 전개되었습니다.

2 북한군의 남침으로 미리 전쟁에 대비하지 못한 국군은 3일 만에 서울을 빼앗겼습니다. 국군과 국제 연합군의 인천 상륙 작전의 성공으로 다시 서울을 되찾고 압록강 유역까지 올라갔습니다. 그러나 중국군이 개입하면서 다시 후퇴하고, 전투가 계속되다가 정전 협정을 체결했습니다.

3 6·25 전쟁의 결과 한반도는 휴전선을 기준으로 지금까지 정전 상태이며 남북의 분단이 계속되고 있습니다.

채점 기준

전쟁으로 인한 피해, 남북 분단이 계속되고 있다는 내용이 있으면 정답으로 합니다.

실전 문제

1 제시된 자료는 5·10 총선거로 구성된 제헌 국회에서 제정한 우리나라 최초의 헌법인 제헌 헌법의 내용 중 일부입니다.

2 제헌 헌법의 내용을 통해 대한민국은 3·1 운동의 독립 정신을 계승한 국가이며, 국민이 주인인 민주 공화국이라는 것을 알 수 있습니다.

채점 기준

독립 국가와 민주 공화국의 의미가 들어가 있으면 정답으로 합니다.

3 (가)는 남한만의 총선거에 찬성한 이승만, (나)는 이에 반대하여 통일 정부 수립을 주장한 김구입니다.

4 미소 공동 위원회에서의 미국과 소련의 의견 대립 → 국제 연합에서 남북한 총선거 실시 결정 → 소련과 북한의 거부로 이어지며 결국 선거가 가능한 남한에서 5·10 총선거가 실시되었습니다.

대단원 마무리

90~93쪽

01 ⑤ 02 ① 03 ④ 04 예 농업과 상공업 발달로 경제적 여유를 가진 서민들이 많아졌기 때문에 등 05 ① 06 ③ 07 ② 08 동학 농민 운동 09 ④ 10 예 근대적인 국가로 발전하기 위해서 등 11 ⑤ 12 ㉢, ㉠, ㉣, ㉡ 13 ① 14 예 국민에게 주권이 있음을 분명히 밝혔다. 등 15 ④ 16 ⑤ 17 ② 18 한인 애국단 19 예 일제가 우리 역사를 왜곡하고 민족정신을 말살하는 것에 맞서기 위해서입니다. / 우리 민족에 대한 자긍심과 애국심을 일깨우기 위해서입니다. 등 20 ① 21 ② 22 ⑤ 23 ①, ⑤ 24 ① 25 정전 협정

01 정조는 자신의 개혁 정치를 뒷받침하고자 정치·경제·군사적 기능을 두루 갖춘 수원 화성을 건설했습니다.

02 김정호는 조선 후기 실학자로 우리 국토와 지리를 연구하고, 이를 자세하게 나타낸 「대동여지도」를 만들었습니다.

03 탈놀이는 탈춤이라고도 하며, 조선 후기 서민 문화 중 하나입니다.

04 조선 후기에 농업과 상공업의 발달로 경제적 여유를 가진 서민들이 문화와 예술에 관심을 갖게 되면서 서민 문화가 발달했습니다.

채점 기준

경제적 여유를 가진 서민들이 많아졌고, 이들이 문화와 예술에 관심을 가졌다는 내용이 들어가면 정답으로 합니다.

05 흥선 대원군이 집권하기 전 조선은 몇몇 가문이 권력을 잡는 세도 정치가 이루어졌습니다. 그리고 세도 정치 가문의 부정부패가 심각해 백성들이 많은 고통을 받고 있었습니다.

오답 피하기

①은 흥선 대원군이 물러난 뒤에 발생했습니다.

06 흥선 대원군은 병인양요와 신미양요 이후 척화비를 전국에 세워 서양 세력과 통상하지 않겠다는 뜻을 널리 알렸습니다.

07 갑신정변은 김옥균 등 급진 개화파들이 청의 간섭에서 벗어나 빠르게 조선의 개화를 추진하기 위해 우정총국 개국 축하 잔치를 틈타 일으킨 정변입니다. 갑신정변은 청 군대의 개입으로 3일 만에 실패로 끝났습니다.

오답 피하기

② 갑신정변은 준비를 충분히 하지 못해 백성들의 지지를 받지 못했고 일본에 의지했다는 한계가 있습니다.

08 전봉준은 전라도 고부 군수 조병갑의 횡포에 맞서 동학 농민 운동을 일으켰습니다.

09 대한 제국은 근대적 국가를 건설하기 위해 교통, 통신, 교육, 상업과 공업 등 다양한 분야에서 근대 시설을 설치하고 정책을 실시했습니다.

오답 피하기

㉠ 『경국대전』은 조선 최고의 법전으로 성종 때 편찬되었습니다.

10 대한 제국은 외국의 간섭에서 벗어나 근대적 자주 국가로 발돋움하기 위하여 여러 가지 개혁 정책을 펼쳤습니다.

채점 기준

근대 국가로 나아가기 위해서라는 의미로 썼으면 정답으로 합니다.

11 우리나라를 빼앗는 데 앞장선 이토 히로부미를 저격하여 처단한 독립운동가는 안중근 의사입니다.

12 을미사변과 단발령에 반발하여 지방 유생을 중심으로 의병이 일어났으나 고종이 단발령을 취소하자 스스로 해산했습니다. 그러나 을사늑약 이후 전국 각지에서 양반뿐만 아니라 평민과 여성들도 의병 운동에 참여했고, 일제에 의해 강제 해산된 대한 제국 군인들 중 일부가 합류하면서 더욱 강해졌습니다. 이후 일제의 탄압에 국

내에서 활동하기 어려워진 의병은 만주나 연해주로 이동하여 독립군이 되었습니다.

13 ① 전라도 고부에서 시작된 농민 봉기는 동학 농민 운동입니다.

14 자료를 통해 대한민국 임시 정부는 주권이 인민(국민)에게 있다는 것을 헌법에 담았고, 민주 공화제를 추구했음을 알 수 있습니다.

15 이회영은 만주에 신흥 강습소(이후 신흥 무관 학교로 개편)를 세워 독립군을 길러 냈습니다.

16 일제는 식민 통치에 필요한 자금을 마련하기 위해 토지 조사 사업을 실시했습니다. 그 결과 많은 농민들은 땅을 잃었습니다.

17 김좌진 장군과 홍범도 장군 등이 이끈 독립군 연합 부대가 청산리 일대에서 일본군을 크게 무찌른 전투는 청산리 대첩입니다.

18 김구는 한인 애국단을 조직해 일제의 주요 인물을 처단하는 활동을 지휘했습니다.

19 일제는 우리의 민족정신을 말살하기 위해 역사를 왜곡하는 등의 일을 했습니다. 신채호는 이에 맞서 우리 역사를 연구해 『조선 상고사』를 펴내는 등의 노력을 했습니다.

채점 기준

일제의 역사 왜곡에 맞서 우리 민족의 정신을 지키기 위해서라는 내용이 들어가면 정답으로 합니다.

20 제시된 조각상은 일제에 의해 강제로 일본군 '위안부'로 끌려가 피해를 당한 여성들을 나타낸 것입니다.

21 8월 15일은 광복절로 우리나라가 일제로부터 벗어나 광복을 맞은 것을 기념하는 날입니다.

22 광복 이후 38도선을 기준으로 미군과 소련군이 남한과 북한에 각각 주둔했습니다. 이후 한반도 문제에 대한 논의를 위해 모스크바 3국 외상 회의가 열렸습니다.

23 모스크바 3국 외상 회의에서는 한반도에 민주주의 임시 정부를 수립할 것과 정부 수립 전 신탁 통치에 관한 방안을 논의할 것을 결정했습니다.

24 6·25 전쟁 중 국군과 국제 연합군이 다시 한강 이남으로 후퇴한 것은 중국군의 개입 때문이었습니다.

25 6·25 전쟁은 긴 협상 끝에 정전 협정이 체결되면서 정전을 하게 되었습니다.

1단원 (1) 중단원 쪽지 시험

6쪽

01 단군 / 단군왕검 02 8조법 03 (1) ㉡ (2) ㉠ (3) ㉢
04 신라 05 백제 06 문무왕 07 대조영 08 해동성국
09 무령왕릉 10 불국사

7~9쪽

중단원 확인 평가 1 (1) 나라의 등장과 발전

01 ③ 02 농사를 중요하게 생각했다. / 하늘의 자손임을 강조했다. 등 03 장수왕 04 ④ 05 ④, ⑤ 06 ③ 07 ① 08 대조영 09 ② 10 예 백성들의 마음을 하나로 모으고 왕의 힘을 더 강하게 만들고자 불교를 장려했다. 등 11 ㉢ 12 ① 13 ㉢ 14 ① 15 예 발해는 고구려를 계승한 국가임을 알 수 있다. / 발해는 고구려 문화의 영향을 받았다. 등

01 고조선의 문화 범위를 짐작할 수 있는 문화유산에는 비파형 동검과 탁자식 고인돌이 있습니다.

02 환웅이 바람, 비, 구름을 다스리는 신하들과 함께 내려왔다는 이야기를 통해 당시 농사를 중요하게 생각했다는 것을 알 수 있습니다. 하늘에서 내려왔다는 부분을 통해 하늘의 자손임을 내세워 지배자의 신성함을 강조했다는 것도 알 수 있습니다.

채점 기준

하늘의 자손, 특별한 존재, 농사를 중요하게 여겼다는 의미로 썼으면 정답으로 합니다.

03 고구려는 5세기 광개토 대왕과 장수왕 때 크게 발전했습니다. 장수왕은 평양으로 도읍을 옮기고 남쪽으로 영토를 넓혔습니다. 또 아버지인 광개토 대왕의 업적을 기리고자 광개토 대왕릉비를 세웠습니다.

04 신라는 진흥왕 때 한강 유역을 모두 차지하고 대가야를 멸망시키며 영토를 크게 확장했습니다. 온조는 백제, 대조영은 발해, 김수로는 금관가야를 세운 인물입니다. 근초고왕은 백제의 전성기를 이끈 왕입니다.

05 제시된 지도에 나타난 시기 백제 왕은 근초고왕입니다. 근초고왕 때 백제는 고구려를 공격해 황해도 일부 지역을 차지하고 중국(동진), 왜와 활발하게 교류했습니다.

오답 피하기

① 금관가야는 신라에 정복당했습니다.
② 도읍을 국내성으로 옮긴 국가는 고구려입니다.
③ 요동 지역까지 영토를 넓힌 왕은 고구려의 광개토 대왕입니다.

06 가야에서는 질 좋은 철이 많이 생산되어 철제 판갑옷과 투구, 덩이쇠 같은 철로 만든 문화유산을 많이 남겼습니다.

07 백제의 계속된 공격으로 위기에 처한 신라는 김춘추를 당에 보내 동맹을 맺었습니다.

08 대조영은 고구려 유민과 말갈족 일부를 이끌고 동모산 근처에서 발해를 세웠습니다.

09 당에서는 발해를 '바다 동쪽에서 일어나 크게 번성한 나라'라는 뜻의 해동성국이라 불렀습니다.

오답 피하기

① 고구려를 멸망시킨 국가는 신라입니다.
③ 신라 진흥왕에게 정복당한 국가는 대가야입니다.
④ 신라와 백제 사이에서 간섭을 받은 국가는 가야입니다.
⑤ 사회 질서를 유지하기 위해 8조법을 만든 나라는 고조선입니다.

10 고구려, 백제, 신라는 백성들의 마음을 하나로 모으고 왕의 힘을 더 강하게 하고자 불교를 장려하고 다양한 불교 문화유산을 만들었습니다.

채점 기준

삼국이 불교를 장려했다는 의미가 있으면 정답으로 합니다.

11 무용총 접객도는 손님을 맞이하는 모습을 그린 벽화인데, 신분에 따라 사람들의 크기를 다르게 그렸습니다.

12 경주 첨성대는 하늘의 별, 해와 달의 변화를 관측한 것으로 알려진 신라 시대의 건축물입니다.

13 삼국의 금동 미륵보살 반가 사유상과 일본의 목조 미륵보살 반가 사유상은 매우 닮은 모습입니다. 이를 통해 삼국과 일본이 교류했다는 사실을 알 수 있습니다.

14 불국사는 부처의 나라를 이루려는 마음을 담아 지은 통일 신라의 문화유산입니다. 불국사에는 삼층 석탑, 다보탑 등 다양한 불교 문화유산이 있습니다.

15 고구려와 발해의 문화유산이 비슷한 점을 통해 발해가 고구려를 계승한 국가임을 알 수 있습니다.

채점 기준

발해는 고구려를 계승한 국가라는 의미가 있으면 정답으로 합니다.

1단원 (2) 중단원 쪽지 시험 11쪽

01 호족 02 견훤, 궁예, 후삼국 03 고려 04 강동 6주 05 윤관 06 강화도 07 삼별초 08 팔만대장경 / 팔만대장경판 09 『직지심체요절』 / 『직지』 10 고려청자

12~13쪽

중단원 확인 평가 1 (2) 독창적 문화를 발전시킨 고려

01 ① 02 ③ 03 예 백성들의 생활 안정을 위해서 등 04 ③ 05 ② 06 ④ 07 예 몽골(원)의 정치적 간섭과 영향을 받게 되었다. / 몽골(원)의 요구에 따라 많은 사람과 물자를 보내야 했다. 등 08 팔만대장경 / 팔만대장경판 09 ⑤ 10 ②, ⑤

01 고려를 세운 왕건이 후삼국을 통일했습니다. 후백제의 견훤이 왕위 다툼을 피해 고려에 귀순했고, 신라의 경순왕이 스스로 국가를 고려에 넘겨주었습니다. 왕건은 왕위 다툼으로 혼란한 후백제를 물리쳐 후삼국을 통일했습니다.

오답 피하기

① 당과 연합하여 백제를 무너뜨린 것은 삼국 통일 과정에서 신라가 한 일입니다.

02 왕건은 백성들의 세금을 줄여 주고, 호족의 딸들과 혼인해 호족들의 지지를 이끌어 냈습니다. 또 발해가 거란에 의해 멸망하자 발해 유민을 받아들였고, 북쪽으로 영토를 확장해 고구려의 옛 땅을 되찾기 위해 노력했습니다.

03 왕건이 세금을 줄인 까닭은 백성들의 생활을 안정시키기 위해서입니다.

채점 기준

백성의 생활 안정을 위해서, 백성의 부담을 덜어 주기 위해서라는 내용이 들어갔으면 정답으로 합니다.

04 부처의 힘으로 외세의 침략을 이겨 내고자 팔만대장경을 만든 것은 몽골의 침입 때 있었던 일입니다.

05 별무반을 이끌고 여진을 정벌하고, 여진이 살던 동북 지역에 9성을 쌓은 사람은 윤관입니다.

오답 피하기

① 온조는 한강 유역에 백제를 세웠습니다.
③ 주몽은 졸본 지역에 고구려를 세웠습니다.
④ 대조영은 고구려 유민, 일부 말갈족과 함께 발해를 건국했습니다.
⑤ 김춘추는 당에 건너가 군사 동맹을 맺고 돌아왔습니다.

06 고려는 몽골이 침입하자 몽골과 항전하기 위해 강화도로 도읍을 옮겼습니다.

07 고려는 몽골과의 강화 이후 몽골(원)의 정치적 간섭을 받게 되었습니다. 몽골(원)에 많은 사람과 물자를 보내야 했고, 고려의 세자를 몽골에 인질로 보내야 했습니다. 또 고려 왕은 몽골의 공주와 혼인해야 했습니다.

채점 기준

몽골(원)의 정치적 간섭과 영향을 받게 되었다, 많은 물자와 사람을 몽골(원)에 보내야 했다, 고려 왕은 몽골 공주와 혼인해야 했다. 등의 내용을 썼으면 정답으로 합니다.

08 몽골의 침입 때 부처의 힘으로 이를 이겨 내기 위해 만든 것은 팔만대장경입니다.

09 팔만대장경판은 현재 해인사 장경판전에 보관되어 있습니다. 조선 시대에 만들어진 해인사 장경판전은 공기가 잘 통하고 습도가 잘 조절되도록 설계되었습니다.

오답 피하기

① 석굴암은 돌을 쌓아 동굴처럼 만든 통일 신라의 절입니다.
② 대릉원은 신라 시대의 고분들로, 큰 무덤들 안에서 금관, 천마도, 금제 허리띠 등의 유물이 나왔습니다.
③ 무령왕릉은 백제 무령왕과 왕비의 무덤입니다.
④ 익산 미륵사지 석탑은 백제의 탑으로, 현재 남아 있는 석탑 중 가장 규모가 큽니다.

10 『직지심체요절』은 독일의 구텐베르크가 만든 금속 활자본보다 70여 년이나 앞선 것으로 현재까지 전하는 가장 오래된 금속 활자본입니다. 이 가치를 인정받아 유네스코 세계 기록 유산으로 등재되었습니다.

1단원 (3) 중단원 쪽지 시험 15쪽

01 신진 사대부 02 정몽주 03 위화도 회군 04 유교 / 성리학 05 집현전 06 훈민정음 07 자격루 08 『경국대전』 09 임진왜란 10 병자호란

16~17쪽

중단원 확인 평가 1 (3) 민족 문화를 지켜 나간 조선

01 ⑤ 02 예 고려를 대신할 새로운 왕조를 세웁시다. / 새 국가를 세워서 개혁을 해야 합니다. 등 03 ①, ③ 04 중인 05 ⑤ 06 ④ 07 ④ 08 중립 외교 09 ③ 10 예 조선과 청은 신하와 임금의 관계를 맺었다. 등

01 고려 말에는 신진 사대부와 신흥 무인 세력이 새로운 정치 세력으로 등장했습니다.

오답 피하기

① 지방에서 호족이 등장한 것은 신라 말입니다.
② 발해가 거란에 의해 멸망하자 발해 유민을 받아들인 것은 고려의 태조 왕건입니다.
③ 후금이 국가 이름을 청으로 바꾼 것은 조선 인조 때 일입니다.
④ 왕건이 신하들과 함께 궁예를 몰아내고 왕이 된 것은 후삼국 시대입니다.

02 신진 사대부는 개혁 방향을 놓고 둘로 나뉘었습니다. 정몽주 등은 고려를 유지하며 개혁을 해야 한다고 주장했습니다. 반면 정도전 등은 새로운 국가를 세워야 한다고 주장했습니다.

채점 기준

새 국가, 새 왕조를 세워야 한다는 내용이 들어가 있으면 정답으로 합니다.

03 집현전을 확대 운영해 인재를 키운 왕은 세종입니다. 세종은 훈민정음을 창제하고, 남쪽으로 쓰시마섬(대마도)을 정벌해 국방력을 강화했습니다.

오답 피하기

② 도읍을 개경에서 한양으로 옮긴 것은 이성계입니다.
④ 북쪽으로 강동 6주 지역을 확보한 것은 고려 시대에 거란이 침입했을 때 서희가 벌인 외교 담판의 결과입니다.
⑤ 위화도에서 회군하고 조선을 건국한 것은 이성계입니다.

04 조선 시대의 신분은 법적으로 양인과 천인으로 뉘었습니다. 그러나 실제로 양인은 양반, 중인, 상민으로 구분되었습니다.

05 중인은 전문 지식이나 기술을 가지고 통역을 담당하는 역관, 의술을 펼치는 의관, 그림을 그리는 화원 등으로 활동했습니다.

오답 피하기

① 고위 관리의 대부분은 양반입니다.
② 농사를 지으며 국가에 세금을 낸 것은 상민입니다.

③, ④ 양반집이나 관공서에서 허드렛일을 하고 재산으로 여겨져 다른 사람에게 팔리기도 한 신분은 천민의 대다수를 차지했던 노비입니다.

06 임진왜란은 일본이 조선과 명을 정복하기 위해 조선을 침입한 전쟁입니다. 전쟁이 일어나자 육지에서는 곽재우 등 의병이 활약했으며, 바다에서는 이순신이 이끄는 조선 수군이 일본군을 상대로 큰 승리를 거두었습니다.

07 임진왜란 때 권율이 관군, 의병, 승병, 백성과 힘을 모아 일본군을 크게 물리친 곳은 행주산성입니다.

오답 피하기

① 삼전도는 병자호란 때 인조가 청 태종에게 항복한 곳입니다.
② 강화도는 고려가 몽골의 침입에 대응하기 위해 도읍을 옮긴 곳입니다.
③ 위화도는 이성계가 요동을 정벌하러 가던 중 군사를 돌린 곳입니다.
⑤ 남한산성은 인조가 청의 침입에 맞서 싸우기 위해 피란한 곳입니다.

08 광해군은 명과 후금 사이에서 중립 외교를 펼쳤습니다.

09 병자호란은 조선 인조 때 발생한 청과의 전쟁입니다. 병자호란 도중에 신하들은 청과 끝까지 싸워야 한다는 의견과 청과 화해를 하고 전쟁을 끝내자는 의견으로 나뉘었습니다.

10 병자호란의 결과 조선은 청과 강화를 맺고, 신하와 임금의 관계를 맺었습니다.

채점 기준

신하와 임금 관계를 맺었다는 내용이 들어가 있으면 정답으로 합니다.

학교 시험 만점왕 ❶회 1. 옛사람들의 삶과 문화

01 ③ 02 ⑤ 03 ② 04 ③ 05 ㉣ 06 ④ 07 ⑤
08 ① 09 ③ 10 ② 11 ③ 12 ② 13 ⑤ 14 ②
15 ① 16 ⑤ 17 ① 18 ④ 19 ④ 20 ②

01 제시된 법 조항으로 고조선에서는 신분이 나뉘어 있었고, 개인의 재산이 인정되었음을 알 수 있습니다. 청동기를 만들어 사용했는지 제시된 법 조항을 통해 확인하기가 어렵습니다.

02 백제의 전성기를 이끈 근초고왕은 고구려를 공격해 북쪽으로 영토를 넓히고, 남쪽으로 전라도 지역을 차지했습니다. 또 중국, 왜와 활발하게 교류했습니다.

오답 피하기

① 대가야를 멸망시킨 왕은 신라의 진흥왕입니다.
② 요동 지역을 차지한 왕은 고구려의 광개토 대왕입니다.
③ 광개토 대왕릉비를 세운 왕은 광개토 대왕의 아들인 장수왕입니다.
④ 한강 유역에 백제를 세운 왕은 온조입니다.

03 백제, 고구려, 신라가 크게 성장한 시기에 공통적으로 차지한 지역은 한강 유역입니다.

04 가야는 질 좋은 철을 많이 생산해 철제 판갑옷, 투구 등을 많이 만들었습니다. 가야는 중국과 왜 등에 철을 수출하며 발전했습니다.

05 고구려는 고분과 고분 벽화를 많이 남겼습니다. ㉠ 경주 첨성대는 신라, ㉡ 청자 상감 운학무늬 매병은 고려, ㉢ 익산 미륵사지 석탑은 백제의 문화유산입니다.

06 무령왕릉에서 출토된 유물 중 일본의 소나무로 만든 관, 중국 도자기, 중국 화폐 등을 통해 백제가 중국, 일본(왜)과 활발하게 교류했음을 알 수 있습니다.

07 고구려 출신 대조영이 고구려 유민과 일부 말갈족과 함께 동모산 근처에서 세운 국가는 발해입니다. 발해는 스스로 고구려를 계승한 국가임을 강조했습니다.

오답 피하기

① 발해와 함께 남북국을 이루던 통일 신라가 한강 유역을 차지하고 있었습니다.
② 몽골의 침입에 저항한 국가는 고려입니다.
③ 평양으로 도읍을 옮긴 국가는 고구려입니다.
④ 호족을 존중하는 정책을 펼친 국가는 고려입니다.

08 신라는 당과 연합하여 백제, 고구려를 멸망시켰습니다. 이후 당이 한반도 전체를 지배하려고 하자 신라는 당과 전쟁을 벌였고, 당 군대를 몰아내고 삼국 통일을 이루었습니다.

09 당은 백제, 고구려가 멸망하자 한반도 전체를 차지하기 위해 신라와의 동맹을 깼습니다.

10 포스터에서 설명하는 문화유산은 석굴암입니다. 석굴암의 둥글게 쌓아올린 천장과 습도 조절이 가능하도록 설계된 점은 신라의 우수한 과학 기술을 보여 줍니다.

11 왕건은 세금 감축, 불교 장려, 발해 유민 수용, 북쪽으로 영토 확장 등의 정책을 펼쳤습니다. 왕건은 개경(개성)을 도읍으로 삼았기에 한양 천도와 관련이 없습니다. 한양으로 도읍을 옮긴 것은 조선을 세운 이성계입니다.

12 거란의 1차 침입 때 서희는 거란 장수 소손녕과 외교 담판을 벌였습니다. 이 담판을 통해 고려는 강동 6주 지역을 확보했습니다.

오답 피하기

① 고려 정부가 몽골과 강화를 맺자, 삼별초가 강화도에서 진도, 제주도로 이동하며 저항했습니다.
③ 몽골이 침입하자, 고려 정부는 도읍을 개경에서 강화도로 옮기고 대응했습니다.
④ 조선 세종 때 4군 6진 지역을 개척하여 오늘날과 같은 국경선을 만들었습니다.
⑤ 임진왜란으로 경복궁, 불국사 등 문화유산이 파괴되었습니다.

13 고려는 여진의 침입에 대응하여 특별 부대인 별무반을 조직했습니다. 윤관은 별무반을 이끌고 여진을 정벌한 후 여진이 살던 동북 지역에 9성을 쌓았습니다.

오답 피하기

① 황룡사 9층 목탑은 신라 선덕 여왕 때 세운 것입니다.
② 거란의 2차 침입 때 양규가 거란과 전투를 벌였습니다.
③ 거란의 3차 침입 때 강감찬이 귀주에서 크게 승리했습니다.
④ 고려는 부처의 힘을 빌어 몽골의 침입을 이겨 내고자 팔만대장경을 제작했습니다.

14 박물관 특강의 주제는 고려 시대 문화유산입니다. 『직지심체요절』, 팔만대장경, 고려청자는 모두 고려 시대 문화유산입니다. ② 『농사직설』은 조선 세종 때 편찬한 것입니다.

15 정도전은 신진 사대부 중 한 사람으로 고려를 무너뜨리고 조선 건국의 기초를 닦는 데 큰 역할을 했습니다.

오답 피하기

② 정몽주는 새로운 국가를 세우는 데 반대하고 고려를 유지하면서 개혁하자고 주장했습니다.
③ 이성계는 신흥 무인 세력으로 신진 사대부와 함께 조선을 건국했습니다.
④ 김춘추는 신라 시대의 인물로 당과 동맹을 맺는 등 삼국 통일을 위해 힘썼습니다.
⑤ 대조영은 고구려 유민, 일부 말갈족과 함께 발해를 건국했습니다.

16 세종 대에는 과학 기술이 발달해 많은 과학 기구가 발명되었습니다. 측우기, 앙부일구, 혼천의, 자격루는 조선 시대에 발명된 대표적인 과학 기구입니다. ⑤ 경주 첨성대는 신라 시대에 만들어진 문화유산으로 해와 달, 별을 관측하던 곳으로 알려져 있습니다.

17 조선은 유교의 가르침에 따라 국가를 다스리고 사회 질서를 유지했습니다. 백성을 국가의 근본으로 생각했으며, 왕은 덕을 베푸는 정치를 해야 한다고 생각했습니다. ① 조선 시대에는 신분이 나뉘어 있었고, 사람들은 신분에 맞게 생활해야 했습니다.

18 여진이 후금을 세워 명을 압박하자 명이 조선에 지원군을 요청했습니다. 광해군은 명과 후금 사이에서 중립 외교를 펼치며 전쟁에 휘말리지 않으려고 했습니다.

19 일기의 주인공은 이순신입니다. 이순신은 일본군이 다시 조선에 침입했을 때 명량 해협에서 큰 승리를 거두었습니다.

오답 피하기

① 위화도에서 회군한 뒤 개경으로 돌아와 정권을 잡은 인물은 이성계입니다.
② 충주성 전투는 고려 때 몽골의 침입에 대응한 전투입니다.
③ 매소성 전투는 삼국 통일 과정에서 신라가 당의 군대를 물리친 전투입니다.
⑤ 행주산성에서 일본군의 침입을 막은 인물은 권율입니다.

20 청이 조선에 임금과 신하의 관계를 요구했으나 조선은 이를 거절했습니다. 이를 빌미로 청은 조선을 침입했습니다. 조선의 인조는 남한산성으로 피란해 항쟁했으나 결국 삼전도에서 청 태종에게 항복했습니다. 전쟁의 결과 조선은 청과 신하와 임금의 관계를 맺었고 세자를 비롯한 많은 백성이 청에 인질로 끌려갔습니다. ② 조선의 요청으로 명이 지원군을 보낸 전쟁은 임진왜란입니다.

22~25쪽

학교 시험 만점왕 ❷회 1. 옛사람들의 삶과 문화

01 ⑤ 02 ③ 03 ③ 04 ㄹ 05 ⑤ 06 ② 07 온유
08 ④ 09 ③ 10 ② 11 ① 12 ④ 13 ① 14 ③
15 ② 16 ③ 17 유교 / 성리학 18 ② 19 ② 20 ②

01 단군왕검이 세운 조선은 고조선을 의미합니다. 신진 사대부와 함께 세운 국가는 이성계가 세운 조선입니다.

02 지도와 같이 평양으로 도읍을 옮기고 고구려의 영토를 크게 넓힌 왕은 장수왕입니다.

03 백제 근초고왕은 영토를 크게 넓히고, 중국, 왜와 활발하게 교류했습니다.

오답 피하기

① 대가야를 흡수하고, ④ 북한산에 순수비를 세운 왕은 신라의 진흥왕입니다.
② 개경으로 도읍을 옮긴 왕은 고려를 세운 태조 왕건입니다.
⑤ 요동 지역까지 영토를 넓힌 왕은 고구려의 광개토 대왕입니다.

04 신라 때 만들어진 문화유산은 경주 첨성대입니다. 백제 금동 대향로와 익산 미륵사지 석탑은 백제의 문화유산이고, 비파형 동검은 고조선의 문화유산입니다.

05 미륵사는 백제 무왕 때 지어진 절로, 현재는 터만 남아 있습니다. 익산 미륵사지 석탑은 우리나라에 남아 있는 석탑 중 가장 크고 오래되었습니다.

06 포스터에 나온 김수로, 철의 왕국, 김해, 고령 등의 단서를 통해 포스터와 관련 있는 국가는 가야라는 것을 알 수 있습니다. ② 가야는 신라에 의해 멸망했습니다.

오답 피하기

① 도읍이 경주였던 국가는 신라입니다.
③ 고구려, 백제, 신라가 크게 성장한 시기에 한강 유역을 차지했습니다.
④ 당과 동맹을 맺고 백제를 공격한 국가는 신라입니다.
⑤ 한반도에 있던 여러 국가를 처음으로 통일한 국가는 신라입니다.

07 제시된 기록을 통해 발해가 고구려를 계승했다는 점을 내세우고 있다는 것을 알 수 있습니다.

08 『무구정광대다라니경』이 발견된 것은 불국사 삼층 석탑입니다.

09 문무왕은 삼국 통일을 완수한 왕입니다. 문무왕은 죽어서도 용이 되어 나라를 지키겠다는 유언을 남겼고 이에 따라 바다에 무덤이 만들어졌다고 전합니다.

10 김유신은 가야 왕족 집안 출신으로, 가야가 멸망한 뒤 신라의 귀족으로 인정받았습니다. 김유신은 김춘추와 문무왕을 도와 삼국 통일에 앞장섰습니다.

11 왕건이 신하들과 함께 궁예를 몰아내고 고려를 건국했습니다. 이후 신라의 경순왕은 더 이상 국가를 유지하

기 어렵다고 판단해 스스로 신라를 고려에 넘겼습니다. 이후 고려는 왕위 다툼으로 국가가 혼란해진 후백제를 공격해 무너뜨렸고, 마침내 후삼국을 통일했습니다.

오답 피하기

② 견훤이 등장해 후백제를 세운 것은 왕건이 고려를 세우기 전의 일입니다.
③ 신라와 당이 동맹을 맺은 것은 신라의 삼국 통일 과정에 있었던 일입니다.
④ 신진 사대부와 신흥 무인 세력이 등장한 것은 고려 말입니다.
⑤ 태조 왕건이 '훈요 10조'를 남긴 것은 후삼국을 통일한 이후의 일입니다.

12 강감찬은 거란의 3차 침입 때 귀주 대첩에서 큰 승리를 거두었습니다.

13 몽골은 칭기즈 칸이 부족을 통일하며 세력이 강해졌고, 고려와 외교 관계를 맺은 후 무리하게 물자를 요구했습니다. 이후 몽골의 사신이 고려에 왔다 돌아가는 길에 죽자 몽골은 이를 구실로 고려를 여러 차례 침입했습니다. ① 윤관이 별무반을 이끌고 대항한 것은 여진의 침입 때 있었던 일입니다.

14 제시된 것은 인쇄용 목판을 제작하는 방법으로, 팔만대장경판을 만드는 과정입니다.

15 고려가 팔만대장경을 만든 까닭은 부처의 힘으로 몽골의 침략을 막기 위해서였습니다.

16 제시된 문화유산은 상감 기법으로 무늬를 새긴 고려청자입니다. 고려청자는 만들기가 어렵고 가치가 높아 신분이 높은 사람들이 주로 사용했습니다. 고려청자는 주전자, 찻잔, 향로 등 다양한 용도로 쓰였습니다. 고려청자는 높은 온도로 구워야 했기 때문에 가마 만드는 기술, 유약 만드는 기술 등이 중요했습니다.

17 조선은 유교를 정치 이념으로 내세우며 세운 국가로, 국가의 근본을 백성으로 삼았습니다. 이러한 생각을 담아 조선의 궁궐과 도성의 사대문 이름을 유교에서 강조하는 덕목을 넣어서 지었습니다.

18 조선의 신분 중 중인은 전문 지식이나 기술을 가진 관리로 통역을 담당하는 역관, 의술을 펼치는 의관, 그림을 그리는 화원 등이 있었습니다.

오답 피하기

① 양반은 유교 가르침이 담긴 책을 공부하거나 관리가 되었습니다.
③ 상민은 대부분 농사를 지으며 세금을 내고 성인 남성은 군대에 갈 의무가 있었습니다.
④ 천민은 대부분 노비로, 양반집이나 관공서에서 허드렛일을 했습니다.
⑤ 조선에서는 실질적으로 신분이 양반, 중인, 상민, 천민으로 나뉘었습니다. 권문세족은 고려 후기에 나타난 정치 세력입니다.

19 최만리의 상소문은 훈민정음 반포에 반대해 세종에게 올린 글입니다. 이와 같은 반대에도 불구하고 세종은 훈민정음을 만들고 백성들에게 널리 알려, 쉽게 글자를 배우고 쓸 수 있게 했습니다.

20 청이 임금과 신하의 관계 요구를 거절한 조선을 침략한 전쟁은 병자호란입니다. 이 전쟁에서 인조는 남한산성에서 나와 청 태종에게 굴욕적으로 항복했습니다.

1단원 서술형 평가 26~27쪽

01 (가) 고구려 (나) 신라 (다) 가야 / 금관가야
02 예 하늘에서 내려온 존재임을 강조했다. / 하늘의 자손이라는 것을 나타냈다. 등
03 (라), (가), (나), (다)
04 (가) 김춘추 (나) 김유신 (다) 문무왕
05 예 한반도에 있던 여러 국가를 처음으로 통일했다. 등
06 (가) 견훤 (나) 궁예 (다) 왕건
07 고려
08 예 호족의 딸들과 혼인을 했다. / 호족들을 적절히 견제하면서 존중하는 정책을 폈다. 등
09 (1) 훈민정음 (2) 세종
10 쓰시마섬(대마도), 4군 6진

01 ㈎는 주몽의 고구려 건국 이야기이고, ㈏는 박혁거세의 신라 건국 이야기이며, ㈐는 김수로의 가야(금관가야) 건국 이야기입니다.

02 제시된 건국 이야기는 모두 하늘에서 내려왔다는 점을 강조했습니다. 하늘의 자손이 세운 나라라는 것을 내세워 건국한 사람이 신성하고 특별한 존재라는 것을 강조했습니다.

채점 기준

하늘, 하늘의 자손, 신성함, 특별함 등이 포함되어 있으면 정답으로 합니다.

03 신라는 백제의 계속된 공격으로 어려움을 겪자 김춘추를 당에 보내 동맹을 체결했습니다. 신라 군대와 당 군대는 연합하여 백제와 고구려를 차례로 멸망시켰습니다. 이후 당이 한반도 전체를 지배하려는 욕심을 드러내자 신라와 당이 전쟁을 벌여 신라가 당 군대를 몰아냈습니다.

04 김춘추는 당과 동맹을 맺고 후에 태종 무열왕이 되어 백제를 멸망시켰습니다. 김유신은 신라에 흡수된 가야의 왕족 출신으로 무열왕과 문무왕을 도와 삼국 통일에 앞장섰습니다. 문무왕은 당과 연합하여 고구려를 무너뜨리고, 당과의 전쟁에서 승리한 후 삼국 통일을 완수했습니다.

05 신라의 삼국 통일은 한반도에 있던 여러 국가를 처음으로 통일했다는 데 의의가 있습니다.

채점 기준

여러 국가를 처음으로 통일했다, 삼국을 통합했다는 의미로 썼으면 정답으로 합니다.

06 견훤은 후백제를 건국해 세력을 떨쳤지만 자식들 간에 왕위 다툼이 일어나 고려에 귀순했습니다. 궁예는 후고구려를 건국했으나 신하들을 의심하고 난폭한 정치를 펴 신하들의 신임을 잃고 왕의 자리에서 쫓겨났습니다. 왕건은 궁예가 후고구려를 건국하는 것을 도왔으며 전쟁에서 큰 공을 세워 백성들의 인심을 얻었습니다. 후에 신하들과 함께 궁예를 몰아내고 고려를 건국했습니다.

07 힘을 잃은 후백제의 견훤과 신라의 경순왕은 스스로 고려에 항복했습니다.

08 고려를 건국한 태조 왕건은 국가를 안정시키기 위해서 호족 세력의 지지가 필요했습니다. 그래서 호족의 딸들과 혼인해 자신의 편으로 만들고, 호족을 존중하는 한편 적절히 견제하며 호족 세력을 통합해 나갔습니다.

채점 기준

호족과의 혼인 정책, 호족에 대한 존중과 견제의 내용이 들어가 있으면 정답으로 합니다.

09 훈민정음은 세종이 만든 스물여덟 자의 우리글입니다.

10 세종은 국방을 튼튼히 하기 위해 남쪽으로 쓰시마섬(대마도)을 정벌하여 왜구의 침입을 막았습니다. 북쪽으로는 4군 6진 지역을 개척하여 조선의 국경을 압록강과 두만강까지 확대했습니다.

2단원 (1) 중단원 쪽지 시험

31쪽

01 정조 02 실학 03 정약용 04 탈놀이(탈춤) 05 풍속화 06 세도 정치 07 흥선 대원군 08 일본 09 김옥균 10 동학 농민 운동

32~33쪽

중단원 확인 평가 2 (1) 새로운 사회를 향한 움직임

01 ⑤ 02 예 정치·군사·경제의 중심지로 삼으려던 계획도시 등 03 ⑤ 04 ③ 05 ①, ⑤ 06 ② 07 경복궁을 다시 지음. / 경복궁 중건 08 척화비 09 ㉣ 10 ③

01 검색 결과를 통해 검색창에 들어갈 문화유산은 정조 시기에 건설한 수원 화성이라는 것을 알 수 있습니다.

오답 피하기

①, ②, ④는 임진왜란 때 일본과 전투가 벌어졌던 장소입니다. ③은 병자호란 때 청의 침입을 피해 인조가 피란했던 장소입니다.

02 수원 화성에 대한 설명을 쓰는 것입니다. 정치·군사·경제의 중심지로 삼으려던 계획도시였다는 것, 거중기 등 새로운 과학 기술을 활용해 건설했다는 것, 1997년 유네스코 세계 유산으로 등재되었다는 것, 서북 공심돈·화성 행궁 등 수원 화성의 대표적인 시설물 등으로 수원 화성을 설명하는 내용을 쓰는 것이 적절합니다.

채점 기준

수원 화성이 어떤 도시의 특성을 지니는지, 수원 화성을 어떻게 건설했었는지, 현재 수원 화성의 가치가 무엇인지, 수원 화성의 주요 시설물에는 어떤 것들이 있는지 등을 설명했으면 정답으로 합니다.

03 카드 속 인물은 정약용입니다. 조선 후기 여러 분야의 제도 개혁을 다룬 정약용의 저서 중에는 『목민심서』, 『경세유표』 등이 있습니다.

오답 피하기

①은 유득공, ②는 안정복, ③은 김정호, ④는 허균의 업적입니다.

04 유득공은 발해가 고구려를 이은 국가임을 밝힌 역사서인 『발해고』를 썼습니다.

05 조선 후기에 유행한 서민 문화에는 풍속화와 민화, 한글 소설, 탈놀이(탈춤), 판소리 등이 있습니다.

오답 피하기

② 천마도는 신라의 고분에서 나온 문화유산입니다.
③ 분청사기는 조선 전기에 유행하던 도자기입니다.
④ 고려청자는 고려 때 신분이 높은 사람들이 주로 사용하던 자기입니다.

06 조선 후기에 유행한 민화로, 까치와 호랑이를 함께 그린 그림입니다.

오답 피하기

① 고려 시대 불화인 「수월관음도」입니다.
③ 고구려 무덤 벽화인 무용총 접객도입니다.
④ 조선 시대 산수화인 「인왕제색도」입니다.
⑤ 조선 후기 풍속화인 김홍도의 「서당」입니다.

07 제시된 자료는 흥선 대원군의 개혁 정치를 설명한 것입니다. 경복궁 중건은 백성들을 공사에 동원하고 공사에 필요한 돈을 강제로 걷어 백성들의 불만이 컸던 정책입니다.

채점 기준

경복궁을 다시 지었다는 내용이 들어가면 정답으로 합니다.

08 제시된 자료는 흥선 대원군이 병인양요와 신미양요를 막아 낸 후 서양 세력과 교류하지 않겠다는 뜻으로 전국 곳곳에 설치한 척화비입니다.

09 김옥균과 뜻을 같이 하는 사람들은 청의 간섭에서 벗어나 적극적으로 개화 정책을 추진하려고 정변을 일으켰는데, 이를 갑신정변(1884)이라고 합니다.

10 동학 농민 운동을 주도했던 전봉준이 이루고자 했던 세상이 어떤 모습이었는지를 묻고 있습니다. 동학 농민 운동은 탐관오리 처벌을 요구하며 일어났고, 관리들이 백성들을 괴롭히지 않기를 원했습니다.

오답 피하기

①, ④, ⑤ 외세에 반대했던 동학 농민군 입장에서 적절치 않은 답변입니다.
② 일본의 횡포에서 벗어나길 원했습니다.

2단원 (2) 중단원 쪽지 시험 36쪽

01 독립 협회 02 대한 제국 03 외교권 04 안중근 05 토지 조사 사업 06 3·1 운동 07 상하이 08 홍범도 09 한국어 10 조선어 학회

37~39쪽

중단원 확인 평가 2 (2) 일제의 침략과 광복을 위한 노력

01 ⑤ 02 ⑤ 03 ⑤ 04 예 대한 제국의 외교권을 일본에게 빼앗겨 다른 국가와 어떤 외교 활동도 스스로 할 수 없게 되었다. 등 05 의병 06 ② 07 ② 08 예 일제가 식민 통치에 필요한 자금을 마련하고자 토지 조사 사업을 실시했어요. 등 09 안창호 10 ④ 11 ① 12 ㉠ 봉오동, ㉡ 청산리 13 예 ㉠ 일본 왕이 탄 마차에 수류탄을 던졌다. 등, ㉡ 상하이 훙커우 공원에서 폭탄을 던져 일본 관리와 군인을 처단했다. 등 14 ④ 15 ③

01 제시된 사건 일지에 나타난 사건은 명성황후가 시해되었던 을미사변입니다. 이 사건 이후 일본에 위협을 느낀 고종이 러시아 공사관으로 피신한 아관 파천이 일어났습니다.

오답 피하기

①, ②, ③, ④는 을미사변 이전에 있었던 일들입니다.

02 제시된 문화유산은 독립 협회에서 성금을 모아 세운 독립문입니다. 독립 협회는 만민 공동회를 열어 다양한 사람들이 사회 문제를 논의할 수 있도록 했습니다.

오답 피하기

① 신흥 무관 학교, 신민회 등에서 한 일입니다.
② 대한민국 임시 정부에서 한 일입니다.
③ 독립 협회가 주도해 설립했습니다.
④ 의병 활동과 관련이 없습니다.

03 전차는 근대 교통 시설입니다. 이는 대한 제국이 근대적 개혁의 일환으로 추진했던 근대 시설의 설치와 문물의 도입에 해당하는 것입니다.

오답 피하기

① 영조와 정조의 개혁 방안입니다.
② 흥선 대원군의 개혁 방안입니다.
③ 대한민국 임시 정부가 한 일입니다.
④ 대한 제국은 황제를 중심으로 한 체제를 채택했습니다.

04 제시된 자료는 일본 정부가 당시 대한 제국의 외국 관계 및 사무를 관리하도록 명시하고 있는 을사늑약의 조항입니다. 을사늑약으로 대한 제국은 외교권을 일본에게 빼앗겨 어떤 외교 활동도 스스로 할 수 없게 되었습니다.

채점 기준

대한 제국의 외교권 박탈에 따라 다른 국가와의 외교 활동, 조약 체결 등을 할 수 없게 되었다는 의미로 썼으면 정답으로 처리합니다.

05 제시된 사진은 국권 피탈 직전 의병의 모습입니다. 의병은 나라가 어려울 때 자발적으로 만든 군대로서 전국 각지에서 항일을 내세워 일어났습니다.

06 제시된 자료에 등장하는 인물은 안중근입니다. 안중근은 고종의 강제 퇴위 이후 의병 활동을 했고, 하얼빈역에서 이토 히로부미를 처단한 의거 직후 바로 체포되었으며, 재판 과정에서 동양 평화를 주장했습니다.

오답 피하기

① 서재필, ③ 안창호, ④ 민영환, ⑤ 이준, 이상설, 이위종이 한 일입니다.

07 제시된 사진은 교사들이 제복을 입고 칼을 들고 있는 모습입니다. 1910년대에 일제 헌병이 한국인을 강압적으로 통제했습니다.

오답 피하기

①은 강화도 조약(1876년)이 체결되기 전 시기, ③은 흥선 대원군이 집권하던 시기, ④는 을사늑약(1905년) 시기, ⑤는 동학 농민 운동 시기에 있었던 일에 대한 설명입니다.

08 기자가 말한 상황은 일제가 식민 통치에 필요한 자금을 마련하고자 토지 조사 사업을 실시한 결과입니다. 국유지가 조선 총독부의 소유가 되고, 땅을 빌려 농사짓던 사람들의 권리를 인정하지 않은 까닭은 세금을 거둘 수 있는 토지를 늘리려고 했기 때문입니다.

채점 기준

토지 조사 사업이라는 표현이 들어갔거나 토지 조사 사업에 대한 설명이 포함되어 있으면 정답으로 합니다.

09 검색창 사진과 설명으로 표현하고 있는 인물은 안창호입니다. 안창호는 인재 양성과 국권 회복을 위한 실력 양성에 앞장섰습니다.

10 1919년 3월 1일, 민족 대표들은 태화관에서 독립 선언식을 하였고, 학생과 시민들은 탑골 공원에서 독립 선언서를 낭독하며 만세 시위를 벌였습니다.

오답 피하기

① 조선어 학회의 활동입니다.
② 광주 학생 항일 운동의 직접적인 원인입니다.
③ 을사늑약으로 시작된 의병 활동 모습입니다.
⑤ 국권 피탈 이전에 민족의 실력을 길러 나라를 지키려던 애국 계몽 운동에 대한 설명입니다.

11 이달의 독립운동가로 선정된 인물은 3·1 운동 당시 천안 아우내 장터에서 만세 시위를 주도했던 유관순입니다.

12 3·1 운동 이후 만주 일대에서 독립군 부대가 조직되었습니다. 봉오동에서 홍범도가 이끄는 독립군 부대가 다른 독립군들과 연합해 일본군을 격파했습니다. 청산리에서는 김좌진의 독립군 부대와 홍범도 중심 연합 부대가 일본군을 상대로 크게 승리했습니다.

13 한인 애국단에 입단한 두 인물은 일제의 주요 인물을 처단하는 활동을 했습니다. 이봉창은 일본에서 일왕이 탄 마차에 폭탄을 던졌고, 윤봉길은 중국 상하이에서 일본 관리와 군인들을 향해 폭탄을 던졌습니다.

14 중국을 침략하려고 전쟁을 일으킨 일제는 우리 민족의 민족정신을 없애려고 했습니다. 이 시기에 일제는 전쟁에 물자와 사람을 총동원했습니다.

오답 피하기

④는 일제가 중국을 침략하려고 전쟁을 일으키기 전인 1910년대 일제 식민 통치 시기에 있었던 일입니다.

15 (가) 신채호는 자주독립 의지를 높이려고 우리 역사책을 썼습니다. (나) 이육사는 독립 의지와 광복을 염원하는 저항 작품을 창작했습니다. (다) 전형필은 일본으로 넘어갈 뻔한 문화유산을 구입해 보존하는 활동을 했습니다.

2단원 (3) 중단원 쪽지 시험

41쪽

01 광복 02 38도선 03 신탁 통치 04 5·10 총선거 05 이승만 06 대한민국 정부 07 ○ 08 × 09 휴전선 10 이산가족

42~43쪽

중단원 확인 평가 2 (3) 대한민국 정부 수립과 6·25 전쟁

01 ③ 02 ④ 03 ③ 04 ④ 05 ㉠, ㉢, ㉣, ㉡ 06 민주공화국 07 ⓔ 대한민국의 주권은 국민에게 있다. 등 08 ④ 09 ⓔ 전쟁으로 수많은 군인들이 다치거나 목숨을 잃었다. 등 10 ⑤

01 우리나라가 8·15 광복을 맞이하게 된 까닭은 대내적으로는 국내외 독립운동가가 끊임없는 독립운동을 전개했고, 대외적으로는 제2차 세계 대전에서 연합군이 승리했기 때문입니다.

오답 피하기

①, ②, ④, ⑤는 8·15 광복 이후 상황에 대한 설명입니다.

02 8·15 광복 직후 우리 민족은 건국 준비 단체를 구성해 사회 안정을 위해 노력했습니다.

오답 피하기

①은 일제 강점기 대한민국 임시 정부의 활동입니다.
②는 1890년대 독립 협회의 활동입니다.
③은 1907년에 전개되었습니다.
⑤는 애국 계몽 운동 시기 안창호의 활동입니다.

03 모스크바 3국 외상 회의는 한반도 문제 해결 방안을 모색한 회의였습니다. 이 회의에서 미·중·영·소 4개국의 최대 5년간 한반도 신탁 통치에 관한 방안 논의를 결정했습니다.

오답 피하기

①, ⑤ 국제 연합(UN)에서 한반도 문제에 관여한 사항입니다.
② 대한민국 헌법에 담겨 있는 내용입니다.
④ 광복 직후에 일본군 무장 해제를 이유로, 미군과 소련군이 북위 38도선을 경계로 군정을 실시했습니다.

04 김구는 남북한이 통일 정부를 수립해야 한다고 주장했습니다. 이에 북한에서 열린 남북 연석회의와 남북 협상에 참가해 남한과 북한이 각각 단독 정부를 수립하는 것을 막으려고 했으나 실패했습니다.

05 광복(1945), 신탁 통치 찬반 갈등(1946), 제헌 국회 구성(1948. 5.), 대한민국 정부 수립(1948. 8. 15.) 순으로 발생했습니다.

06 대한민국 헌법 제1조는 '대한민국은 민주 공화국이다.' 입니다.

07 대한민국의 주권이 ㈎에서는 인민에게, ㈏에서는 국민에게 있음을 설명하고 있습니다. '인민'은 국가와 사회를 구성하고 있는 사람들이라는 의미로서 ㈏에서 설명하는 국민과 같은 의미입니다. 따라서 ㈎, ㈏의 제2조로부터 공통적으로 알 수 있는 사실은 대한민국의 주권이 국민에게 있다는 것입니다.

채점 기준

대한민국의 주권이 누구에게 있는지를 언급하는 것이 중요하며, 주권자로서의 국민에 대한 설명이 있으면 정답으로 합니다.

08 국군과 국제 연합군이 38도선을 넘어 압록강 근처까지 진격하자, 위협을 느낀 중국이 북한을 도우려고 중국군을 개입시켰습니다. 이에 ㉠ 시기에는 국군과 국제 연합군이 한강 이남으로 후퇴했습니다.

09 제시된 자료는 6·25 전쟁 중에 전사하거나 부상을 당한 한국군, 국제 연합군, 북한군, 중국군의 수를 나타낸 것입니다.

채점 기준

6·25 전쟁 중에 참전한 군인들이 많이 다치거나 사망한 수를 나타낸 통계 자료이므로 이를 서술하였으면 정답으로 합니다. 다만, 군인 외에 민간인을 비롯한 불특정한 사람 전체를 대상으로 한 서술이 이루어졌으면 정답 처리가 어렵습니다.

10 제시된 주제인 6·25 전쟁의 피해는 ①, ②, ③, ④에 잘 나타나 있습니다. ⑤는 일제 강점기에 일제의 민족 말살 정책 중 하나인 일본식 성과 이름을 강요받은 것을 나타낸 것입니다.

44~47쪽

학교 시험 만점왕 ❶회 2. 사회의 새로운 변화와 오늘날의 우리

01 ⑤ 02 ⑤ 03 ④ 04 ⑤ 05 ⑤ 06 ④ 07 ④
08 ④ 09 ④ 10 ① 11 ⑤ 12 ③ 13 ③ 14 ①
15 ② 16 ④ 17 ④ 18 ⑤ 19 ⑤ 20 ⑤

01 ㉠에 들어갈 인물은 영조입니다. 영조의 업적으로는 붕당과 관계없이 고루 인재를 뽑아 쓰는 탕평책, 백성들의 생활 안정을 위해 세금 줄이는 정책, 가혹한 형벌을 금지하는 정책 실시 등이 있습니다.

02 가상 인터뷰의 주인공은 정약용입니다. 정약용은 『목민심서』를 지어 지방 관리가 지켜야 할 덕목과 실천 방법을 제시했습니다.

오답 피하기

① 신문고 재설치는 영조의 개혁 정책입니다.
② 조선 후기 세도 정치 가문으로는 안동 김씨, 풍양 조씨 등이 있습니다.
③ 탕평책은 영조와 정조가 실시한 정책입니다.
④ 흥선 대원군은 통상 수교 거부 정책을 폈습니다.

03 분청사기는 조선 전기에 유행한 도자기입니다.

04 ㉠ 인물은 흥선 대원군입니다. 서양 세력의 통상 요구를 거부하며 서양 세력과 교류하지 않겠다는 뜻으로 척화비를 세웠습니다.

05 검색 결과를 보면, 동학 농민 운동의 원인과 성격, 개혁안이 나와 있습니다.

06 전봉준은 고부 군수의 횡포에 맞서 동학 농민 운동을 일으키고 탐관오리 처벌, 세금 문제 해결 등을 주장했습니다.

07 대한 제국 시기에는 근대 국가로 나아가고자 근대 문물의 설치가 이루어졌습니다. 전기 설비를 갖추고, 전차와 같은 교통 시설 및 전화와 같은 통신 시설 등 근대 시설을 설치했습니다. 또한, 근대 학교에서 외국어와 근대적 서양 학문을 배우기도 했습니다.

08 제시된 사진의 인물들은 헤이그 특사로 파견되었던 이상설, 이준, 이위종입니다. 네덜란드 헤이그에서 열린 평화 회의에서 을사늑약이 무효임을 국제 사회에 알리려고 파견되었으나, 일제의 방해로 실패했습니다.

09 제시된 사진은 1907년 전후의 의병들을 매켄지라는 외국인 기자가 촬영한 것입니다. 당시 의병에는 양반뿐만 아니라 평민, 여성 출신 의병장도 활약했고, 대한 제국 군대가 해산된 후 일부 해산 군인들이 의병에 참여했습니다.

오답 피하기

① 학교를 세워 인재를 양성한 것은 애국 계몽 운동에 해당합니다.
②는 대한민국 임시 정부의 김구가 주도해서 만든 조직입니다.
③은 3·1 운동에 대한 설명입니다.
⑤는 병인양요, 신미양요 등을 설명한 것입니다.

10 토지 조사 사업은 일제가 식민 통치에 필요한 재정을 마련하고자 실시한 사업입니다. 일제는 정해진 기간 내에 소유 토지를 신고하지 않는 농민들의 땅을 빼앗았습니다. 토지 조사 사업 결과 한국 농민들의 생활은 더 어려워지고, 조선 총독부는 빼앗은 토지로 더 많은 세금을 거두게 되었습니다.

11 이회영은 국권 피탈 후 막대한 재산을 처분하고, 형제들과 함께 만주로 이주했습니다. 독립운동 기지에 신흥 강습소(신흥 무관 학교)를 세워 독립운동가와 독립군을 양성했습니다.

12 3·1 운동은 독립 선언서의 배포와 낭독으로 시작해 전국적으로 '대한 독립 만세'를 외치며 퍼졌습니다. 미국을 비롯한 해외에서도 3·1 운동에 함께 참여했습니다.

오답 피하기

③ 3·1 운동은 평화적인 만세 운동입니다. 일본 고위 관리 및 친일파 암살 계획은 무장 독립 운동에 해당합니다.

13 ㉠은 대한민국 임시 정부를 가리킵니다. 대한민국 임시 정부는 국내외 독립운동을 지휘하고자 비밀 연락망을 조직하고, 독립운동 자금을 모금했습니다. 우리 민족의 독립 의지를 널리 알리고자 외교 활동을 하고, 「독립신문」을 발행했습니다.

오답 피하기

③은 독립 협회의 활동입니다.

14 신채호는 우리 민족의 우수성과 자주독립 의지를 높이고자 일제의 역사 왜곡에 맞서 우리 역사를 소개했습니다.

15 우리 조상들은 일제로부터 나라를 되찾으려고 다양한 저항 활동을 했습니다. 일제와 싸우고자 독립군을 양성하는 것은 무장 독립 투쟁의 한 방법이었습니다.

오답 피하기

①, ③, ④는 민족정신과 문화를 지키려는 노력입니다.
⑤ 한국인과 일본인에 대한 일제의 차별에 맞서 일어난 항일 운동입니다.

16 김구는 한인 애국단을 조직하고, 한국광복군을 창설하는 등 대한민국 임시 정부에서 주도적으로 독립운동을 이끌었습니다. 광복 이후 통일 정부 수립이 어려워지자, 남한만의 단독 정부 수립이 대두되었고, 이에 반대하며 남북 협상으로 통일 정부 수립을 위해 노력했으나 성과를 거두지 못했습니다.

오답 피하기

④ 대한민국 초대 대통령은 김구가 아닌 이승만입니다.

17 제헌 국회에서는 국가 이름을 '대한민국'으로 정하고, 민주 공화국과 국가 주권이 국민에게 있음을 규정한 제헌 헌법을 제정·공포했습니다. 또 이승만을 초대 대통령으로 선출했습니다.

오답 피하기

㉡은 국제 연합, ㉣은 모스크바 3국 외상 회의에서 결정했습니다.

18 8·15 광복(1945. 8. 15.) → 모스크바 3국 외상 회의(1945. 12.) → 5·10 총선거(1948. 5. 10.) → 제헌 헌법 제정(1948. 7. 17.) → 대한민국 정부 수립(1948. 8. 15.) 순으로 사건들이 일어났습니다.

19 ㉤ 국군과 국제 연합군은 인천 상륙 작전의 성공으로 전세를 역전시키고 서울을 다시 찾았습니다.

오답 피하기

㉠은 낙동, ㉡은 중국군, ㉢은 국제 연합, ㉣은 정전 협정입니다.

20 제시된 누리집은 '남북 이산가족 찾기' 누리집입니다. 남북 분단으로 헤어진 이산가족을 찾고자 하는 여러 사연이 담긴 게시판을 찾아볼 수 있습니다.

48~51쪽

학교 시험 만점왕 ❷회 2. 사회의 새로운 변화와 오늘날의 우리

01 ⑤ 02 ⑤ 03 ④ 04 ② 05 ① 06 ④ 07 ②
08 ② 09 ② 10 ④ 11 ② 12 ⑤ 13 ④ 14 ②
15 ⑤ 16 ① 17 ④ 18 ④ 19 ③ 20 ⑤

01 정조는 왕권 강화를 위해 영조의 탕평책을 계승하고, 국왕을 지키는 부대인 장용영을 창설했으며, 수원 화성을 건설했습니다.

오답 피하기

①, ④는 고종이 한 일입니다.
②는 흥선 대원군이 왕권 강화를 위해 시행한 정책입니다.
③은 몇몇 가문이 권력을 장악하고 나랏일을 마음대로 하는 것으로, 왕권 강화 정책과 거리가 멉니다.

02 제시된 자료는 당시 백성들에게 과도한 세금을 거두는 상황을 지적하고 있습니다.

03 『홍길동전』은 허균이 지은 한글 소설로, 서얼 신분의 제약을 가진 홍길동이 백성들을 괴롭히던 양반들을 혼내 주는 내용을 담고 있습니다.

04 흥선 대원군이 실시한 경복궁 중건은 상민들을 공사에 동원하고 공사에 필요한 돈을 강제로 거두어 백성들의 불만이 높았습니다.

오답 피하기

①, ③, ④, ⑤는 세도 정치의 잘못을 바로잡고 백성들의 생활 안정을 위한 정책이어서 상민들에게 환영받았습니다.

05 제시된 자료는 김옥균 등 급진 개화파의 개화 정책에 대한 입장이 나타나 있습니다. 이들이 일으킨 사건은 갑신정변입니다.

06 갑신정변과 동학 농민군의 개혁안은 모두 세금 제도의 개혁을 주장하고 있습니다.

07 ㈎ 을미사변(1895년), ㈐ 아관 파천(1896년), ㈏ 대한 제국 선포(1897년) 순으로 사건이 일어났습니다.

08 ①, ③, ④, ⑤는 을사늑약의 부당함에 맞서 다양한 방법으로 저항한 우리 민족의 모습입니다.

오답 피하기

②는 1800년대 후반 제국주의 열강들의 침략 행위를 비판하고, 당시 사회 제도 개혁을 논의했던 활동을 가리킵니다.

09 안창호 등은 신민회라는 비밀 단체를 조직하여 민족의 힘과 실력을 기르고자 여러 활동을 했습니다. 인재를 양성하고자 학교를 세우고, 산업을 육성하고자 민족 기업을 세웠으며, 독립군을 기르고자 독립운동 기지를 만들었습니다.

오답 피하기

①, ③, ④, ⑤는 을사늑약 이전에 있었던 여러 개혁 노력입니다.

10 일제가 식민 통치에 필요한 자금을 마련하려고 토지 조사 사업을 실시해 많은 수의 우리 농민이 땅을 잃게 되었습니다. 그래서 국내에서 살기 어려워진 농민들이 국외로 이주하는 경우가 많았습니다.

오답 피하기

①, ②, ③, ⑤는 비슷한 시기의 일제 식민 통치와 관련 있으나, 제시된 자료와 직접적인 관련이 없습니다.

11 일제는 우리 민족의 민족정신을 없애려고 황국 신민 서사를 외우게 했습니다. 황국 신민 서사는 일왕에 대한 충성을 다짐하는 내용을 담고 있습니다.

12 제시된 지도에는 국외에서 3·1 운동이 일어난 곳이 나타나 있습니다. 우리나라 전역은 물론 해외의 많은 나라에서도 만세 시위가 퍼져 나갔다는 것을 알 수 있습니다.

13 조선어 학회는 한글 맞춤법을 정리하고, 한글을 가르치는 강습회를 열었습니다. 우리말 『큰사전』을 편찬하려고 했으나 일제의 방해로 중단되었습니다.

14 대한 제국은 근대적인 제도와 시설을 갖춘 국가로 나아가려는 노력을 했지만 황제의 권한을 지나치게 강조했습니다. 대한민국 임시 정부는 민주 공화국을 내세우며 인민(지금의 국민)에게 주권이 있다고 규정했습니다.

15 홍범도가 이끄는 여러 독립군 연합 부대가 봉오동 전투에서 승리했습니다.

16 3×3 빙고판에서 1, 2, 3, 6, 9번째 칸이 맞는 설명입니다. 따라서 자음 모양은 ㄱ입니다.

오답 피하기

4번째 칸: 미소 공동 위원회에서 서로 다른 입장 차이로 한반도 문제의 해결 방안이 마련되지 못했습니다.
5번째 칸: 제헌 헌법에서 국가의 주권자를 국민으로 규정했습니다.
7번째 칸: 5·10 총선거는 소련의 반대로 남한만 실시했습니다.
8번째 칸: 김구 등은 남북 협상을 통해 통일 정부 수립을 시도했으나 실패했습니다.

17 모스크바 3국 외상 회의에서 신탁 통치에 대한 방안 논의를 결정했다는 소식에 국내에서는 찬반으로 입장이 나뉘어 갈등이 커졌습니다.

18 대한민국 정부는 제헌 헌법에 명시한 대로 3·1 운동을 계승하고, 대한민국 임시 정부의 법통을 이었습니다.

19 휴전선은 남북을 나누고 있는 군사 분계선으로 6·25 전쟁에 대한 정전 협정으로 이 선이 생겼습니다.

20 6·25 전쟁으로 이산가족과 전쟁고아가 많이 생겼고, 인명 피해도 컸습니다. 또 주요 시설과 문화유산이 파괴되었고, 전 국토가 황폐해졌습니다.

오답 피하기

⑤는 일제 강점기에 우리 민족이 입었던 피해입니다.

2단원 서술형 평가 52~53쪽

01 ㉠ 정약용, ㉡ 박제가, ㉢ 김정호 **2** 예 농사짓는 백성이 농사지을 땅을 가질 수 있도록 토지 제도를 개혁해야 합니다. 지방 관리들은 세금을 함부로 거두지 말고, 백성을 돌봐야 합니다. 등 **3** (1) (나), (다) / (가), (라) (2) (가), (나) / (다), (라) **4** (1) 예 김옥균 등 (2) 예 이전과 다른 조선을 만들려면 발달한 외국의 기술, 제도, 사상을 빨리 받아들여 조선을 발전시킬 필요가 있습니다. 등 **5** ㉠ 고종 황제, ㉡ 이토 히로부미, ㉢ 외교권, ㉣ 을사늑약 **6** 예 을사늑약에 반발해 전국 각지에서 의병들이 일어났습니다. 을사늑약이 무효임을 국제 사회에 알리려고 헤이그 특사를 파견했습니다. 등 **7** (1) 신탁 통치 (2) 단독, 통일 **8** (1) 예 남북한 통일 정부 수립 (2) 예 남한만의 단독 정부가 수립되면 분단이 지속되어 통일하기 어렵기 때문입니다. 등

01 ㉠은 지방 관리가 지켜야 할 덕목을 강조한 책을 쓰고, 토지 개혁 등 다양한 분야를 연구한 정약용입니다. ㉡은 상공업을 발달시키고, 외국의 문물과 기술을 수용하자고 주장한 박제가입니다. ㉢은 우리나라 지리를 연구해 「대동여지도」를 만든 김정호입니다.

02 정약용은 『목민심서』에서 지방 관리가 지켜야 할 덕목과 실천 방법을, 『경세유표』에서 토지를 비롯한 정치, 경제, 사회 등 전반적인 제도 개혁을 주장했습니다.

채점 기준

조선 후기 사회 문제 해결을 위해 지방 관리가 해야 할 일, 농민 생활 안정 위해 토지 개혁 등 제도 개혁을 실시하자는 설명이 있으면 정답으로 합니다.

03 (가)는 개항에 반대하며, 유교 질서를 유지하자는 입장, (나)는 조선의 제도를 유지하되, 점진적 개화를 추진하자는 입장, (다)는 빠른 개화로 조선의 변화를 도모하자는 입장, (라)는 외세와 손잡지 않을 것을 주장하는 한편, 평등한 세상을 만들자는 입장을 내세우고 있습니다. 다른 나라와 교류에 긍정적인 입장은 (나), (다)이고 부정적인 입장은 (가), (라)입니다. 기존 조선의 사회 질서를 유지하자는 입장은 (가), (나)이고 변화를 주어야 한다는 입장은 (다), (라)입니다.

04 토론회에 등장한 네 인물의 생각을 바탕으로 개항 이후 새로운 조선이 어떤 모습이면 좋을지 상상하며 나의 의견을 정하고, 그렇게 생각한 까닭도 씁니다.

채점 기준

토론회의 네 인물 중 한 명의 입장을 선택하고, 해당 입장의 주장에 맞는 근거를 썼으면 정답으로 합니다.

05 제시된 삽화는 을사늑약의 상황을 풍자적으로 나타내고 있습니다. '왜병'이라는 꼬리표가 달린 일본 군인이 칼로 고종 황제를 위협하고 있고, 을사오적에 해당하는 대신들이 조약에 서명하고 있는 모습입니다. 을사늑약은 조선의 외교권을 빼앗기 위해 이토 히로부미가 일본군을 동원하고 대신들을 압박해서 고종 황제가 거부하던 조약을 강제로 체결한 것입니다.

06 우리 민족은 을사늑약의 부당함에 맞서고자 을사늑약의 무효를 주장하는 글을 신문에 실었고, 민영환이 자결했습니다. 고종 황제가 국제 평화 회의에 헤이그 특사를 파견했고, 전국에서 의병 운동이 일어났습니다.

채점 기준

언론을 통한 비판, 죽음으로서 저항, 외교적 저항, 군사적 저항에 해당하는 설명이 있으면 정답으로 합니다.

07 (가)는 모스크바 3국 외상 회의에서 결정한 신탁 통치에 대한 방안 논의에 관련된 찬반 갈등, (나)는 국제 연합에서 결정한 남북한 총선거를 통한 정부 수립을 둘러싼 갈등입니다.

08 국제 연합에서 결정한 '남북한 총선거를 통한 통일 정부 수립'을 소련과 북한이 반대했습니다. 남한 내에서도 남한 단독 정부 수립 입장과 남북한 통일 정부를 수립해야 한다는 입장이 서로 대립했습니다. 찬성과 반대 중에서 나의 의견을 정하고, 그렇게 생각한 까닭도 씁니다.

채점 기준

대한민국 정부 수립에 대한 두 주장에 대하여 당시 대한민국의 미래에 적절한 입장이 어떤 것인지 선택하고, 해당 입장의 주장에 어울리는 근거를 썼으면 정답으로 합니다.

활동하기 정답

북2 28쪽

▶ 가로 열쇠와 세로 열쇠를 읽고, 빈칸에 알맞은 답을 써서 낱말 퍼즐을 완성해 봅시다.

❶단	군	❷왕	검				
		건		❸경	국	❹대	전
						조	
❺한	❻강	유	역			영	
	감			❼이			
	찬			순			
				❽신	사	임	당

가로 열쇠

❶ 우리 역사상 처음으로 등장한 나라인 고조선은 ○○○○이/가 세웠습니다.

❸ 조선 성종 때 국가를 다스리는 데 기본이 되는 법전으로 ○○○○을/를 만들었습니다.

❺ 고구려, 백제, 신라는 한반도의 중심인 ○○○○을/를 차지하기 위해 전쟁을 벌였습니다.

❽ 조선의 여성 예술가인 ○○○○은/는 시와 글씨, 그림에 뛰어나 「초충도」 등을 남겼습니다.

세로 열쇠

❷ 후삼국을 통일한 ○○은/는 호족을 적절히 견제하되 존중하며 국가를 다스렸습니다.

❹ 옛 고구려 출신인 ○○○이/가 발해를 세웠습니다.

❻ 고려군을 이끈 ○○○은/는 귀주에서 거란군을 공격하여 크게 승리했습니다.

❼ 임진왜란 때 ○○○이/가 이끄는 수군은 한산도 대첩 등 여러 전투에서 승리했습니다.

북2 29쪽

▶ 사다리 타기 놀이를 통해 해당 문화유산을 확인하고, 빈칸에 알맞은 말을 써 봅시다.

목탑의 모양을 본떠 잘 다듬은 돌을 쌓아 만든 백제의 석탑
신라 사람들이 부처의 나라를 이루려는 소망을 담아 도읍인 금성(경주 지역)에 만든 절
발해가 고구려을/를 계승했음을 알 수 있는 문화유산으로, 기와지붕에서 수키와의 끝을 막는 기와
유네스코 세계 기록 유산에 등재된 고려의 문화유산으로, 몽골의 침입을 부처의 힘으로 물리치고자 만든 것
장영실이 세종의 명을 받아 만든 자동으로 종을 쳐서 시각을 알려 주는 물시계

활동하기 정답

▶ 여행 가방을 열려면 세 자릿수의 비밀번호가 필요합니다. 다음 문제의 정답을 암호 판에 색칠해 비밀번호를 찾아봅시다.

북2 54쪽

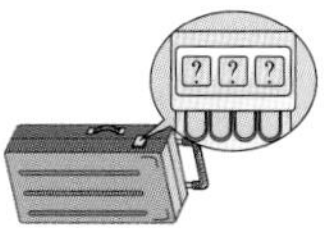

비밀 번호는 0 7 3 입니다.

암호판 / **문제**

- 영조와 정조는 붕당과 관계없이 인재를 고루 뽑아 쓰는 □□□을/를 실시했습니다.
- 흥선 대원군은 양반에게도 군대에 가는 대신 내던 세금인 □□을/를 거두었습니다.
- □□□ 조약은 조선이 체결한 최초의 근대적 조약이자 불평등 조약이었습니다.
- 급진 개화파가 우정총국 개국 축하 잔치를 틈타 □□□□을/를 일으켰습니다.

- □□ □□은/는 독립 의지를 알리고자 독립문을 세우고 만민 공동회를 개최했습니다.
- 을사늑약이 체결되자 전국 각지에서 자발적으로 조직한 군대인 □□이/가 일어났습니다.
- 3·1 운동 이후 독립운동을 체계적으로 이끌고자 중국 □□□에 대한민국 임시 정부가 수립되었습니다.

- 제헌 국회 의원들은 우리나라 최초의 □□을/를 만들었습니다.
- 6·25 전쟁 당시 □□ 상륙 작전의 성공으로 국군과 국제 연합군은 전세를 역전시켰습니다.
- 1953년 7월, 정전 협정이 체결되면서 □□□(군사 분계선)이/가 설정되었고, 가족이 서로 헤어져 만나지 못하는 □□ □□이/가 많이 생겨났습니다.

▶ 다음 인물과 인물에 대한 설명을 바르게 연결하시오.

북2 55쪽

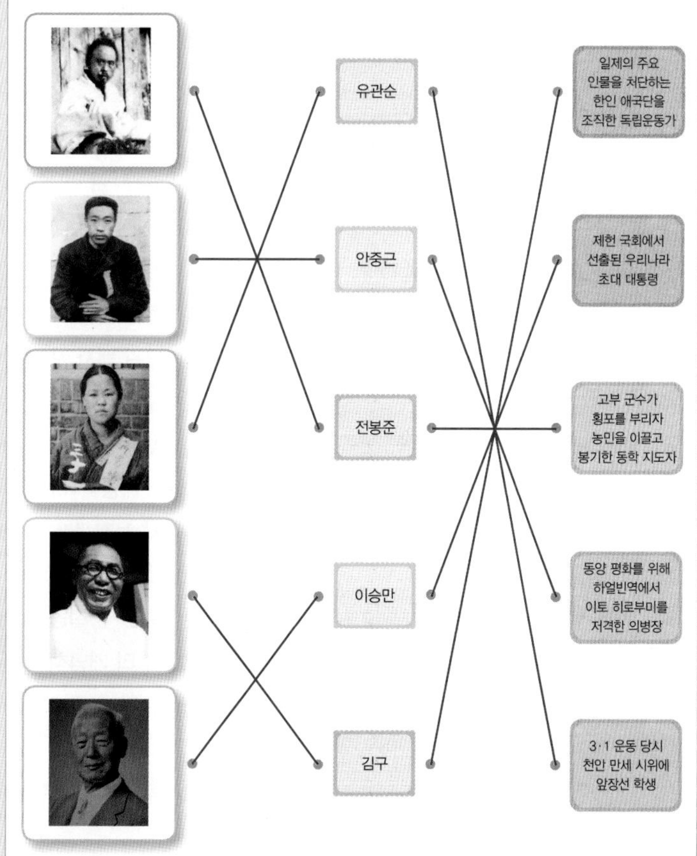

인용 사진 출처

ⓒ **국립경주박물관** 비파형 동검 개념책 8쪽, 20쪽, 실전책 4쪽, 7쪽, 22쪽

ⓒ **국립중앙박물관** 칠지도(모형) 개념책 9쪽, 실전책 7쪽

ⓒ **뉴스뱅크** 광개토 대왕릉비 개념책 9쪽, 실전책 7쪽

ⓒ **국립중앙박물관** 서울 북한산 신라 진흥왕 순수비 개념책 9쪽, 48쪽

ⓒ **국립김해박물관** 덩이쇠 개념책 10쪽, 실전책 8쪽, 18쪽

ⓒ **국립중앙박물관** 고구려 수막새 개념책 11쪽, 실전책 5쪽, 9쪽

ⓒ **국립중앙박물관** 발해 수막새 개념책 11쪽, 23쪽, 실전책 5쪽, 9쪽, 29쪽

ⓒ **국립중앙박물관** 빗살무늬 토기 개념책 12쪽, 31쪽

ⓒ **국립중앙박물관** 갈판과 갈돌 개념책 12쪽

ⓒ **국립중앙박물관** 철제 농기구(쇠스랑) 개념책 12쪽

ⓒ **국립중앙박물관** 주먹도끼 개념책 12쪽

ⓒ **국립중앙박물관** 금동 연가 7년명 여래 입상 개념책 14쪽, 17쪽, 20쪽

ⓒ **한국관광공사 사진갤러리_한국관광공사 이범수** 서산 용현리 마애 여래 삼존상 개념책 14쪽, 48쪽

ⓒ **뉴스뱅크** 무용총 접객도 개념책 14쪽, 21쪽, 23쪽, 실전책 5쪽, 9쪽, 18쪽, 33쪽

ⓒ **국가유산청** 익산 미륵사지 석탑 개념책 14쪽, 20쪽, 49쪽, 실전책 18쪽, 22쪽, 29쪽

ⓒ **국가유산청** 무령왕릉 내부 개념책 14쪽, 21쪽, 실전책 19쪽

ⓒ **국립부여박물관** 백제 금동 대향로 개념책 14쪽, 17쪽, 실전책 5쪽, 22쪽

ⓒ **한국관광공사 사진갤러리_김재현** 대릉원 개념책 15쪽

ⓒ **국립중앙박물관** 금관총 금관 개념책 15쪽, 18쪽, 21쪽

ⓒ **국립김해박물관** 철제 판갑옷과 투구 개념책 15쪽, 21쪽, 48쪽, 51쪽, 실전책 5쪽, 8쪽, 18쪽

ⓒ **국립진주박물관** 도기 바퀴장식 뿔잔 개념책 15쪽, 48쪽, 실전책 5쪽

ⓒ **국립중앙박물관** 삼국 금동 미륵보살 반가 사유상 개념책 15쪽, 실전책 9쪽

ⓒ **국립경주박물관** 경주 황남 대총에서 나온 유리 제품 개념책 15쪽

ⓒ **국립경주박물관** 천마도 개념책 15쪽, 51쪽, 실전책 9쪽

ⓒ **국가유산청_故 한석홍** 석굴암 본존불상 개념책 16쪽, 실전책 5쪽, 19쪽

ⓒ **뉴스뱅크** 『무구정광대다라니경』 개념책 16쪽, 47쪽, 실전책 23쪽

ⓒ **국립중앙박물관** 오리 모양 토기 개념책 21쪽, 31쪽

ⓒ **국가유산청** 석굴암 본존불상 정면 개념책 21쪽, 23쪽

ⓒ **뉴스뱅크** 왕건 청동상 개념책 24쪽

ⓒ **강화역사박물관** 팔만대장경판 개념책 27쪽, 33쪽, 47쪽, 실전책 10쪽, 13쪽, 29쪽

ⓒ **한국관광공사 사진갤러리_한국관광공사 이범수** 합천 해인사 장경판전 개념책 27쪽

ⓒ **간송미술문화재단** 청자 상감 운학무늬 매병 개념책 27쪽, 29쪽, 50쪽, 실전책 18쪽

ⓒ **국립중앙박물관** 청자 투각 칠보무늬 향로 개념책 27쪽, 실전책 11쪽

ⓒ **국립중앙박물관** 청자 투각 의자 개념책 27쪽

ⓒ **국립중앙박물관** 청자 상감 모란 구름 학 무늬 베개 개념책 27쪽

ⓒ **국립중앙박물관** 청자 상감 모란당초문 표형 주전자 개념책 31쪽, 실전책 25쪽

ⓒ **국가유산청** 경복궁 근정전 개념책 34쪽

ⓒ **국가유산청** 사직단 개념책 34쪽

ⓒ **간송미술문화재단** 『훈민정음』 「해례본」 개념책 35쪽, 41쪽, 45쪽, 실전책 27쪽

ⓒ **국립고궁박물관** 측우기(복원) 개념책 35쪽, 45쪽, 실전책 14쪽, 21쪽

ⓒ **국립한글박물관** 『삼강행실도』 개념책 36쪽, 42쪽

ⓒ **국립중앙박물관** 『경국대전』 개념책 36쪽, 실전책 15쪽

ⓒ **국립중앙박물관** 「초충도」 개념책 37쪽, 42쪽, 51쪽

ⓒ **국립중앙박물관** 분청사기 물고기 무늬 병 개념책 37쪽

ⓒ **국립중앙박물관** 백자 끈 무늬 병 개념책 37쪽, 51쪽

ⓒ **경상북도 산림과학박물관** 『농사직설』 개념책 45쪽

ⓒ **한국관광공사 사진갤러리_한국관광공사 김지호** 정림사지 오층 석탑 개념책 49쪽

ⓒ **한국관광공사 사진갤러리_한국관광공사 김지호** 수원 화성 서북 공심돈 개념책 56쪽

ⓒ **국립한글박물관** 『홍길동전』 개념책 57쪽

ⓒ **뉴스뱅크** 판소리 개념책 57쪽, 60쪽

ⓒ **국립중앙박물관** 김홍도의 「서당」 개념책 57쪽, 실전책 33쪽

ⓒ **성신여자대학교박물관** 「대동여지도」 개념책 57쪽, 90쪽

인용 사진 출처

ⓒ **강화역사박물관** 수(帥)자기 개념책 58쪽

ⓒ **국가유산청 양산시** 척화비 개념책 58쪽, 63쪽, 90쪽, 실전책 33쪽

ⓒ **국립고궁박물관** 영조 어진 개념책 62쪽

ⓒ **국립중앙박물관** 「호랑이와 까치」 개념책 62쪽, 실전책 33쪽

ⓒ **국립민속박물관** 「문자도」 개념책 62쪽

ⓒ **국립중앙박물관** 흥선 대원군 초상 개념책 62쪽

ⓒ **뉴스뱅크** 갑신정변을 일으킨 인물들 개념책 63쪽, 실전책 48쪽

ⓒ **서울역사박물관** 서울 독립문 개념책 66쪽, 실전책 37쪽

ⓒ **국립민속박물관** 『독립신문』 개념책 66쪽, 75쪽

ⓒ **위키 퍼블릭 도메인** 안중근 개념책 67쪽, 실전책 34쪽, 36쪽, 55쪽

ⓒ **위키 퍼블릭 도메인** 서재필 개념책 68쪽

ⓒ **서울역사박물관** 환구단 개념책 68쪽

ⓒ **경기도 시흥시** 평화의 소녀상 개념책 72쪽, 90쪽

ⓒ **뉴스뱅크** 강제 징용 노동자 상 개념책 72쪽

ⓒ **일제강제동원 시민 모임** 신사에 절하는 모습 개념책 72쪽, 79쪽

ⓒ **독립기념관** 우리말 『큰사전』 원고 개념책 72쪽, 실전책 50쪽

ⓒ **뉴스뱅크** 조선어 학회 회원들 개념책 72쪽

ⓒ **전기박물관_한국전력공사** 한성 전기 회사 개념책 79쪽

ⓒ **뉴스뱅크** 외국어 학교의 불어 수업 모습 개념책 79쪽

ⓒ **뉴스뱅크** 창씨개명을 위해 기다리는 한국인 개념책 79쪽, 실전책 43쪽

ⓒ **국립한글박물관** 일본어로 쓰여 있는 국어 교과서(국어독본 표지) 개념책 79쪽

ⓒ **국립민속박물관** 일본어로 쓰여 있는 국어 교과서(국어독본 내용) 개념책 79쪽

ⓒ **뉴스뱅크** 38도선을 넘으려는 사람들 개념책 80쪽, 84쪽

ⓒ **국립민속박물관** 광복 이후 학생들을 가르치기 위해 만든 교과서(초등 국어교본) 개념책 80쪽, 84쪽

ⓒ **뉴스뱅크** 신탁 통치 반대 집회 개념책 84쪽, 실전책 42쪽, 53쪽

ⓒ **뉴스뱅크** 독립운동가 귀국 환영식(귀국하는 대한민국 임시 정부 인사 환영 인파) 개념책 84쪽

ⓒ **뉴스뱅크** 미소 공동 위원회 개최 개념책 84쪽

ⓒ **뉴스뱅크** 서울로 들어온 북한군 탱크 개념책 84쪽, 86쪽

ⓒ **뉴스뱅크** 압록강을 건너오는 중국군 개념책 86쪽

ⓒ **뉴스뱅크** 인천에 상륙하는 국제 연합군 개념책 86쪽

ⓒ **국립중앙박물관** 김홍도의 「벼타작」 개념책 31쪽

ⓒ **국립중앙박물관** 「수월관음도」 실전책 33쪽

ⓒ **국립중앙박물관** 「인왕제색도」 실전책 33쪽

ⓒ **뉴스뱅크** 전봉준 실전책 33쪽, 55쪽

ⓒ **독립기념관** 제복을 입고 칼을 찬 교사(무단통치기 나주 공립보통학교 9회 졸업생) 실전책 38쪽

ⓒ **독립기념관** 안창호 실전책 38쪽

ⓒ **독립기념관** 이봉창 실전책 39쪽

ⓒ **독립기념관** 윤봉길 실전책 39쪽

ⓒ **뉴스뱅크** 38도선을 넘는 김구 일행 실전책 42쪽

ⓒ **뉴스뱅크** 광복의 기쁨 실전책 42쪽

ⓒ **뉴스뱅크** 대한민국 정부 수립 기념식 실전책 42쪽

ⓒ **뉴스뱅크** 제헌 국회 개원식 실전책 42쪽

ⓒ **뉴스뱅크** 6·25 전쟁 피난민 행렬 실전책 43쪽

ⓒ **뉴스뱅크** 6·25 전쟁고아 실전책 43쪽

ⓒ **뉴스뱅크** 이산가족 찾기 실전책 43쪽

ⓒ **뉴스뱅크** 6·25 전쟁으로 파괴된 수원 화성 실전책 43쪽

ⓒ **독립기념관** 임시 정부 및 임시 의정원 신년 축하식 기념 사진 실전책 46쪽

ⓒ **독립기념관** 『신한민보』에 실린 을사늑약 풍자화 실전책 53쪽

ⓒ **뉴스뱅크** 5·10 총선거 실전책 53쪽

ⓒ **위키 퍼블릭 도메인** 이승만 실전책 55쪽

MEMO